Ausländische Fachkräfte gesucht

Voreilig? Notwendig? Willkommen?

d|u|p

Vortragsreihe der IIK-Abendakademie

Band 3

iik
DÜSSELDORF

Herausgegeben von

Heiner Barz und Matthias Jung

Ausländische Fachkräfte gesucht

Voreilig? Notwendig? Willkommen?

Herausgegeben von

Heiner Barz und Matthias Jung

d|u|p

Bibliografische Information der Deutschen Nationalbibliothek
Die Deutsche Nationalbibliothek verzeichnet diese Publikation in der
Deutschen Nationalbibliografie; detaillierte bibliografische Daten sind
im Internet über http://dnb.dnb.de abrufbar.

© düsseldorf university press, Düsseldorf 2015

http//:www.dupress.de

Umschlagsgestaltung: STÜTTGEN | Lektorat · Satz · Druck, Jüchen

Umschlagbilder: Titelbild unter Verwendung einer Grafik von geralt/pixabay; Porträt
Dr. Dorothea Rüland, © DAAD/Vogel; Porträt Dr. Manfred Schmidt, © Bundesamt
für Migration und Flüchtlinge/Hönig; Porträt Barbara Steffens, © MGEPA
NRW/Berger

Herstellung: docupoint, Barleben

ISBN 978-3-943460-85-8

Inhalt

Grußwort

Barbara Steffens

Ministerin für Gesundheit, Emanzipation, Pflege und Alter des Landes Nordrhein-Westfalen

Wir stehen vor einem tiefgreifenden Wandel in der Gesundheitsversorgung. Einerseits gilt es, die demografischen Veränderungen, das Älterwerden der Bevölkerung und die damit verbundenen alterstypischen Erkrankungen und Erkrankungsmuster zu berücksichtigen – z. B. ein vermehrtes Auftreten von chronischen, Mehrfach- sowie bestimmten geriatrischen Erkrankungen (Demenz). Andererseits hat sich unser Verständnis von guter Versorgung gewandelt. Als Patientinnen und Patienten erwarten wir, dass Erkrankungen – ihre Symptome und ihre Heilung – ganzheitlich betrachtet werden. Wir erwarten Transparenz und verständliche Informationen über alle anstehenden Behandlungsschritte. Viele Patientinnen und Patienten von heute sind kritisch und fragen nach. Und: Die meisten Menschen wollen im Krankheits- oder Pflegefall nur wenn unbedingt notwendig stationär und am liebsten ambulant und zu Hause versorgt werden. Dies alles erfordert ein flexibles, sektorenübergreifendes und individualisiertes Gesundheits- und Pflegesystem.

Diese Anforderungen können wir nur dann gut bewältigen, wenn wir Rahmenbedingungen für eine vertrauensvolle und multiprofessionelle Zusammenarbeit von Ärztinnen und Ärzten, Apothekerinnen und Apothekern, Pflegekräften sowie den nicht-medizinischen Fachleuten schaffen.

Das gilt einmal mehr im Hinblick auf diejenigen, die neu in unserem Land sind und für die in der Regel unser deutsches Gesundheitssystem mit seinen zahlreichen Besonderheiten kulturelles und strukturelles Neuland ist. Und es gilt nicht nur für die ausländischen Fachkräfte, sondern auch für Patientinnen und Patienten mit Migrationsgeschichte. Hier sehe ich sehr viele Kompetenzen und neue Impulse, die wir für unsere bisherigen Behandlungsprogramme durch die gut ausgebildeten ausländischen Fachkräfte hinzugewinnen können.

Um diejenigen, die in unserem Land in der medizinischen und pflegerischen Versorgung tätig sind und ihr Fachwissen und ihre Erfahrung in die Versorgung einbringen, bei uns zu halten, müssen wir sie bestmöglich für die Arbeit in unserem komplexen Gesundheitssystem unterstützen. Denn klar ist: Ohne ausländische Fachkräfte würde mancherorts die Versorgung nicht länger im notwendigen Umfang bereitgestellt oder nicht mit der notwendigen Qualität geleistet werden können. Gerade im Bereich der Ärzteschaft können wir aktuell einen deutlichen Zuwachs an ausländischen Ärztinnen und Ärzten verzeichnen. Neben den Medizinerinnen und Medizinern, die aus Eigeninitiative gekommen sind, haben wir in Nordrhein-Westfalen auch erfolgreich um ausländische Fachkräfte insbesondere aus Österreich und Griechenland geworben. Aber: Die Abwanderung von Ärztinnen und Ärzten darf die medizinische Versorgung im Herkunftsland keinesfalls gefährden. Diese wichtige Voraussetzung ist bei der Zusammenarbeit mit Österreich und Griechenland erfüllt. Wir achten deshalb sehr darauf, dass die Kooperationsmaßnahmen in enger Zusammenarbeit mit staatlichen Stellen (z. B. der Arbeitsverwaltung) oder ärztlichen Standesorganisationen des Herkunftslandes erfolgen.

Eine erfolgreiche Integration gelingt nur, wenn den Zuwanderinnen und Zuwanderern Beratung, Verfahrensbegleitung und Sprachkurse angeboten werden. In der medizinischen Versorgung besonders wichtig sind dabei hervorragende Sprachkenntnisse. Um diese sicherzustellen, brauchen wir bundesweit einheitliche und strenge Sprachtests. Denn Diagnostik und Behandlung können nur dann qualitativ hochwertig erbracht werden und erfolgreich im Sinne der Patientinnen und Patienten sein, wenn Ärztinnen, Ärzte und Patientinnen, Patienten miteinander sprechen, Fragen stellen können und Informationen weitergeben. Aufklärung und Selbstbefähigung sind genauso wichtig für den Heilungsprozess wie Selbstbestimmung und Teilhabe.

Sehr gute Sprachkenntnisse sind außerdem eine notwendige Voraussetzung dafür, interdisziplinär zusammenzuarbeiten.

Im Vergleich zu den Maßnahmen zur Gewinnung von Ärztinnen und Ärzten ist die Situation in der Pflege eine andere. Bisherige Versuche, kurzfristig und oftmals privat Unterstützung durch ausländische Fachkräfte zu bekommen, verringern nicht das grundsätzliche Problem, dass es in unserem Land aufgrund der demografischen Veränderungen einen steigenden Fachkräftebedarf in der Pflege gibt.

Dafür gibt es keine einfache Lösung. Wir müssen die Ausbildungsanstrengungen vor Ort weiter verstärken, denn nur so können wir Einfluss auf Qualität und Ausgestaltung unserer zukünftigen Pflege nehmen. Eine aktive Anwerbung von Pflegefachkräften ist vor allem dann problematisch, wenn im Herkunftsland Fachkräfte fehlen und eine systematische Anwerbung die Gefahr des „Brain Drain" mit sich bringt – d. h. dem Arbeitsmarkt der Herkunftsländer werden wertvolle Fachkräfte entzogen, die dort selbst gebraucht werden. Deshalb haben wir in NRW die Ausbildungs- und Qualifizierungsoffensive Altenpflege unterzeichnet, mit der sich Bund, Länder und Verbände erstmals auf eine gemeinsame, bundesweite Initiative zur Fachkräftesicherung im Bereich der Altenpflege in insgesamt zehn Handlungsfeldern verständigt haben, u. a. zur Steigerung der Ausbildungszahlen in jedem Jahr der Ausbildungsoffensive um 10 Prozent. Bereits 2012 haben wir das Umlageverfahren in der Altenpflegeausbildung eingeführt. Das ist ein wichtiger Schritt, damit bald mehr Absolventinnen und Absolventen in der Pflege arbeiten.

Die durch Alterung und sinkende Erwerbspersonenzahlen geprägte
demografische Entwicklung wird die Personalsituation in Krankenhäusern, Arztpraxen und in der Pflege in naher Zukunft deutlich verschärfen. Die Lösungsverantwortung können wir nicht bei den ausländischen
Fachkräften sehen. Für die Sicherstellung unserer qualitativ hochwerti-
gen medizinischen und pflegerischen Versorgung brauchen wir umfas-
sendere Strukturveränderungen in unserem Gesundheitssystem. Ich bin
froh, dass die neu zugewanderten ausländischen Fachkräfte uns mit
ihrem Wissen dabei unterstützen. Und ich freue mich, dass wir in Nordrhein-Westfalen ein breites Bündnis aus ÄrztInnen/Ärzteschaft und
Krankenhausgesellschaft haben, die sich mit uns gemeinsam für ein
Gesundheitssystem engagieren, das sich im Hinblick auf die anstehenden Aufgaben neu aufstellen muss.

Vorwort

Prof. Dr. Ricarda Bauschke-Hartung

Prorektorin für Studienqualität und Gleichstellung an der Heinrich-Heine-Universität Düsseldorf

Der Fachkräftemangel ist in aller Munde: Politiker, Gewerkschaften, Unternehmen und auch Wissenschaftler analysieren, diskutieren, suchen nach Lösungen. Bereits jetzt lässt sich in gewissen Bereichen des Arbeitsmarktes ein Engpass wahrnehmen, den der demografische Wandel wohl noch verstärken wird. Ein Rückgang der Bevölkerung im Erwerbsalter ist absehbar und wird Deutschland in naher Zukunft vor drängende Probleme stellen.

Für die Bekämpfung des Fachkräftemangels werden zahlreiche Forderungen an die Politik gestellt und genauso an die betroffenen Unternehmen selbst. Doch auch die Hochschulen sind in der Verantwortung.

Das Stichwort „lebenslanges Lernen" erinnert uns als Universität daran, dass der Student, der sich gleich nach dem Abitur einschreibt und nach seinem Abschluss nicht wieder an die Hochschule zurückkehrt, in Zukunft seltener werden wird. Hier sind Angebote zur Weiterbildung gefragt, die sich mit einer Berufstätigkeit vereinbaren lassen.

Ebenso kommt der Förderung von Frauen eine große Bedeutung zu. Denn gerade in den klassischerweise vom Fachkräftemangel betroffenen Bereichen – den sogenannten MINT-Fächern (Mathematik, Informatik, Naturwissenschaften, Technik) – finden sich an den Hochschulen deutlich weniger Frauen als Männer. Gezielt werden deshalb bereits Schülerinnen angesprochen, um sie für die entsprechenden Studiengänge zu begeistern. Zugleich liegt in der Vereinbarkeit von Familie und Beruf bzw. Studium eine immer noch unterschätzte Möglichkeit, qualifizierte Frauen und Männer für ein Studium und für den Arbeitsmarkt zu gewinnen.

Für die Hochschulen spielt aber auch die Internationalisierung eine zentrale Rolle. Mehr Studentinnen und Studenten sollen – so das Ziel – während ihres Studiums einen Auslandsaufenthalt absolvieren. Zugleich streben wir an, die Anzahl der ausländischen Studierenden an deutschen Hochschulen zu steigern.

Doch Menschen, die aus dem Ausland zu uns kommen, um hier zu studieren oder/und zu arbeiten, dürfen nicht einfach nur eine Zahl in einer Statistik sein. Wir müssen ihnen Angebote zur Integration unterbreiten und beispielsweise Sprachkurse einrichten, denn die Sprachbarriere ist gewiss eine der größten Schwierigkeiten.

Mit solchen Maßnahmen, die auf die ausländischen Arbeitnehmer oder Studierenden ausgerichtet sind, ist ein Anfang gemacht – aber dies ist nur die „halbe Miete". Vielmehr muss das gesamte Unternehmen bzw. die gesamte Hochschule für die Internationalisierung sensibilisiert werden. Nur so kann sich eine Willkommenskultur aufbauen, wie sie vielerorts gern gefordert und wie sie auch in diesem Band thematisiert wird.

Unserer Meinung nach kann sich die Attraktivität der Heinrich-Heine-Universität für ausländische Studierende nur erhöhen, wenn sich die Incomings schon vor der Anreise willkommen und dann während ihres Aufenthaltes wohl fühlen. Dazu können Maßnahmen wie das Buddy-Programm beitragen, das inländische Studierende und Studierende aus dem Ausland zusammenführt. Dabei geht es einerseits darum, die Incomings zu integrieren. Andererseits sollen die inländischen Studierenden ein Bewusstsein entwickeln für kulturelle Unterschiede und die möglicherweise daraus erwachsenden Herausforderungen – auf beiden Seiten.

Festzuhalten bleibt: Die gezielte Anwerbung von Fachkräften aus dem Ausland – oder im Fall der Universitäten eher: von zukünftigen Fachkräften – kann eine Möglichkeit sein, dem Fachkräftemangel zu begegnen. Darüber wird sicher noch viel diskutiert werden.

Ich möchte aber noch einmal daran erinnern, dass es sich bei Fachkräften nicht um Ware handelt, die wir importieren, bei Schwierigkeiten zunächst einmal lagern und bei Nichtgefallen auch wieder entsorgen können. Es sind Menschen, die wir in unsere Institutionen holen und die wir anschließend nicht sich selbst überlassen sollten. Wir haben die Verantwortung dafür, dass diese Menschen nicht allein als Arbeitskräfte wahrgenommen werden, sondern als Kollegen bzw. Kommilitonen willkommen sind und auch außerhalb unserer Institutionen zu einem Teil unserer Gesellschaft werden.

Einführung: Ausländische Fachkräfte gesucht – Voreilig? Notwendig? Willkommen?

Heiner Barz und Matthias Jung

Viele Experten fordern es: Deutschland benötigt dauerhaft zusätzlich ausländische Fachkräfte zur Sicherung seines Wohlstands. Andere widersprechen dieser globalen Aussage und sehen genügend einheimische Reserven, nicht nur durch die Weiterqualifikation von Arbeitslosen. Bei Ärzten und Pflegepersonal ist der Bedarf schon jetzt offensichtlich, sie werden händeringend gesucht und kommen immer häufiger aus Nachbarländern oder auch von außerhalb der EU. Besonders stark ist derzeit das Interesse am deutschen Arbeitsmarkt bei jungen Leuten aus den südeuropäischen Krisenländern Griechenland, Spanien, Portugal. Aber werden sie auch tatsächlich gebraucht? Hat Deutschland die notwendige Willkommenskultur, angefangen von administrativen Hürden (Anerkennung von Qualifikationen, Zuzugsregelungen) bis hin zum Miteinander am Arbeitsplatz und im Alltag, so dass sie sich hier auch wohlfühlen und gut integrieren können? Einiges ist schon in Bewegung gekommen, aber reicht das aus?

Kann es Deutschland im globalen Wettbewerb überhaupt gelingen, die kompetentesten Fachkräfte anzuziehen? Beraubt man damit nicht auch gleichzeitig andere Länder ihrer besten Kräfte, sichert seinen eigenen Wohlstand auf Kosten der Schwächeren?

Zu fragen ist aber auch: Haben die ausländischen Arbeitskräfte, die jetzt kommen, überhaupt die richtigen Qualifikationen und sind sie am richtigen Ort? Viele gehen nach einiger Zeit enttäuscht zurück – ohne eine adäquate Arbeitsstelle gefunden zu haben. Was muss von Seiten der Gesellschaft getan werden, damit die persönliche wie berufliche Integration gut funktioniert und sich die erhofften Effekte überhaupt einstellen? Wie wichtig sind z. B. die Deutschkenntnisse? Presseberichte über Ärzte, die ihre Patienten nicht mehr verstehen, schrecken derzeit die Öffentlichkeit immer wieder auf.

Um diese Fragen kreiste eine Veranstaltungsreihe der IIK Abendakademie 2013/2014 in Zusammenarbeit mit der Heinrich-Heine-Universität, bei der an sechs Terminen ausgewiesene Experten über den aktuellen Stand der Debatte informierten und miteinander bzw. dem Publikum diskutieren. Aus dieser Vortragsreihe ist der vorliegende Band hervorgegangen. Er wurde um weitere Aufsätze ergänzt, um ein möglichst vielperspektivisches Bild zu ergeben. Die Beiträge stammen daher ebenso aus sozial- wie wirtschaftswissenschaftlichen oder bildungspolitischen Disziplinen. Zu Wort kommen auch verschiedene Akteure in diesem Feld, seien es Institutionen wie der Deutsche Akademische Austausch Dienst (DAAD), Behörden, Ministerien oder Standesvertretungen. Erfreulicherweise hat mit der nordrhein-westfälischen Gesundheitsministerin, Frau Barbara Steffens, eine schon länger in diesem Themenfeld aktive Politikerin ein Grußwort für den vorliegenden Band beigesteuert. Der Präsident des Bundesamtes für Migration und Flüchtlinge, Dr. Manfred Schmidt, schildert seine engagierte Sicht auf die gegenwärtigen und künftigen Herausforderungen für eine aktive Migrationspolitik. Die Generalsekretärin des DAAD, Frau Dr. Dorothea Rüland, beschreibt, welche Chancen aber auch welche Unterstützungsnotwendigkeiten die zunehmend politisch forcierte Mobilität von Studierenden mit sich bringt. Wie konkrete Schritte in die Internationalisierung von Lehre und Studium aussehen können und eine universitäre Willkommenskultur etabliert werden kann, zeigt die Düsseldorfer Prorektorin für Studienqualität und Gleichstellung, Frau Prof. Ricarda Bauschke-Hartung, deren Einführung in die Vortragsreihe hier als Vorwort aufgenommen wurde. Eine wichtige Rolle in der Debatte spielt nicht zuletzt die Relevanz der sprachlichen Integration, die dem Veranstalter dieser Vortragsreihe, dem Institut für Internationale Kommunikation e.V., das seit 25 Jahren Teilnehmer aus aller Welt auf Studium und Beruf in Deutschland vorbereitet, besonders am Herzen liegt. In diesem Zusammenhang haben in letzter Zeit gerade im Bereich der Medizin zahlreiche Presseartikel über die schlechten Deutschkenntnisse von Ärzten und Pflegepersonal die Bevölkerung aufgeschreckt und den Blick auf Sprachtraining und Sprachprüfungen in der Medizin gerichtet (Beitrag Hibbeler und Benke/Domes).

Der vorliegende Band will und kann keine endgültigen Antworten auf die oben gestellten Fragen geben, aber er möchte wesentliche Gesichtspunkte einer Debatte, die uns noch lange begleiten wird, aufzeigen und vertiefen. Dass dabei auch kontroverse Positionen zur Entfaltung kommen, versteht sich eigentlich von selbst – soll aber dennoch hier hervorgehoben werden. Denn die bereits angesprochenen Ambivalenzen des Themas Fachkräftemangel finden sich natürlich auch unter den Experten und in der Wissenschaft. So gibt es die Position, dass es noch viel zu viele nicht gehobene Begabungs- und Qualifizierungsreserven innerhalb Deutschlands selbst gibt und verstärkte Anstrengungen vor allem einer besseren Ausbildung der Bildungsinländer gelten müssen (Beitrag Geißler). Dass dabei auch die gewandelten und je nach Milieuzugehörigkeit differenzierten Arbeitseinstellungen und Erwartungshorizonte der jungen Ausbildungsplatzsucher bzw. angehenden Mitarbeiter berücksichtigt werden müssen, hat das SINUS-Institut im Auftrag der IHK Baden-Württemberg empirisch herausgearbeitet (Beitrag Calmbach/Schleer). Und es gibt Stimmen, die die Rede vom Fachkräftemangel als eine von Arbeitgeberseite künstlich forcierte Strategie betrachten, um durch ein auch aus dem Ausland aufgefülltes Arbeitskräftereservoir die Lohn- und Gehaltskosten niedrig zu halten. In diesem Sinne kommen die beiden großen deutschen Wirtschaftsforschungsinstitute, deren Namen sich so leicht verwechseln lassen, zu recht unterschiedlichen Diagnosen. Das eher arbeitgebernahe Institut der deutschen Wirtschaft (IW), Köln, prognostiziert mit seriösen Hochrechnungen einen wachsenden Bedarf für Fachkräftezuzug (Beitrag Koppel/Schiwy). Währenddessen vom eher gewerkschaftsnahen Deutschen Institut für Wirtschaftsforschung (DIW), Berlin, nicht weniger seriöse Gegenrechnungen präsentiert werden, die einen generellen Mangel an qualifiziertem Personal bestreiten (Beitrag Brenke).

Vor dem Hintergrund der strittigen Hochrechnungen ist die empirische Realität, wie sie sich in der konkreten Wahrnehmung von Unternehmen im Blick auf ihren Fachkräftebedarf darstellt, von hohem Interesse (Beitrag Schirmeister/Mangold). Unabhängig von den so oder so eingeschätzten Bedarfslagen der Wirtschaft dürfte der Trend zu vermehrten Auslandsaufenthalten im Rahmen von Studium und Ausbildung anhalten. Von daher stellen die vom Sachverständigenrat Deutscher Stiftungen für Integration und Migration präsentierten Daten zu den quantitativen, den rechtlichen und den motivationalen Aspekten („Bleibeabsichten") der internationalen Studierendenmobilität eine wichtige Komponente zur Einschätzung des zukünftigen „War for Talents" dar (Beitrag Morris-Lange/Brands/Crysmann).

Die Betrachtung allein der sozialen, politischen und wirtschaftlichen Ursachen und Konsequenzen der Fachkräftemigration für ein entwickeltes Land wie die Bundesrepublik Deutschland wäre indessen unvollständig ohne auch die Auswirkungen auf die Entsendeländer und die globalen Wirtschaftskreisläufe in den Blick zu nehmen. Wie lassen sich eigentlich in einer makroökonomischen Perspektive die Determinanten der heutigen Migrationsströme beschreiben (Beitrag Önder/Stadelmann)? Unter dem Stichwort „Brain Drain" hat die internationale entwicklungspolitische und globalisierungskritische Diskussion seit Jahrzehnten die befürchteten negativen Auswirkungen der Abwanderung gerade der am besten Ausgebildeten aus den armen und ärmsten Staaten dieser Welt beklagt. Die Söhne und Töchter der politischen und wirtschaftlichen Elite werden zum Studieren nach Europa oder in die USA geschickt – und kommen oft nicht zurück. Inzwischen allerdings mehren sich die Analysen, die darauf hinweisen, dass es nicht nur oftmals verzögerte Rückwanderungen gibt, sondern dass es auch vielfältige Wirtschaftsbeziehungen und Wechselwirkungen zwischen Ausgewanderten (z. B. „Non-resident Indians") und ihren Herkunftsländern gibt, von denen letztlich auch die Heimatländer stark profitieren können (Beitrag Hunger/Candan).

Bewusst repräsentieren die Beiträge nicht nur unterschiedliche Fachdisziplinen (VWL, BWL, Sozialwissenschaft, Bildungsforschung, Medizin, Sprachwissenschaft) sondern auch unterschiedliche Diskussionszusammenhänge. Eher fachwissenschaftliche, manchmal vielleicht erst im zweiten oder dritten Anlauf nachvollziehbare Analysen stehen neben programmatischen Texten oder Standortbestimmungen, die weitgehend ohne wissenschaftliche Terminologie und Quellen-Apparate

auskommen – aus unserer Sicht indessen ein Gewinn im Sinne der realen Gemengelage gesellschaftlicher Prozesse und Akteure. In diesem
Sinne danken die Herausgeber allen Autoren für ebenso aktuelle wie
spannende Beiträge.

Fachkräftemangel – Arbeitnehmermigration als Lösung?

Highlights einer aktuellen Unternehmensbefragung in der Region Düsseldorf

Raimund Schirmeister und Svenja Mangold

1. Fachkräftemangel – Fiktion oder Realität in der Region Düsseldorf?

Die Auswirkungen des „Demografischen Wandels" in Deutschland werden in der Wissenschaft seit geraumer Zeit diskutiert und zunehmend auch von der Tagespolitik aufgegriffen.[1] Vornehmlich die Frage, ob künftig ein Mangel an Fachkräften besteht und wie dieser den Wohlstand in Deutschland zu beeinträchtigen vermag, ist hierbei ins Zentrum gerückt. Die Nachfrage nach bestimmten Qualifikationen ist allerdings nicht nur durch den demografischen Wandel determiniert, sondern insbesondere auch durch den wirtschaftlichen Strukturwandel (etwa sinkender Bedarf an ausführenden Tätigkeiten in der Produktion gegenüber einem steigenden Bedarf an qualifizierten Dienstleistungen). Allerdings können sich solche Strukturprobleme durch die demografische Entwicklung verschärfen. Insbesondere interessiert, ob und wenn ja wie die befürchteten wirtschaftlichen Strukturbrüche gesteuert und bewältigt werden können. Früher oder später werden auch die Unternehmen damit konfrontiert werden:

> Die Auseinandersetzung mit dem Thema ‚Demografischer Wandel' ist von hoher Relevanz für den Erhalt der Wettbewerbsfähigkeit meines Unternehmens.

---

[1] Vgl. beispielweise Kolodziej (2011), Hüther/Naegele (2013).

75 Prozent der befragten Unternehmen in der prosperierenden Region Düsseldorf bestätigen diese Einschätzung. Dies zeigt jedenfalls, dass sich Unternehmer und verantwortliche Geschäftsführer dieser Herausforderung bewusst sind. Offen ist allerdings, ob sich dieses Bewusstsein bereits in konkreten – etwa personalpolitischen – Maßnahmen niedergeschlagen hat.

Eine solche Maßnahme wäre etwa in der Rekrutierung von Arbeitskräften aus dem Ausland zur Deckung des Fachkräftemangels zu sehen. Aber sind die inländischen Potenziale tatsächlich schon ausgeschöpft? Und sind die Unternehmen eigentlich in der Lage dazu, proaktiv Mitarbeiter im Ausland anzuwerben? Können sie eine Eingliederung der Migranten nicht nur in die Arbeitswelt, sondern auch in die Gesellschaft erreichen? Besteht überhaupt eine Kongruenz zwischen der Qualifizierung ausländischer Fachkräfte und den Anforderungen der deutschen Unternehmen? Eine Annäherung an die Beantwortung dieser Fragen soll Ziel dieses Beitrags sein.

Die empirische Studie „Fachkräftemangel – Fiktion oder Realität?"[2] behandelt das Thema „Demografischer Wandel" aus einem besonderen Blickwinkel: Dies ist zum einen die regionale Beschränkung[3] auf Düsseldorf, eine Stadt, die gemeinsam mit ihrem Umland in Bezug auf manche ökonomische Daten vom Durchschnitt der Bundesrepublik Deutschland abweicht (vgl. Landeshauptstadt Düsseldorf 2012, IW 2012). Zum anderen wurden in dem Erhebungszeitraum von drei Monaten (1. Juni bis 31. August 2012) mittelständische Unternehmen befragt, wobei deren Perspektive auf den „Fachkräftemangel" fokussiert war. Zielgruppe der Befragung war die Geschäftsleitung der jeweiligen Unternehmen. Der Terminus „Fachkräfte" wurde bei der Befragung der

---

[2] Die vollständige Studie „Fachkräftemangel – Fiktion oder Realität?" (Schirmeister/Mangold 2013) wurde bereits im dup-Verlag veröffentlicht. In diesem Beitrag werden einzelne Ergebnisse zum Themengebiet der Arbeitnehmermigration zusammenfassend dargestellt und um aktuelle Aspekte ergänzt.

[3] Eine vergleichbare Studie mit Regionalbezug liegt für die Region Hannover vor (vgl. Brandt et al. 2010).

Unternehmen[4] nicht definiert bzw. erläutert. Vielmehr wurde unterstellt, dass die Bearbeiter des Fragebogens für ihre jeweilige Organisation präzise Vorstellungen haben, welche Qualifikation als „Fachkraft" anzusehen ist und welche nicht. Insofern kann nicht ausgeschlossen werden, dass ein bestimmtes Berufsbild einmal als Fachkraft, ein anderes Mal eben nicht als solche angesehen wird. Maßgeblich ist also allein die subjektive Einschätzung der jeweils in einem Unternehmen Verantwortlichen. Mithilfe eines standardisierten Fragebogens, der wahlweise schriftlich oder online ausgefüllt werden konnte, wurden aus einer Stichprobe von 3.880 Unternehmen 443 effektive Rückantworten gewonnen. Die angeschriebenen Unternehmen sind alle Kunden der Stadtsparkasse Düsseldorf, so dass die Grundgesamtheit als ein Spiegel des Mittelstandes dieser Region angesehen werden kann, im strengen Sinne allerdings nicht repräsentativ ist.

Die Verteilung der Unternehmen nach Branchen ist breit ausdifferenziert, aber sehr ungleichgewichtig:[5] Die größte Gruppe bilden die nicht näher bezeichneten „sonstigen Dienstleister" mit über 22 Prozent. Da die absoluten Zahlen in der Branchenverteilung gering sind, lassen sich branchenspezifische Charakteristika nur sehr begrenzt ermitteln. Dies gilt gleichermaßen für die Auswertung der Unternehmen nach ihrem Alter bzw. Gründungsjahr.

---

[4] Unternehmen mit einer geringen Beschäftigtenzahl verfügen typischerweise nicht über ein institutionalisiertes Personalmanagement. Diese Funktion wird daher von der Geschäftsleitung „mit erledigt". Mit zunehmender Beschäftigtenzahl nimmt der Anteil mit „hauptamtlichen" Mitarbeitern mit der Zuständigkeit „Personal" tendenziell zu, vgl. die empirischen Erhebungen von Becker/Grebe/Lübbers 2012: 16f.

[5] Aufgrund von Mehrfachnennungen ist die Summe der Unternehmen in Abb. 1 größer als 443 = 100 Prozent.

Abbildung 1: *Antwortende Unternehmen nach Branchen*

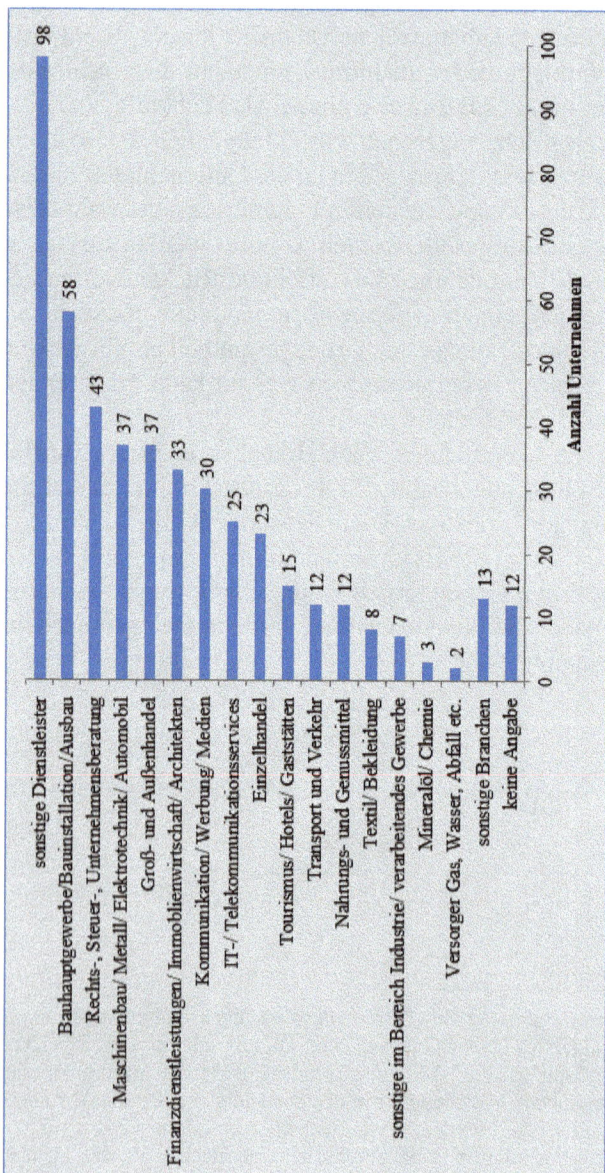

Branche	Anzahl Unternehmen
sonstige Dienstleister	98
Bauhauptgewerbe/Bauinstallation/Ausbau	58
Rechts-, Steuer-, Unternehmensberatung	43
Maschinenbau/ Metall/ Elektrotechnik/ Automobil	37
Groß- und Außenhandel	37
Finanzdienstleistungen/ Immobilienwirtschaft/ Architekten	33
Kommunikation/ Werbung/ Medien	30
IT-/ Telekommunikationsservices	25
Einzelhandel	23
Tourismus/ Hotels/ Gaststätten	15
Transport und Verkehr	12
Nahrungs- und Genussmittel	12
Textil/ Bekleidung	8
sonstige im Bereich Industrie/ verarbeitendes Gewerbe	7
Mineralöl/ Chemie	3
Versorger Gas, Wasser, Abfall etc.	2
sonstige Branchen	13
keine Angabe	12

Unter den befragten Unternehmen waren insbesondere kleinere mittelständische Unternehmen mit einem Umsatz von bis zu 5 Millionen Euro (wenigstens 62 Prozent der antwortenden Unternehmen) und maximal 50 Mitarbeitern (wenigstens 77 Prozent der antwortenden Unternehmen) vertreten. Hingegen stellen Unternehmen mit mehr als 500 Beschäftigten bzw. einem Umsatz von über 30 Millionen Euro nur eine Minderheit dar. Für die Auswertung der Daten bietet dies einerseits eine Chance, da Aussagen gerade für Unternehmen mit geringerer Beschäftigtenzahl möglich sind. Andererseits ist ein größenabhängiger Vergleich begrenzt, da die Gruppe der Unternehmen mit über 500 Beschäftigten zahlenmäßig klein ausfällt (n = 25).

Abbildung 2: Unternehmensgröße nach Umsatz

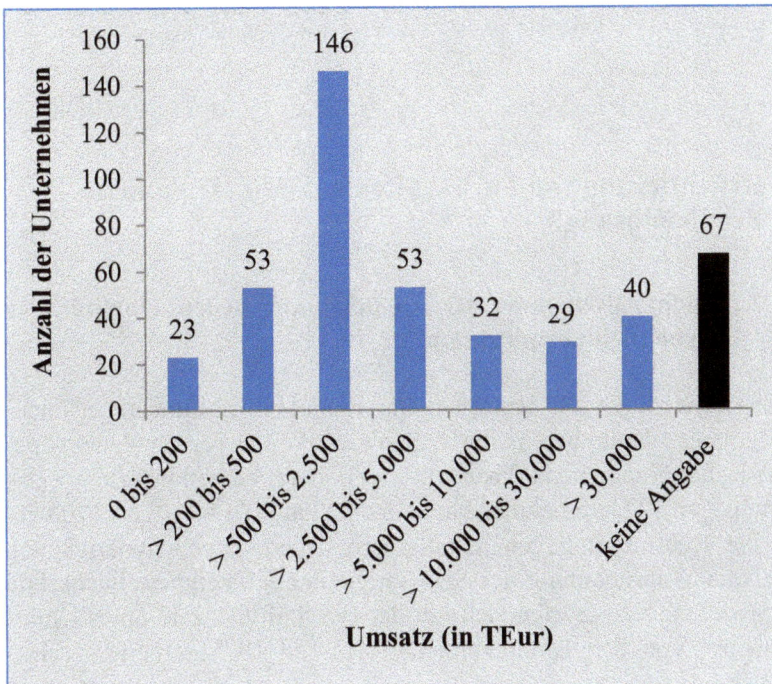

Abbildung 3: Unternehmensgröße nach Anzahl der Mitarbeiter

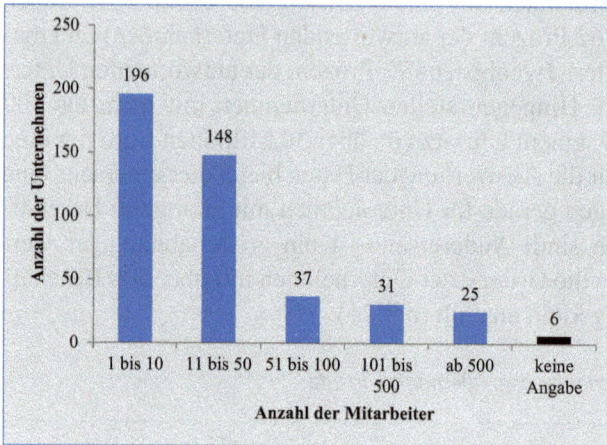

2. Rekrutierung von Fachkräften aus dem Ausland als Problemlösung?

2.1 Fachkräftemangel als Anstoß einer neuen Qualität der Arbeitnehmermigration

Bei 53 Prozent der 443 befragten Unternehmen[6] macht sich der Fachkräftemangel heute bereits durch Schwierigkeiten bei der Personalbedarfsdeckung sehr bemerkbar (n = 105) bzw. bemerkbar (n = 128), wohingegen 87 Unternehmen gar kein oder kaum (n = 110) ein Problem mit der Rekrutierung von Mitarbeitern haben. Die Schwierigkeiten (oder die Wahrnehmung der Schwierigkeiten?), geeignete Fachkräfte zu gewinnen, verschärfen sich mit der Beschäftigtenzahl eines Unternehmens: Von den Unternehmen mit bis zu 10 Mitarbeitern sehen

---

[6] Zehn der Befragten beantworteten die Frage mit „weiß nicht" und drei machten keine Angabe.

lediglich 41 Prozent im Fachkräftemangel ein Problem für ihre Personalbedarfsdeckung. Mit zunehmender Zahl der Mitarbeiter nimmt dieser relative Anteil kontinuierlich über knapp 60 Prozent (bei 11 bis 50
und 51 bis 100 Mitarbeitern) und 68 Prozent (bei 101 bis 500 Mitarbeitern) auf 84 Prozent ab 500 Mitarbeitern zu. Dies ist auch dahingehend
erklärbar, dass bei höherer Beschäftigtenzahl häufiger Vakanzen geschlossen werden müssen, die zudem ein spezifischeres Anforderungs-
profil aufweisen. Im Übrigen ist bei kleineren Unternehmen die Fokus-
sierung auf die Familie gerade bei qualifizierten Positionen weitaus
stärker ausgeprägt, so dass die Rekrutierung über den Arbeitsmarkt von
geringerer Relevanz ist. Dies könnte darauf hindeuten, dass der Fachkräftemangel für „mittelgroße" Unternehmen am gravierendsten ist:
Kleine Unternehmen sind lokal vernetzt, große decken ihren Fachkräftebedarf weltweit.

Die Einschätzung der Schwierigkeiten bei der Rekrutierung von
Mitarbeitern entwickelt sich dann zu einem konkreten Problem, wenn
ausgeschriebene Stellen nicht fristgerecht besetzt werden können. Das
trifft auf immerhin 36 Prozent der Unternehmen zu, während 53 Prozent
der Unternehmen ihre Stellen besetzen konnten und 11 Prozent keine
Angaben machten. Auch hier verschärfen sich tendenziell die Probleme
mit zunehmender Beschäftigtenzahl[7]. Schwierigkeiten bei der Rekrutierung gibt es insbesondere in folgenden Berufen: (Maschinenbau-) Ingenieure, Betriebswirte, Kaufleute, IT-Spezialisten,[8] Techniker/Me-
chaniker/Monteure, Alten/Krankenpfleger. Diese Angaben decken sich
zum Teil mit der vielfach konstatierten Lücke in den „MINT-Qualifi-
kationen" (Mathematik, Informatik, Naturwissenschaften, Technik) sowie in den sozialen und pflegenden Berufen.[9] Eher ungewöhnlich ist

---

[7] Die Antwort „Nein" differiert in Abhängigkeit von der Beschäftigtenzahl mit folgenden Werten: Bis zu 10 Mitarbeiter = 28,6 Prozent, 11 bis 50 Mitarbeiter = 36,5 Prozent, 51 bis 100 Mitarbeiter = 48,6 Prozent, 101 bis 500 Mitarbeiter = 61,3 Prozent,
über 500 Mitarbeiter = 56,0 Prozent.

[8] Diesen Trend bestätigt auch die HR-Trendstudie von Kienbaum 2012: 14. Gesucht
sind IT-Spezialisten, Ingenieure, sowie Mitarbeiter im Bereich Vertrieb/Kundenbe-
treuung, wobei letztere (zumindest) teilweise dem Bereich Betriebswirte/Kaufleute
zugerechnet werden dürfen.

[9] Vgl. als Überblick Kolodziej 2011: 4.

die Nennung von Betriebswirten/Kaufleuten, für die zwar ein anhaltend hoher Bedarf geschätzt, aber im Grunde keine Lücke konstatiert wird. Eine Erklärung kann in der Abfrage von lediglich absoluten Zahlen bzgl. der unbesetzten Stellen liegen: Da die befragten Unternehmen insbesondere Hochschulabsolventen aus den Bereichen Wirtschaftswissenschaft und Ingenieurwissenschaften/Technik einstellen, ist hier die Wahrscheinlichkeit eines Auftretens von Vakanzen höher. Innerhalb der befragten Ausbildungsbetriebe wird die Ausbildungsfrage kontrovers gesehen: Eine leichte Mehrheit (51 Prozent) der Unternehmen konnte alle Ausbildungsplätze besetzen, aber 11 Prozent verneinten diese Frage. Konkret blieben Ausbildungsplätze im Handwerk (20 Fälle), im kaufmännischen Bereich (12 Fälle) und Servicekräfte (9 Fälle) unbesetzt.

Insgesamt sehen sich die Unternehmen mit der Situation konfrontiert, dass die Gewinnung von Nachwuchskräften zumindest nicht einfacher geworden ist. Insofern stimmen über 80 Prozent der Befragten der Aussage zu: „Der Wettbewerb um talentierte Nachwuchskräfte hat sich in den vergangenen Jahren intensiviert!". Bei dieser hohen Zustimmungsquote lässt die geringere Ausbildungsquote[10] ein Umsetzungsdefizit vermuten, da offenbar die strategische Sicherung der Fachkräfte – etwa durch Bereitstellung von Ausbildungsplätzen – nicht mit dem künftig zu erwartenden Bedarf synchronisiert ist. Ist also das inländische Potential wirklich ausgeschöpft und macht eine Hinwendung zu ausländischen Arbeitsmärkten notwendig? Oder bedarf es zumindest eines stärkeren Engagements der Unternehmen zum Aufbau eines inländischen Arbeitskräftepools?

Arbeitnehmermigration im Kontext des aktuellen oder möglichen künftigen Fachkräftemangels weist eine neue Dimension auf, die sich von früheren befristeten oder permanenten Einwanderungen von Arbeitskräften nach Deutschland unterscheidet: Beginnend in den 50er Jahren des letzten Jahrhunderts wurden „Gastarbeiter" vornehmlich für geringwertige Tätigkeiten und Dienstleistungen angeworben. Bei den Aussiedlern aus den Ländern Mittel- und Osteuropas sowie Asylbewerbern (etwa aus den Nachfolgestaaten Jugoslawiens) handelte es sich

---

[10] 31 Prozent der befragten Unternehmen geben an, kein Ausbildungsbetrieb zu sein.

nicht um Gruppen, die aus arbeitsmarktpolitischen Gründen aufgenommen wurden. Nunmehr geht es um die aktive Gewinnung von gut ausgebildeten Fachkräften aus dem Ausland. Diese sind ggf. bereit, ihren Lebensmittelpunkt (temporär) nach Deutschland zu verlagern, weil ihnen in ihrem Heimatland entweder keine Arbeit angeboten wird (etwa in den EU-Staaten Südeuropas), sie hier (noch) bessere Karrierechancen sehen oder schlicht der Anreiz besteht, einige Lebenszeit in Deutschland zu verbringen. Allerdings sind hierbei die dahingehenden Begrenzungen nicht zu unterschätzen, als die Qualifikation ausländischer (arbeitsloser) Fachkräfte nicht notwendigerweise mit dem in Deutschland gesuchten Stellenprofil deckungsgleich ist.[11] Die Förderung von (Mindest-)Kenntnissen der deutschen Sprache und Kultur ist daher eine unverzichtbare Prämisse zur Gewinnung und (temporären) Integration von ausländischen Fachkräften.[12] Daneben bleibt aber zu beachten, dass durch die Abwerbung von Fachkräften möglicherweise ein negativer Effekt auf die Prosperität im Ausland entsteht, die sich mittelbar auf den Wohlstand in Deutschland als eine starke Exportnation auszuwirken vermag.

---

[11] Beispielsweise gibt es in Spanien wegen der Immobilienkrise eine große Zahl arbeitsloser Bauarbeiter, Architekten, Bauingenieure – diese werden aber in Deutschland nicht benötigt.

[12] Das Problem der Sprachkompetenz liegt auf der Hand, hat aber in jüngster Vergangenheit an Bedeutung gewonnen. Beispielsweise haben zu Beginn des Jahres 2013 das Goethe-Institut und die Zentrale Auslands- und Fachvermittlung ZAV der Agentur für Arbeit eine Kooperationsvereinbarung abgeschlossen. Im Fokus stehen hierbei insbesondere die Länder Südeuropas, in denen neben den Sprachangeboten auch die Vermittlung von Kenntnissen des Lebens und Arbeitens in Deutschland angeboten wird. Aufgrund des europäischen Binnenmarktes eröffnen sich bei entsprechender fachlicher und sprachlicher Kompetenz vielfältige Möglichkeiten für mobile Arbeitnehmer (vgl. Goethe-Institut 2013).

2.2 Rekrutierung im Mittelstand – empirische Befunde

Die Politik in Deutschland setzt beim Thema aktueller oder künftiger
Fachkräftemangel primär auf die Aktivierung „inländischer Potentiale"
wie beispielsweise Frauen und ältere Arbeitnehmer (vgl. Kolodziej
2011: 7). Dies ist gesellschaftspolitisch nachvollziehbar und aus Sicht
der in Unternehmen Verantwortlichen auch naheliegend. Insofern ist es
nicht überraschend, dass die Möglichkeit, Arbeitnehmer im Ausland zu
rekrutieren, bislang eine eher nachgeordnete Rolle spielt, allerdings mit
einer zunehmenden Dynamik:[13] Lediglich 86 Unternehmen (= 20 Prozent) verfügen diesbezüglich über Erfahrungen, wohingegen 341 Unternehmen diese Frage verneinen. Die nachfolgenden beiden Zitate
bzw. Forderungen zeigen, dass hier Erwartungen an den Staat geknüpft
werden, flankierend respektive durch Abbau von bürokratischen
Hemmnissen einzugreifen, da die offenbar seitens der Politik beschlos-
senen Maßnahmen (noch) nicht bei den Betroffenen angekommen
sind:[14]

> Erhebliche Vereinfachung der bürokratischen Hürden bei Rekrutierung von
> Mitarbeiter aus dem außereuropäischen Ausland!

und

> Es sollten von der Bundesrepublik Deutschland Anreize geschaffen werden,
> qualifiziertes und hoch qualifiziertes Personal aus dem Ausland zu rekrutieren!

Damit wird natürlich auch die Problematik angesprochen, dass
gerade kleinere mittelständische Unternehmen nicht über entsprechende Ressourcen verfügen, Arbeitskräfte im Ausland anzuwerben.

---

[13] Da zwischenzeitlich die Unternehmen erkannt haben, dass die Gewinnung von Fachkräften im Ausland eine adäquate Problemlösung darstellen kann, erhöht dies die gesellschaftliche Akzeptanz der Migranten merklich (siehe auch Berlin-Institut 2014:
6.)

[14] Die Befragung erfolgte im Jahre 2012, also bevor die Bundesregierung mit der am 1.
Juli 2013 in Kraft getretenen neuen Beschäftigungsverordnung (BeschV) den Zugang
zum deutschen Arbeits- und Ausbildungsmarkt für Nicht-EU-Bürger neu geregelt
und damit die Gewinnung von Fachkräften außerhalb der EU erleichtert hat.

Dazu trägt nicht zuletzt eine nicht ganz einfach zu durchschauende Gesetzeslage bei, unter welchen Voraussetzungen ausländische Arbeitnehmer in Deutschland eine abhängige Beschäftigung aufnehmen dürfen.[15] Vereinfachend kann sich für Unternehmen auswirken, wenn sie international tätig sind (beispielsweise als Exporteur). Der Kontakt zu ausländischen Geschäftspartnern ist ein Potenzial, das schließlich zur Rekrutierung von ausländischen Fachkräften, Auszubildenden oder Berufseinsteigern genutzt werden kann. Im Allgemeinen ist aber ein kleines oder mittelständisches Unternehmen mit weniger als 50 oder 100 Mitarbeitern bei der Rekrutierung von ausländischen Fachkräften überfordert, mithin auf die Unterstützung durch Dritte – beispielsweise die Agentur für Arbeit – angewiesen.[16]

Von denjenigen befragten Unternehmen, die bereits über Erfahrungen mit der Rekrutierung im Ausland verfügen, wurden 24 Führungskräfte, 38 Facharbeiter, 33 studierte Fachkräfte und 12 Auszubildende eingestellt. Aktiv sind hierbei vor allem Unternehmen mit mindestens 500 Beschäftigten. Dabei ist den Verantwortlichen bewusst, dass zusätzliche Maßnahmenbündel erforderlich sind, um die gewonnenen ausländischen Mitarbeiter zu integrieren und zu halten. Im Einzelnen wurden hier folgende Aktivitäten genannt:

- Hilfe bei Behördengängen und der Wohnungssuche (32 Nennungen)
- Finanzierung von Sprachkursen (21 Nennungen)
- Freiräume zum Begehen kultureller wie religiöser Feiertage/Rituale etc. (16 Nennungen)
- „Patenprogramm" (12 Nennungen)
- spezifische Weiterbildungs- und Qualifizierungsangebote (12 Nennungen)
- spezifische Arbeitszeitmodelle (6 Nennungen)

---

[15] Vgl. als Überblick Kolodziej 2011: 6ff.
[16] Vgl. generell die Fachkräfte-Offensive der Bundesagentur für Arbeit, des Bundesministeriums für Arbeit und Soziales und des Bundesministeriums für Wirtschaft und Technologie (2012).

- Sonstige Angebote wie Arbeiten in der Heimat, Finanzierung regelmäßiger Heimfahrten, langsamer Einstieg durch über Monate ansteigende Arbeitszeiten (8 Nennungen)

Die Integration ausländischer Mitarbeiter kann aber auch dem Berufseinstieg vorgelagert sein. Etwa wenn ausländische Studierende einen Teil oder ihr gesamtes Studium in Deutschland absolvieren und währenddessen bereits sozial integriert werden sowie kulturelle Erfahrungen sammeln. Gleiches gilt für ausländische Schüler, die im Rahmen von Austauschprogrammen oder nach dem Schulabschluss, z. B. als Au-pair, eine Zeit in Deutschland verbringen.

3. Universitäten und Schulen in einer Mittlerfunktion?

Soweit von Relevanz, wurden die in der Studie erfragten Einschätzungen der in den Unternehmen Verantwortlichen durch Befragungen von Studierenden und Schülern ergänzt. Im Zeitraum vom 9. Juli bis zum 31. August 2012 wurden 8.862 Studierende der Heinrich-Heine-Universität Düsseldorf per E-Mail gebeten, sich an der Online-Befragung zu beteiligen und den standardisierten Fragebogen auszufüllen. Dieser Aufforderung folgten 1.031 Studierende, was einer Rücklaufquote von knapp 12 Prozent entspricht. Neben den Düsseldorfer Unternehmen und Studierenden wurden in der Zeit vom 3. Dezember 2012 bis zum 12. März 2013 Düsseldorfer Schüler aus den Abschlussklassen oder Vorabschlussklassen aller weiterführenden Schulformen (Haupt-, Real-, Gesamtschulen und Gymnasien) mithilfe eines standardisierten Online-Fragebogens befragt. Von insgesamt 369 Schülern (davon 200 Schülerinnen und 169 Schüler) konnten Antworten gewonnen werden.

Wird von der Annahme ausgegangen, dass eine Rekrutierung von Fachkräften im Ausland positiv stimuliert wird, falls eigene Auslandserfahrung oder einschlägige Kenntnisse (z. B. Fremdsprachenkenntnisse) des maßgeblichen Führungspersonals vorliegen, kommt der Bereitschaft von Studierenden und Schülern, Erfahrungen im Ausland zu sammeln, eine hohe Bedeutung zu.

30 Prozent der Studierenden schließen einen (befristeten) Auslandsaufenthalt zwar aus. Aber die Mehrheit steht dieser Möglichkeit zumindest offen gegenüber oder plant dies sogar. Dabei ist unter den Studierenden der Rechts- und Wirtschaftswissenschaft die Bereitschaft zu einer Berufstätigkeit im Ausland besonders ausgeprägt, da jeder Dritte dies ins Auge fasst.

Abbildung 2: *Beschäftigung im Ausland von Studierenden nach Studienabschluss*

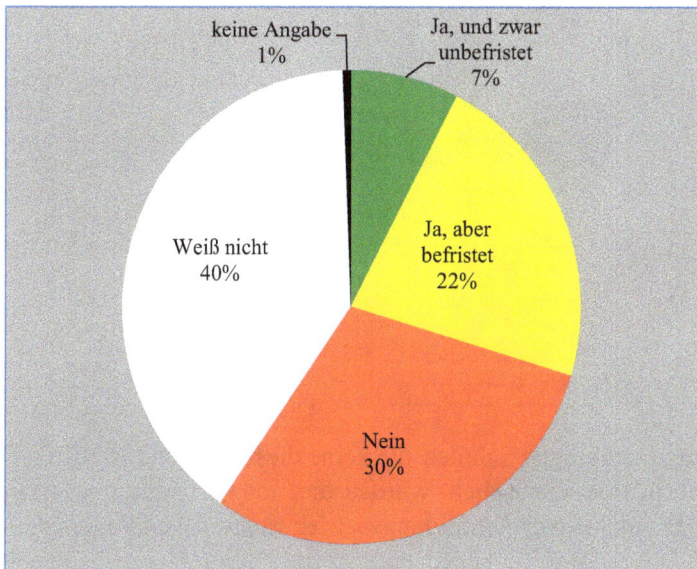

Wird zudem der Anteil an ausländischen Studierenden[17] sowie an „Bildungsinländern" mit Migrationshintergrund an deutschen Hochschulen mit in die Überlegungen einbezogen, existiert doch eine beachtliche Grundgesamtheit an Personen, die die Brücke zu ausländischen Kulturen und Gesellschaften leichter schlagen können.

---

[17] Laut Studierendenstatistik waren im Zeitraum der Befragung (Sommersemester 2012) 2.532 ausländische Studentinnen und Studenten, das entspricht 12,79 Prozent der Studierenden (inkl. Promotionsstudenten) an der Heinrich-Heine-Universität immatrikuliert (vgl. Heinrich-Heine-Universität 2012).

Für viele Nachwuchskräfte zählt heute ein Auslandsaufenthalt auch als ein Teil ihrer Ausbildung und wird von Unternehmen in Bewerbungsprozessen durchaus positiv bewertet. Für Schüler gilt ein Auslandsaufenthalt ebenfalls als Möglichkeit, den eigenen Lebenslauf anzureichern. Dennoch planen von den 134 Schülern, die eine Ausbildung beginnen wollen, nur 17 Prozent eine Zeit im Ausland zu verbringen.

Abbildung 3: *Pläne bzgl. eines Auslandsaufenthalts derjenigen Schüler, die eine Berufsausbildung absolvieren möchten (n = 134)*

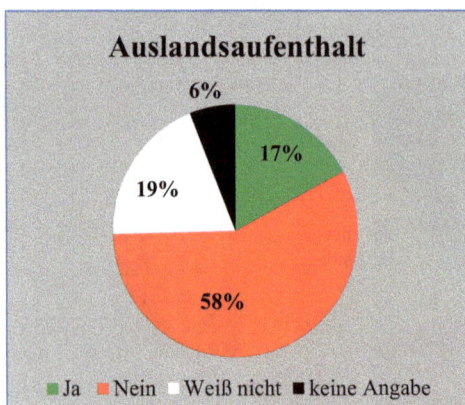

17 Prozent derjenigen Schüler, die keine dieser beiden Möglichkeiten für sich in Betracht ziehen, würden dies jedoch gerne umsetzen, sofern sie ihr zukünftiger Ausbildungsbetrieb finanziell und/oder organisatorisch bei diesem Vorhaben unterstützt. Hierin könnte demnach eine Rekrutierungsmöglichkeit und sogar ein Wettbewerbsvorteil für Unternehmen bestehen, sofern sie der Zielgruppe ihre Angebote kommunizieren können. Den Schulen kommt dabei als Kommunikationskanal eine besondere Bedeutung zu.

4. Ausblick

Bei den demografischen Veränderungen, die auf Deutschland zukommen, handelt es sich um einen langfristigen, aber gut prognostizierbaren Strukturwandel. Mithin können sich Unternehmer darauf einstellen. Veränderungen auf Märkten hingegen erfordern häufig kurzfristige Anpassungsmaßnahmen, mit denen erfahrungsgemäß die mittelständische Unternehmung gut zurechtkommt. Die Gefahr besteht nun darin, dass im Alltagsgeschäft der Blick für die längerfristige Perspektive gerne verschüttet wird: Die mittelständischen Unternehmen der Region Düsseldorf haben nämlich den Einfluss des demografischen Wandels auf die Gewinnung und Erhaltung einer qualifizierten Belegschaft erkannt. Der Wettbewerb um Fachkräfte hat sich bereits intensiviert, die Suche nach Lösungen ist in vollem Gange. Hinsichtlich der Gewinnung von ausländischen Fachkräften haben sich sowohl die Rahmenbedingungen verbessert[18], als auch ganz aktuell die Netto-Zuwanderung an gut qualifizierten, integrationsoffenen Migranten deutlich erhöht. Bemerkenswert ist hierbei, dass diese Zuwanderer besser qualifiziert sind als der Durchschnitt der Bevölkerung in Deutschland![19] Für die Region Düsseldorf bietet sich hier eine besondere Chance, falls die These zutrifft, dass motivierte ausländische Fachkräfte von wirtschaftlich starken Regionen besonders angezogen werden. Damit ist natürlich die „Passgenauigkeit" zwischen Fachkräftebedarf und dem Profil von Bewerberinnen und Bewerbern noch nicht gelöst. Hierin steckt möglicherweise ein strukturelles „deutsches" Problem, da der dual ausgebildete Facharbeiter außerhalb von Deutschland unbekannt ist. Insofern ist in diesem Segment eher eine Lücke zu befürchten, wohingegen der Bedarf an Akademikern möglicherweise eher zu schließen ist. Wenn dem so wäre, ist die Politik gefordert, die Anreize im Bildungssystem sinnvoll zu verschieben.

---

[18] Hierzu zählt beispielsweise die Umsetzung der sog. „blauen EU-Karte".

[19] Vgl. hierzu Berlin-Institut (2014), S. 8 und 28ff., wobei es sich um Migranten aus EU-Staaten, aber auch aus Drittländern handelt.

Literatur

BECKER, Carsten/GREBE, Tim/LÜBBERS, Thorsten (2012): Empiriegestütztes Monitoring zur Qualifizierungssituation in der deutschen Wirtschaft. Ergebnisbericht zur Welle Herbst 2011, im Auftrag des Bundesministeriums für Wirtschaft und Technologie (BMWi). Berlin.

BERLIN-INSTITUT (2014): Neue Potenziale. Zur Lage der Integration in Deutschland. Berlin.

BRANDT, Arno/BRUNKEN, Kerstin/GEHRKE, Jan-Philipp/KETZMERICK, Thomas/WIEKERT, Ingo (2010): Fachkräftemangel und demographischer Wandel bis 2020. Gutachten im Auftrag der Region Hannover. Teil II: Handlungsansätze für kleine und mittlere Unternehmen in der wissensintensiven Wirtschaft in der Region Hannover. Online verfügbar unter: www.hannover.de/Wirtschaft-Wissenschaft/Wirtschaftsförderung/ Downloads/Studien-und-Analysen.de (25.10.2012).

BUNDESAGENTUR FÜR ARBEIT/BUNDESMINISTERIUM FÜR ARBEIT UND SOZIALES/BUNDESMINISTERIUM FÜR WIRTSCHAFT UND TECHNOLOGIE (2012): Fachkräfte-Offensive. Online verfügbar unter: http://www.fach-kraefte-offensive.de/DE/Die-Offensive/Kampagne/inhalt.html (25.07.2013).

GOETHE-INSTITUT (2013): Pressemitteilung. Goethe-Institut und ZAV unterzeichnen Kooperationsvereinbarung. Online verfügbar unter: http://www.goethe.de/prs/prm/a013/ de10483944.htm (25.07.2013).

HEINRICH-HEINE-UNIVERSITÄT (2012): Studierendenstatistik der Heinrich-Heine-Universität im Sommersemester 2012. Online verfügbar unter: http://www.uni-duesseldorf.de/home/universitaet/ weiterfuehrend/statistiken-zahlen-und-fakten/die-universitaet-in-zahlen/studierendenstatistik. html (15.10.2012).

HÜTHER, Michael/NAEGELE, Gerhard (Hrsg.) (2013): Demografiepolitik. Herausforderungen und Handlungsfelder. Wiesbaden: Springer VS.

INSTITUT DER DEUTSCHEN WIRTSCHAFT KÖLN (IW) (2012): Städteranking 2012, im Auftrag der Initiative Neue Soziale Marktwirtschaft. Online verfügbar unter: http://www.insm-wiwo-staedteranking.de/ (08.08.2013).

KIENBAUM (2012): Schneller, höher, weiter: HRM in volatilen Märkten. HR-Trendstudie 2012. Online verfügbar unter: http://www.reif.org/wp-content/uploads/2012/10/Ergebnisbericht_HR-Trendstudie2012_final.pdf (09.10.2014)

KOLODZIEJ, Daniela (2011): Fachkräftemangel in Deutschland – Statistiken, Studien und Strategien. Infobrief, herausgegeben von den Wissenschaftlichen Diensten des Deutschen Bundestages. Online verfügbar unter: http://www.bundestag.de/dokumente/analysen/2012/Fach kraeftemangel_in_Deutschland.pdf (25.10.2013).

LANDESHAUPTSTADT DÜSSELDORF (2012): Standortprofil Düsseldorf. Online verfügbar unter: https://www.duesseldorf.de/wirtschaftsfoerderung/ standort/standortprofil.shtml (27.02.2013).

SCHIRMEISTER, Raimund/MANGOLD, Svenja (2013): Fachkräftemangel. Fiktion oder Realität? Düsseldorf: dup.

Warum braucht Deutschland qualifizierte Zuwanderung?

Oliver Koppel und Aiste Schiwy

1. Zuwanderung ist ein Gewinn für Deutschland

Warum Deutschland auf qualifizierte Zuwanderung angewiesen sein wird, lässt sich bereits heute aus der Altersstruktur der hiesigen Wohnsitzbevölkerung erkennen (vgl. Abb. 1). Zur Kohorte der 45- bis 54-Jährigen, welche die geburtenstärksten Jahrgänge des letzten Jahrhunderts umschließt, zählen aktuell rund 13 Millionen Personen. Demgegenüber entfallen auf die Kohorte der 5- bis 14-jährigen Kinder und Jugendlichen lediglich 7,4 Millionen Personen und damit deutlich weniger, als in der älteren Kohorte allein Personen mit Berufsausbildungsabschluss vertreten sind. Im direkten Vergleich zu der geburtenstarken 10-Jahreskohorte fehlen in der Kohorte der 5- bis 14-Jährigen 5,8 Millionen Köpfe.

Darüber hinaus muss berücksichtigt werden, dass auch die aktuell noch junge Kohorte niemals zur Gänze einen Bildungsabschluss schaffen und am Arbeitsmarkt ihren Beitrag leisten wird. In den Kohorten 35+ beträgt der Anteil der besonders häufig von Arbeitslosigkeit betroffenen Personen ohne berufsqualifizierenden Abschluss etwa 15 Prozent.[1] Und selbst wenn es die Bildungspolitik vollbringen sollte, diesen arbeitsmarktpolitischen Risikoanteil in der jungen Kohorte zu halbieren, wird auch in dieser ein substanzielles Potenzial dauerhaft brachliegen. Die Frage lautet folglich nicht, ob ohne Zuwanderung Probleme

---

[1] Der Anteil in der Kohorte der 15- bis 24-Jährigen muss vor dem Hintergrund interpretiert werden, dass sich in diesem Alter noch sehr viele Personen in der Phase der Berufsausbildung befinden.

für den Arbeitsmarkt entstehen werden, sondern allenfalls, welche Qua-
lifikationsgruppen hiervon besonders betroffen sein werden. Wenn die
Generation der geburtenstarken Jahrgänge in rund zehn Jahren beginnt,
aus dem Arbeitsmarkt auszutreten, wird dies gravierende Auswirkungen auf den Arbeitsmarkt und die Sozialversicherungssysteme haben.
Der demografische Wandel (vgl. Statistisches Bundesamt 2011) wird
in den kommenden Jahren dazu führen, dass die Zahl der Erwerbspersonen im Kernerwerbsalter von 20 bis 65 Jahren bis zum Jahr 2030 um
bis zu 6,1 Millionen sinken wird (vgl. Robert Bosch Stiftung, 2013).
Ohne qualifizierte Zuwanderung können diese Engpässe nicht kompen-
siert werden und nicht zuletzt werden die finanziellen Belastungen für
jeden Einzelnen der nachfolgenden Generationen notwendigerweise
steigen.

Bei nüchterner Betrachtung existieren zahlreiche weitere gute
Gründe, die für Zuwanderung sprechen und deren Wichtigste im Folgenden kurz erläutert werden sollen.[2]

Zuwanderer stärken die Wirtschaft: Im Durchschnitt sind die Zuwanderer jünger als die Gesamtbevölkerung, haben öfter einen Hochschulabschluss und sind häufig in Fach- und Führungspositionen tätig
– etwa 23 Prozent der in den letzten zehn Jahren Zugewanderten arbeiteten als hochspezialisierte Fach- oder Führungskräfte. Darüber hinaus
ist die Erwerbsbeteiligung von Neuzuwanderern in den vergangenen
Jahren deutlich gestiegen. Im Jahr 2005 waren 53 Prozent der in den
vorangegangenen zehn Jahren zugewanderten Personen zwischen 25
und 64 Jahren erwerbstätig. Dieser Anteil stieg bis 2011 auf 63 Prozent
(vgl. Geis/Kemeny, 2014). Somit bilden sie ein bedeutendes Arbeits-
kräftepotenzial und bringen immer mehr und immer bessere Qualifikationen mit, die für die deutsche Wirtschaft von großer Bedeutung sind.

---

[2] Vgl. im Folgenden: Geis/Kemeny (2014).

Abbildung 1: *Demografie führt zu Fachkräfteengpässen, Bevölkerung (1.000) nach beruflichem Abschluss, Deutschland, 2011*

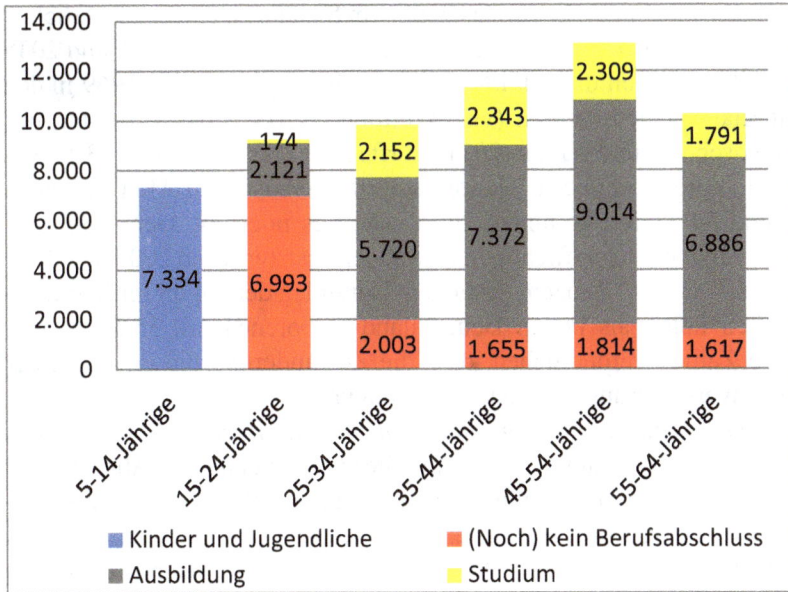

Quelle: FDZ (2014)

Zuwanderung erleichtert internationale Aktivitäten, steigert die Innovationskraft und das Wachstum: Ein wichtiger Aspekt für den wirtschaftlichen Erfolg der deutschen Unternehmen ist deren Wettbewerbsfähigkeit auf den Weltmärkten. Ausländische Arbeitnehmer können zur Erschließung neuer Märkte und zur Knüpfung neuer Geschäftsbeziehungen in ihrem Heimatland beitragen und der Bedarf an interkulturellen Kompetenzen wird entsprechend immer größer. Zudem steigert die Zuwanderung volkswirtschaftliches Wachstum und Innovationskraft. Venturini et al. (2012) zeigen, dass hochqualifizierte Migranten einen positiven Beitrag zur Innovationsfähigkeit leisten (gemessen an der Anzahl an Patenten und an der Entwicklung der totalen Fachproduktivität).

Zuwanderung stabilisiert die Rentenversicherung: Die zurzeit sozialversicherungspflichtig Beschäftigten finanzieren mit ihren Beiträgen die Alters- und Erwerbsminderungsrenten. Wenn unter sonst gleichen Bedingungen die Zahl der Rentenempfänger steigt oder die Zahl der Beitragszahler sinkt, kommt es in diesem System zu einem zusätzlichen Finanzierungsbedarf. Dies wird in den Jahren zwischen 2015 und 2035 der Fall sein, weil die geburtenstarken Jahrgänge 1955 bis 1969 in den Ruhestand gehen werden (vgl. Werding, 2013). Laut Schätzung des Statistischen Bundesamts (2011) dürften im Jahr 2030 etwa 53 Personen im Alter von über 64 Jahren auf 100 Personen im Alter zwischen 20 und 64 Jahren kommen, 2008 waren es noch 34. Der Anteil der sozialversicherungspflichtigen Zuwanderer ist zwischen 2005 und 2011 von 36,7 auf 41,9 Prozent gestiegen. Damit lag der Anteil im Jahr 2011 deutlich höher als bei in Deutschland Geborenen mit 35,5 Prozent. Diese Zahlen verdeutlichen, dass die Zuwanderung die Finanzen der Rentenversicherung stabilisieren helfen kann.

Zuwanderung stabilisiert die Kranken- und Pflegeversicherung: Die Krankheitskosten steigen mit dem Alter deutlich an (vgl. Abb. 2). Der demografische Wandel führt jedoch zu einem Rückgang der Beitragszahler, wodurch eine Finanzierungslücke auch in der Kranken- und Pflegeversicherung droht. Da Zuwanderer im Durchschnitt eher jung sind und es diesen immer besser gelingt, sich in den Arbeitsmarkt zu integrieren und eine sozialversicherungspflichtige Beschäftigung aufzunehmen, helfen sie diese Finanzierungslücke zu schließen. Zwar haben sie im Bedarfsfall einen Anspruch auf Leistungen, doch sind nur wenige Zuwanderer in den älteren Altersgruppen, für die besonders hohe Ausgaben entstehen. Im Jahr 2009 waren lediglich 3,8 Prozent der in den vorangegangenen zehn Jahren zugewanderten Personen über 65 Jahre alt.

Abbildung 2: *Krankheitskosten nach Alter versus Altersstruktur der Zuwanderer*

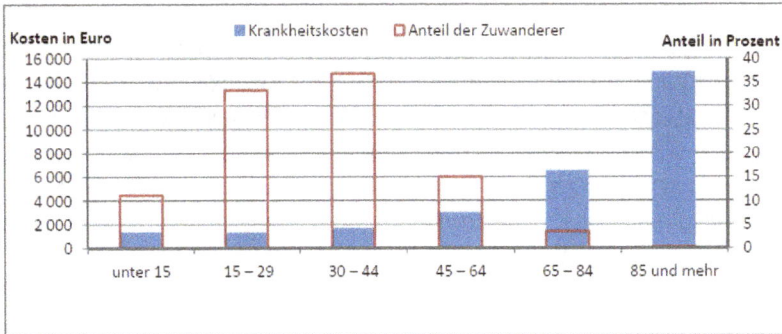

Quelle: Geis/Kemeny (2014)

Zuwanderung entlastet die öffentlichen Haushalte: Der gesamtfiskalische Beitrag der Zuwanderer ist positiv zu bewerten (vgl. Bonin, 2006). Im Jahr 2009 bezogen die ausländischen Staatsbürger deutlich seltener als die Gesamtbevölkerung beitragsfinanzierte Transfers (z. B. Arbeitslosengeld I und Renten). Steuerfinanzierte Leistungen wie Arbeitslosengeld II und Sozialhilfe sind etwa gleich häufig in Anspruch genommen worden. Die Haushalte von Bund, Ländern und Kommunen profitieren unmittelbar von der Zuwanderung, denn ein großer Teil der staatlichen Aufgaben und Ausgaben ist von der Bevölkerungsgröße unabhängig.

Zuwanderung führt zu einer ausgewogeneren Altersstruktur der Bevölkerung: In vielen Kommunen des ländlichen Raums schrumpft die Zahl der jungen Menschen so stark, dass bereits Schulen geschlossen oder zusammengelegt werden müssen. In der Zwischenzeit steigt die Nachfrage nach Angeboten für ältere und auf Hilfe angewiesene Menschen (z. B. Pflegeeinrichtungen und Begegnungsstätten). Bereits heute ist in einer Reihe von Kreisen mehr als ein Viertel der Bevölkerung über 65 Jahre alt, wohingegen unter den Zuwanderern kaum ältere Menschen zu finden sind. Im Jahr 2011 waren nur 2 Prozent der Zugezogenen über 65 und 11 Prozent über 50 Jahre alt. Die Zuwanderung

kann folglich auch den Kommunen helfen, ihren Bevölkerungsrückgang zu mindern (vgl. Berlin-Institut, 2013).

Zuwanderung verbessert die Lage inländischer Arbeitnehmer: Empirische Untersuchungen haben gezeigt, dass Zuwanderung die Arbeitslosigkeit von Inländern langfristig senkt (vgl. Brücker, 2013). Insbesondere wenn ausländische Fachkräfte mit Engpassqualifikationen für den
deutschen Arbeitsmarkt gezielt gewonnen werden, ist ein positiver
Effekt zu erwarten. Solche Fachkräfte ermöglichen den Unternehmen,
ihre Geschäftstätigkeit auszuweiten und Personalbedarf zu steigern,
dadurch kann es zum Anstieg der Beschäftigung Einheimischer kommen.

Zuwanderung bereichert das kulturelle Leben in Deutschland: Die
meisten Zuwanderer behalten die Lebensweise ihres Heimatlandes bei.
Es werden spezialisierte Supermärkte aus den jeweiligen Heimatländern eröffnet. Nicht nur gastronomisches Leben wird durch die Zuwanderung bereichert. In Bereichen wie Musik und Tanz werden kulturelle
Besonderheiten von Einheimischen aufgegriffen.

Im Folgenden wird dargestellt, in welchem Ausmaß Zuwanderung
bereits heute, bei typischen Engpassberufen zur Sicherung der Arbeitskräftebasis beiträgt.

2. Zuwanderung mildert Arbeitsmarktengpässe ab

Eine neben sprachlichen Kompetenzen wesentliche Voraussetzung für
die Wanderungsentscheidung Hochqualifizierter repräsentiert die Verwertbarkeit der eigenen Qualifikation im Zielland. Diesbezüglich zeigen sich sehr große Unterschiede zwischen einzelnen Fachrichtungen.
Die beiden Extreme seien im Folgenden kurz genannt. Im Wesentlichen
sehr geringen Hindernissen bei der Migration sehen sich Qualifikationen gegenüber, bei denen in einem bestimmten Land A erworbenes
Wissen nahezu eins zu eins für die Ausübung des Zielberufs in Land B
nutzbar ist. Hierzu zählen vor allem technischnaturwissenschaftliche
Qualifikationen sowie Gesundheitsberufe, da in jedem Land der Welt
dieselben naturwissenschaftlich-technischen und auch anatomischen

Gesetzmäßigkeiten gelten. Wasser fließt überall den Berg herunter statt herauf und auch die Organe des menschlichen Körpers sind weltweit die gleichen. Bei dieser Gruppe besteht daher unabhängig von dem konkreten Ausbildungsland aufgrund einer global verwertbaren Qualifikation prinzipiell eine Vielzahl an Beschäftigungsmöglichkeiten im Ausland, ein adäquates sprachliches Kompetenzniveau vorausgesetzt.

Hohe Hindernisse bei der ausbildungsadäquaten Verwertbarkeit im Ausland existieren dagegen bei einer zweiten Gruppe, bei der das in Land A erworbene Wissen nur stark eingeschränkt oder gar nicht für die Ausübung des Zielberufs in Land B nutzbar ist. Dies ist insbesondere bei Juristen der Fall, da sich Gesetze und Rechtsprechung von Land zu Land unterscheiden. Aber auch die große Mehrzahl der Lehrer, Verwaltungsexperten sowie Geistes- und Sprachwissenschaftler erwirbt im Rahmen des Studiums Wissen, welches stark (landes-)spezifischer Natur ist, respektive sich einer landesspezifisch konzentrierten Nachfrage gegenübersieht.

Dass Zuwanderung in vielen Bereichen des Arbeitsmarktes, in denen aufgrund der globalen Verwertbarkeit von Qualifikation auch ein hohes Potenzial für Migration gegeben ist, bereits eine wesentliche Stütze zur Sicherung der Arbeitskräftebasis darstellt, zeigen die Beispiele typischer Engpassberufe des deutschen Arbeitsmarktes, darunter die Mediziner. Aktuell scheiden jährlich 6.600 praktizierende Ärzte altersbedingt aus dem Erwerbsleben aus. Noch stehen diesen zwar knapp 10.000 neue Absolventen der Humanmedizin gegenüber, so dass aktuell nur in ländlichen Regionen Ansätze von Engpässen zu beobachten sind (vgl. Demary/Koppel, 2013), doch müssen – bedingt durch die Alterung der Ärzteschaft – nach dem Jahr 2025 bereits 9.500 Ärzte jedes Jahr ersetzt werden. Darüber hinaus steigt in Folge der Alterung der Wohnsitzbevölkerung (Stichwort: Multimorbidität) der Bedarf an ärztlichen Dienstleistungen immer weiter an und nicht jeder ausgebildete Humanmediziner geht einer Beschäftigung als Arzt nach, so dass das heimische Potenzial der Humanmedizinabsolventen langfristig nicht ausreichen wird.

Gelegentlich wird eine gravierende Abwanderung von Ärzten aus Deutschland postuliert, die für den deutschen Staat mit Verlusten in

Milliardenhöhe in Form entgangener Steuern und Sozialabgaben verbunden sein soll. Im Falle einer dauerhaften Abwanderung entgehen
den öffentlichen Haushalten und den Sozialkassen Einnahmen in Form
von Steuern und Sozialversicherungsbeiträgen. Holzner et al.
(2009) beziffern den entsprechenden Nettoverlust im Falle der Abwanderung
einer 30-jährigen Ärztin über den Verlauf des gesamten Erwerbslebens
betrachtet mit 1,075 Millionen Euro. Würden in größerem Umfang
Ärzte nach erfolgter Ausbildung in Deutschland ins Ausland abwan-
dern, beliefe sich das Ausmaß der erlittenen fiskalischen Externalitäten
pro Kopf folglich auf ein durchaus substanzielles Niveau. Um eine aus-
sagefähige Größe der Wanderung im Ärztebereich zu erhalten, muss
zusätzlich das Ausmaß der Zuwanderung beachtet werden.

Viele Statistiken können Wanderungsbewegungen nicht korrekt erfassen, da sie lediglich das Merkmal der Staatsangehörigkeit erheben.
So waren laut Bundesärztekammer im Jahr 2010 25.316 ausländische
Ärzte in Deutschland tätig. Um das Gesamtmaß der Zuwanderung adä-
quat erfassen zu können, sind jedoch Informationen zur Migrationshis-
torie einer Person notwendig, denn die relevante Fragestellung in diesem Kontext ist unabhängig von der Nationalität der betroffenen
Personen und lautet, wie viele in Deutschland ausgebildete Mediziner
aus Deutschland ab- und wie viele im Ausland ausgebildete Mediziner
nach Deutschland zugewandert sind. So befinden sich unter den obigen
ausländischen Ärzten auch zahlreiche Personen, die bereits in Deutschland Medizin studiert haben und gegebenenfalls sogar hierzulande
geboren wurden. Ebenso muss bei deutschen Ärzten, die im Ausland
praktizieren, hinterfragt werden, ob sie ihr Studium in Deutschland
absolviert haben oder nicht eventuell bereits im Ausland. Im ersten Fall
handelte es sich aus bildungsökonomischer Sicht um einen Brain Drain,
im zweiten Fall nicht. Ein weiteres Problem liefert die Orientierung an
dem reinen Kriterium der Staatsbürgerschaft in den Fällen im Ausland
mit ausländischer Staatsbürgerschaft geborener Personen, die ihr Medizinstudium im Ausland absolviert haben, anschließend nach Deutschland zugewandert sind und im Laufe der Jahre eingebürgert wurden

(„naturalisierte Ausländer"). Unabhängig von ihrer Migrationsgeschichte tauchen diese bei einer reinen Betrachtung der Staatsangehörigkeit als Deutsche auf.

Werden Migrationsbewegungen korrekt erfasst, so zeigt sich, dass
im Bereich der praktizierenden Ärzte eine große Hilfe aus dem Ausland
kommt. So waren zuletzt rund 70.000 Humanmediziner in Deutschland
erwerbstätig, die zu einem vorherigen Zeitpunkt nach Deutschland zugewandert waren. Davon waren rund 33.600 Personen bereits vor dem
Erwerb ihres medizinischen Abschlusses nach Deutschland eingewan-
dert. Letztere sind daher ebenfalls nicht als zugewanderte Humanmediziner im bildungsökonomischen Sinne zu verstehen, da es sich um Personen handelt, die zum Medizinstudium oder auch bereits vorher
zugewandert waren, ihre Ausbildung in Deutschland erhalten haben
und daher auch dem inländischen Potenzial zuzurechnen sind. Die übrigen 36.400 zugewanderten Humanmediziner haben ihren Studienabschluss im Ausland erworben und sind erst anschließend zugewandert.
Hinzu kommen noch die zahlreichen deutschen „Numerus-Clausus-
Flüchtlinge", die aus Gründen der hierzulande hohen Zugangshürden
ihr Medizinstudium im Ausland absolviert haben und anschließend
nach Deutschland zurückgekehrt sind. Dieses substanzielle Potenzial
der Zu(rück)wanderung taucht in keiner Statistik auf. Umgekehrt arbeiten nicht einmal 17.000 deutsche Ärzte im Ausland (vgl. Kopetsch,
2010), was einem Potenzial von maximal 24.000 in Deutschland ausgebildeten Ärzten entsprechen dürfte. Unter dem Strich profitiert
Deutschland somit bei Ärzten von einer hohen Nettozuwanderung im
Ausland ausgebildeter Personen.

Deutlich angespannter als bei Ärzten zeigt sich die Engpasssituation
bei Ingenieuren. Laut Mikrozensus sind in Deutschland 1,66 Millionen
Ingenieure erwerbstätig, ob in der Forschung und Entwicklung, in Bau-
ämtern und Prüfbehörden oder als Professoren an Hochschulen. Als
Faustregel gilt, dass bei einer typischen Lebensarbeitszeit von 35 bis 40
Jahren jedes Jahr etwa 2,5 bis 3 Prozent oder 40.000 bis 50.000 dieser
erwerbstätigen Ingenieure altersbedingt aus dem Erwerbsleben ausscheiden. Jedoch ist die Gesamtzahl erwerbstätiger Ingenieure seit dem

Jahr 2005 nicht konstant geblieben, sondern in Folge der hohen Arbeits-
marktnachfrage um jahresdurchschnittlich 44.000 Personen angestiegen. Die deutschen Hochschulen hätten in der Vergangenheit folglich
jedes Jahr mindestens 90.000 Erstabsolventen in den Ingenieurwissenschaften hervorbringen müssen, um die demografische Fluktuation und
den wachstums- und strukturwandelbedingten Zusatzbedarf aus dem
Potenzial der heimischen Absolventen decken zu können[3]. Seit dem
Tiefststand von rund 32.000 im Jahr 2002 ist die Anzahl der Erstabsolventen zwar kontinuierlich gestiegen, hat die benötigte Marke jedoch
nie in Ansätzen erreicht und lag zuletzt bei 60.259.

   Gemeinsam mit dem Verbleib älterer Ingenieure am Arbeitsmarkt
hat die Zuwanderung von Ingenieuren aus dem Ausland einen Großteil
dazu beigetragen, die resultierenden Engpässe auf dem deutschen Inge-
nieurarbeitsmarkt abzumildern und den notwendigen Beschäftigungs-
aufbau zu ermöglichen. Tabelle 1 zeigt, dass 144.000 der insgesamt
159.000 Ingenieure mit ausländischer Staatsangehörigkeit auch im
Ausland geboren und im Laufe ihres Lebens nach Deutschland zugewandert sind (Quadrant oben links), während die übrigen 15.000 bereits
in Deutschland geboren wurden (oben rechts). Diejenigen 95.000 im
Ausland geborenen und nach Deutschland zugewanderten Ingenieure,
die über eine deutsche Staatsangehörigkeit verfügen (unten links), werden in der öffentlichen Diskussion oft vernachlässigt, da sie bei einer
Betrachtung anhand der reinen Staatsangehörigkeit nicht von den rund
1,4 Millionen in Deutschland geborenen Ingenieuren deutscher Nationalität (unten rechts) unterschieden werden können. Jeder Siebte, also
insgesamt 239.000 aller in Deutschland erwerbstätigen Ingenieure sind
im Laufe ihres Lebens zugewandert.

---

[3] In den Ingenieurwissenschaften sind bis zu 20 Prozent der Absolventen Ausländer,
     die zum Studium nach Deutschland gekommen sind und dieses nach dem Examen
     wieder verlassen. Sie stehen dem deutschen Arbeitsmarkt folglich nicht zur Verfü-
     gung (Koppel, 2014).

Tabelle 1: Jeder siebte erwerbstätige Ingenieur in Deutschland ist zuge-wandert

	Im Ausland geboren	In Deutschland geboren
Mindestens eine ausländische Staatsangehörigkeit	144.000	15.000
Deutsche und keine weitere Staatsange-hörigkeit	95.000	1.406.000

Quelle: Koppel (2014)

100.000 der zugewanderten Ingenieure haben diesen Schritt vor dem Erwerb ihres Ingenieurabschlusses vollzogen – sei es als Kind oder Jugendlicher, sei es, um hierzulande Ingenieurwissenschaften zu studieren. Die übrigen 139.000 haben ihren Ingenieurabschluss im Ausland erworben und sind erst in der Folge nach Deutschland zugewandert. Allein die Zuwanderung der im Ausland fertig ausgebildeten Ingenieure hat folglich in der Größenordnung von zweieinhalb hiesigen Absolventenjahrgängen zur Sicherung der Ingenieurbasis in Deutschland beigetragen und damit noch stärker als die quantitativ ebenfalls sehr bedeutsame Gruppe der zum Ingenieurstudium nach Deutschland gekommenen und nach dem Abschluss hier verbliebenen Personen. Über die spiegelbildliche Anzahl in Deutschland ausgebildeter Ingenieure, die im Ausland einer Erwerbstätigkeit nachgehen, liegen keine gesicherten Erkenntnisse vor, da unter anderem kein internationales Melderegister für Ingenieure existiert und nur die wenigsten Zielländer über eine Arbeitsmarktstatistik nach deutschem Standard verfügen.

Zusammenfassend stellt Zuwanderung insbesondere vor dem Hintergrund der demografischen Entwicklung eine unerlässliche Stütze für die Sicherung der Arbeitskräftebasis und der Sozialsysteme Deutschlands dar.

Literatur

BERLIN-INSTITUT (2013): Vielfalt statt Gleichwertigkeit. Was Bevölkerungsrückgang für die Versorgung ländlicher Regionen bedeutet. Berlin.

BONIN, Holger (2006): Der Finanzierungsbeitrag der Ausländer zu den deutschen Staatsfinanzen. Eine Bilanz für 2004. Institute for the Study of Labor (IZA) Discussion Paper No. 2444. Bonn.

BRÜCKER, Herbert (2013): Auswirkungen der Einwanderung auf Arbeitsmarkt und Sozialstaat. Neue Erkenntnisse und Schlussfolgerungen für die Einwanderungspolitik, im Auftrag der Bertelsmann Stiftung. Gütersloh: Bertelsmann.

DEMARY, Vera/KOPPEL, Oliver (2013): Der Arbeitsmarkt für Humanmediziner und Ärzte in Deutschland. Zuwanderung verhindert Engpässe. In: IW-Trends Nr. 3/2013. Online verfügbar unter: http://bit.ly/1l5nVoC (10.06.2014).

FDZ – FORSCHUNGSDATENZENTRUM DER STATISTISCHEN ÄMTER DES BUNDES UND DER LÄNDER (2014): Sonderauswertung des Mikrozensus 2011.

GEIS, Wido/KEMENY, Felicitas (2014): 12 gute Gründe für Zuwanderung. IW policy paper 2/2014. Online verfügbar unter: http://bit.ly/1mGN9uX (11.06.2014).

HOLZNER, Christian/MUNZ, Sonja/ÜBELMESSER, Silke (2009): Fiskalische Wirkungen der Auswanderung ausgewählter Berufsgruppen. In: ifo Schnelldienst, 62. Jg., Nr. 17, 28–33.

KOPETSCH, Thomas (2010): Dem deutschen Gesundheitswesen gehen die Ärzte aus! 5. Auflage, Berlin: Bundesärztekammer und Kassenärztliche Bundesvereinigung.

KOPPEL, Oliver (2014): Ingenieure auf einen Blick: Erwerbstätigkeit, Migration, Regionale Zentren. Düsseldorf: VDI. Online verfügbar unter: http://bit.ly/1jiD3zj (29.05.2014).

ROBERT BOSCH STIFTUNG (2013): Die Zukunft der Arbeitswelt. Auf dem Weg ins Jahr 2030. Stuttgart.

STATISTISCHES BUNDESAMT (2011): Demografischer Wandel in Deutschland. Heft 1: Bevölkerungs- und Haushaltsentwicklung im Bund und in den Ländern. Wiesbaden.

VENTURINI, Alessandra/MONTOBBIO, Fabio/FASSIO, Claudio (2012): Are migrants spurring innovation? MPC Research Report 2012/11. San Domenico di Fiesole: Migration Policy Centre.

WERDING, Martin (2013): Alterssicherung, Arbeitsmarktdynamik und neue Reformen. Wie das Rentensystem stabilisiert werden kann. Gütersloh: Bertelsmann.

Gibt es einen Mangel an Ingenieuren in Deutschland?

Karl Brenke

Man kann schon fast die Uhr danach stellen: Wenn sich die Konjunktur bessert, fangen Unternehmen und deren Verbände an, über einen Mangel an Fachkräften zu klagen. Und nicht wenige Medien stoßen nach dem Motto „Wo Rauch ist, wird auch Feuer sein" in dasselbe Horn. Dass sich dieses Schauspiel bei jedem konjunkturellen Aufschwung wiederholt, müsste eigentlich zu Skepsis veranlassen. Dass dem nicht so ist, liegt wohl daran, dass nun eine weitere Ursache für einen Fachkräftemangel ausgemacht wurde: der drohende demografische Wandel. Es muss ja auch als unmittelbar einleuchtend erscheinen, dass Erwerbstätige knapper werden, wenn immer weniger junge Leute nachwachsen und die Bevölkerung älter wird. Wie sich die Zeiten ändern: Fürchtete man früher, dass der Gesellschaft infolge von Rationalisierung oder wegen einer Sättigung an Konsumgütern die Arbeit ausgeht, fehlt es nun scheinbar an den Arbeitskräften. Die Menschen neigen allerdings zum einfachen, da bequemen Denken. Man klammert sich an plausibel erscheinenden Erklärungen, zumal viele Andere die Dinge genauso sehen. Hat man für sich erst einmal eine assoziative Koheränz zu einer bestimmten Thematik oder zu einem speziellen Sachverhalt gefunden, muss man sich nicht weiter mit Fakten auseinandersetzen, die der Weltsicht widersprechen könnten. Das würde nur verwirren und die Bequemlichkeit stören.

1. Sich verändernde Rahmenbedingungen erzeugen Anpassungsreaktionen

Im Folgenden soll es aber auch um Verwirrung gehen, denn die eingängige Behauptung eines Fachkräftemangels wird hinterfragt. Um gleich damit zu beginnen: Der demografische Wandel ist schon längst im Gange, aber auf dem Arbeitsmarkt hat man bisher nicht allzu viel davon bemerkt. So ist die Zahl der Einwohner im Alter von 15 bis 64 Jahren, also jener Alterskohorten, die gemeinhin als erwerbsfähig angesehen werden, kräftig gesunken – nach der amtlichen Bevölkerungsfortschreibung um knapp 2,6 Millionen in der Zeit von Anfang 2000 bis Ende 2013'. In etwa derselben Periode – 2000 bis 2013 (Jahresdurchschnitte) – hat die Zahl der Erwerbspersonen, also jener Leute, die einen Job haben oder einen suchen, gemäß amtlicher Volkswirtschaftlicher Gesamtrechnung aber um knapp 1,7 Millionen zugenommen. Wie ist diese große Diskrepanz zu erklären? Gewiss nicht durch die auf einer statischen Logik beruhende Folgerung, dass bei sinkender Einwohnerzahl automatisch auch die Zahl der Erwerbspersonen sinkt. Vielmehr hat es Anpassungsprozesse innerhalb unseres hochflexiblen Wirtschaftssystems gegeben, mit denen auf die rückläufige Bevölkerung reagiert wurde. Zum einen machte sich der Trend zur höheren Erwerbsbeteiligung jüngerer Frauen bemerkbar, zum anderen und viel stärker schlug zu Buche, dass die älteren Personen länger im Erwerbsleben bleiben (vgl. Brenke 2013). Das hängt wiederum mit Veränderungen in der Arbeitswelt zusammen wie mit dem abnehmenden Anteil körperlich schwerer Arbeit, der wachsenden Bedeutung anspruchsvoller nicht-manueller Tätigkeiten und vielleicht auch mit einer veränderten, stärker intrinsisch ausgerichteten Arbeitsmotivation. So zeigt sich, dass die Zahl der Erwerbstätigen mit guter Qualifikation stetig zugenommen hat – und gerade diese Beschäftigten bleiben lange erwerbstätig. Wahrscheinlich haben auch rechtliche Änderungen beim Rentenzugang und ein Umdenken bei manchen Arbeitgebern, bei denen eine Zeit lang ein regelrechter Jugendwahn grassierte, einen Beitrag geleistet.

Aber nicht nur Entwicklungen im Inland haben Einfluss auf das Arbeitskräfteangebot. Nachdem von Mitte bis Ende der vergangenen Dekade die Wanderungsgewinne Deutschlands im Bevölkerungsaustausch mit dem Ausland eher gering waren und unter 100.000 Personen pro Jahr lagen, sind sie in den letzten Jahren kräftig gestiegen. Im letzten Jahr übertrafen die Zuzüge die Fortzüge von Ausländern um

460.000 Personen. Verantwortlich dafür sind die Herstellung der Arbeitnehmerfreizügigkeit für Personen aus den 2004 zur EU beigetretenen Staaten, der EU-Beitritt von Rumänien und Bulgarien sowie die Krise in Südeuropa, die angesichts der dortigen hohen Unterbeschäftigung Arbeitskräfte nach Deutschland treibt, zumal hier die Arbeitsmarktsituation recht gut ist. Bei den meisten Zuwanderern handelt es sich um Erwerbspersonen. Diese Entwicklung ist ebenfalls nicht vorausgesehen worden. Beispielsweise wurde in der 2009 erstellten amtlichen Bevölkerungsprojektion ein Wanderungsgewinn von allenfalls 200.000 Personen angesetzt (vgl. Statistisches Bundesamt 2009). Wie so häufig: Die tatsächliche Entwicklung hält sich einfach nicht an die Prognose.

Es gibt in offenen Gesellschaften und in einer Marktwirtschaft immer Anpassungsprozesse verschiedener Art, wenn sich wirtschaftliche Bedingungen verändern. Insbesondere Knappheiten erzeugen Reaktionen. Engpässe entstehen allerdings dann, wenn der Markt nicht funktioniert. Ein typisches Beispiel dafür ist der Pflegebereich, in dem durch staatliche Regulierungen Einfluss auf die Kosten und somit auf die Preise und die Löhne genommen wird. Trotz aufreibender Arbeitsbedingungen ist die Entlohnung der Pflegekräfte eher schlecht; Pflegeberufe haben deshalb auch ein schlechtes Image. Es verwundert daher nicht, dass es hier dann an Fachkräften fehlt (vgl. Ostwald et al. 2010).

2. Ermittelter Fachkräftemangel: ein methodisches Artefakt

Seit Jahren wird im Besonderen über einen Mangel an Ingenieuren in Deutschland geklagt. Hintergrund sind vor allem regelmäßige Berichte des Instituts der Deutschen Wirtschaft (IW) im Auftrag des Vereins der Deutschen Ingenieure (VDI) (vgl. IW/VDI 2014). Dabei werden die bei den Arbeitsagenturen registrierten arbeitslosen Ingenieure den dort ge-

meldeten und nach einem speziellen Verfahren hochgerechneten offenen Stellen[1] in Ingenieurberufen gegenübergestellt. Weil die Zahl der
auf diese Weise ermittelten offenen Stellen immer höher war als die
Zahl der registrierten arbeitslosen Ingenieure, stellte sich bei jedem Bericht der Befund ein, dass es einen Engpass an Ingenieuren gibt. Im
Fokus stehen dabei Ingenieure industrienaher Sparten. Ingenieure, die
üblicherweise im Baubereich (Architekten, Bauingenieure, Raumpla-
ner, Statiker, Vermessungsingenieure etc.) oder in der Landwirtschaft
(Agraringenieure) eingesetzt werden, sind in der Debatte um den ver-
meintlichen Ingenieurmangel nicht von Belang. Auf sie wird im Weiteren auch nicht eingegangen.

Das dargestellte Verfahren von IW und VDI scheint auf den ersten
Blick überzeugend zu sein, so dass die Ergebnisse plausibel auf einen
Ingenieurmangel hinweisen. Dem ist aber nicht so; vielmehr beruht die
verwendete Methode auf einem grundlegenden Unverständnis über die
Prozesse auf dem Arbeitsmarkt. Dafür gibt es zwei Gründe: Zum einen
sind die offenen Stellen ein ungeeigneter Indikator, um den gesamtwirtschaftlichen Bedarf an Arbeitskräften etwa einer bestimmten Berufsgruppe zu messen, zum anderen machen die Arbeitslosen nur einen Teil
des gesamtwirtschaftlichen Angebots an Arbeitskräften aus.

Das zeigt schon ein Blick in die Praxis von Stellenbesetzungen. Ein
Unternehmen schreibt eine offene Stelle für Ingenieure aus und auf die

---

[1] Bekannt ist, dass längst nicht alle offenen Stellen den Arbeitsagenturen gemeldet
werden; das gilt insbesondere für Stellen, die hohe Ansprüche an die Qualifikation
der Arbeitskräfte stellen. Deshalb werden in den IW/VDI-Untersuchungen die bei
den Arbeitsagenturen gemeldeten offenen Stellen hochgerechnet. Der Hochrech-
nungsfaktor basiert auf den Ergebnissen von Erhebungen bei Unternehmen, die danach gefragt wurden, ob sie ihre Ingenieurstellen den Arbeitsagenturen melden.
Zuletzt war das bei knapp einem Fünftel der Unternehmen der Fall. Entsprechend
werden die bei den Arbeitsagenturen gemeldeten Vakanzen in etwa mit dem Faktor
„5" multipliziert. (Vgl. IW 2010: 18ff.). Eine Hochrechnung der offenen Stellen ist
im Rahmen des gewählten Verfahrens notwendig und sinnvoll. Problematisch ist allerdings zum einen, den Anteil der meldenden Unternehmen mit dem Anteil der
gemeldeten an allen tatsächlich vorhandenen offenen Stellen gleichzusetzen, und
zum anderen ist es wagemutig, auf einer recht schmalen Basis von Erhebungsergeb-
nissen regionale Differenzierungen vorzunehmen.

Annonce in einer Zeitung oder im Internet melden sich zahlreiche Interessierte. Darunter finden sich gewiss nicht nur Arbeitslose. Vielmehr handelt es sich in der Regel um eine bunte Mischung an Bewerbern. Darunter kommen Personen, die gerade erst ihr Studium abgeschlossen haben und sich gar nicht als Arbeitslose gemeldet haben, weil sie keine Ansprüche auf Arbeitslosengeld haben und sich von den Arbeitsagenturen keine Hilfe bei der Stellenvermittlung erhoffen. Andere könnten gerade ein Praktikum absolvieren, aber gleichwohl nach einem ihrer Qualifikation gemäßen Job suchen. Zudem kann es ausländische Bewerber geben, die in Deutschland eine Anstellung anstreben.[2] Möglicherweise werden sich auch Personen ohne Einschaltung der Arbeitsagenturen auf eine ausgeschriebene Stelle bewerben, die ihre Erwerbstätigkeit für eine Zeit wegen Krankheit oder Kindererziehung unterbrochen haben.

Vor allem aber werden sich unter den Bewerbern solche finden, die – aus unterschiedlichen Motiven – von ihrem bisherigen Arbeitgeber auf die ausgeschriebene Stelle wechseln wollen. Wird nun die Stelle mit einem solchen Bewerber besetzt, kann es aus gesamtwirtschaftlicher Sicht zu Folgen verschiedener Art kommen. Es wäre möglich, dass sich bei dem früheren Arbeitgeber des erfolgreichen Stellenbewerbers nun eine Personallücke auftut, so dass dieser Arbeitgeber nun eine offene Stelle ausschreibt. Es könnte aber auch sein, dass die Stelle nicht wieder besetzt wird, beispielsweise weil der Arbeitgeber auf Personalabbau setzt. Denn es gibt immer Arbeitgeber, die Personal suchen, und solche, die Personal abgeben. Zwar variiert das Verhältnis von beidem je nach konjunktureller Situation, dennoch wird es selbst in einer Aufschwungphase Unternehmen geben, die Personal abgeben. In einer Marktwirtschaft ist es normal, dass manche Betriebe prosperieren, während andere im Wettbewerb zurückbleiben. Zudem können auch in einem ansonsten günstigen wirtschaftlichen Umfeld Strukturkrisen einzelner Branchen zu Tage treten. Ein Beispiel aus jüngerer Zeit ist der weitgehende Zusammenbruch der Solarindustrie in der Bundesrepublik; nicht

---

[2] Wenn sich solche Personen bei den Arbeitsagenturen zwecks Stellenvermittlung melden, werden sie in der Regel nicht als arbeitslos, sondern als „arbeitssuchend" verbucht.

wenige der dort tätigen Ingenieure werden versucht haben, in eine andere Branche zu wechseln. In diesem Fall wurde der Personalbedarf des Maschinen- oder Fahrzeugbaus nicht aus dem Arbeitslosenbestand, sondern aus dem Beschäftigtenbestand – und zwar dem der Solarindustrie – gedeckt.

Die offenen Stellen zeigen mithin nur die eine Seite der Medaille: die Seite der Personal suchenden Unternehmen. Die andere Seite – die der Personal abgebenden Unternehmen – bleibt ausgeblendet. Somit wird in den IW/VDI-Untersuchungen das gesamtwirtschaftliche Arbeitskräfteangebot systematisch unterschätzt, weil es nur anhand der Arbeitslosen ermittelt wird. Auf diese Art und Weise könnte man vielleicht auch bei vielen anderen Berufen einen Mangel ermitteln. Es kommt aber auf die gesamtwirtschaftliche Perspektive an. Der Arbeitskräftebedarf zu einem bestimmten Zeitpunkt ist die Zahl der Vakanzen abzüglich des Potenzials, mit dem durch Arbeitgeberwechsel offene Stellen besetzt werden können. In konjunkturell guten Zeiten wird das Vorzeichen des Wertes ein Plus sein, in schlechten Zeiten eher ein Minus. Hierzu sind allerdings keine Daten verfügbar. Und zur Ermittlung des Arbeitskräfteangebots sollten nicht nur die Arbeitslosen herangezogen werden, sondern weitere Gruppen von Arbeitnehmern, mit denen Stellen besetzt werden können.

Die Bundesagentur für Arbeit verwendet ein anderes Verfahren, um Engpässe auf dem Arbeitsmarkt zu bestimmen: die Dauer bis zur Besetzung der bei ihr gemeldeten offenen Stellen. Eine lange Vermittlungsdauer wäre ein Indiz für einen Engpass (vgl. Bundesagentur für Arbeit 2014). Auch das scheint zunächst überzeugend zu sein – ist es aber bei näherem Hinsehen ebenfalls nicht. Diese Methode ist schon deshalb problematisch, weil bei Ingenieuren nur ein kleiner und wahrscheinlich selektiver Teil der Vakanzen überhaupt den Arbeitsagenturen gemeldet wird, so dass sich wohl erhebliche Repräsentativitäts- und Stichprobenprobleme ergeben. Viel mehr ins Gewicht fällt aber ein anderes Manko: Für jede wissenschaftliche Untersuchung ist es von fundamentaler Bedeutung, dass die gewählten Indikatoren eindeutig sind, also den intendierten Sachverhalt auch tatsächlich anzeigen – und

nicht etwas anderes. Eine lange Vermittlungsdauer zeigt nicht zwangsläufig einen Engpass an bestimmten Fachkräften an, sie kann sogar für
das Gegenteil stehen: Weil hinreichend Fachkräfte zur Verfügung stehen, verhalten sich die Unternehmen wählerisch, so dass sich die Vermittlung über die Zeit hinzieht. Nicht auszuschließen ist ebenfalls, dass
die Vermittlung deshalb lange dauert, weil die Arbeitsagenturen wenig
effektiv arbeiten und den Unternehmen beispielsweise unpassende Bewerber anbieten.

3. Löhne der Ingenieure zeigen keine Knappheiten an

Nach all der Kritik: Gibt es denn nun einen Fachkräftemangel bei industrienahen Ingenieuren oder nicht? Wie der Begriff schon sagt, sind
diese Ingenieure in einem Wirtschaftsbereich tätig, in dem kein nen-
nenswerter Eingriff des Staates auf die Preise genommen wird; die Unternehmen der Industrie können ihre Güterpreise weitgehend selbst
bestimmen. Auch die Lohnfindung beruht auf dem freien Spiel der
Kräfte. Wenn irgendwo auf dem Markt Knappheiten entstehen, steigen
die Preise – auf dem Arbeitsmarkt sind es die Löhne. Ein besserer
Knappheitsindikator existiert nicht.

Abbildung 1: Veränderungen der realen Jahresgehälter von Ingenieuren nach Tätigkeiten

Medianwerte, jahresdurchschnittliche Veränderung in Prozent

ausgewählte Wirtschaftszweige	Sach-bearbeiter	Projekt-Ingenieure	Projekt-Manager	Gruppen-/Teamleiter	Abteilungs-leiter
Fahrzeugbau					
2005 bis 2008	1,0	0,7	-0,4	2,5	1,8
2010 bis 2013	0,9	-0,5	-0,4	0,3	0,0
2005 bis 2013	0,3	-0,5	-0,2	1,1	1,2
Maschinen- und Anlagenbau					
2005 bis 2008	1,8	-0,4	0,1	1,4	2,4
2010 bis 2013	-4,2	1,1	-0,6	0,5	0,6
2005 bis 2013	-1,5	-0,2	-0,2	0,8	1,4
Elektronik- u. Elektrotechnik					
2005 bis 2008	0,1	0,3	0,4	0,1	1,2
2010 bis 2013	-0,1	0,3	1,0	-3,0	-1,7
2005 bis 2013	0,0	0,0	0,2	-0,5	0,0

Quelle: VDI; Statistisches Bundesamt; eigene Berechnungen.

Daten über die Löhne der Arbeitnehmer nach einzelnen Berufen gibt es allerdings kaum, amtliche Zahlen überhaupt nicht. Die einzige aktuell verfügbare Quelle, die Auskunft über die Löhne der Ingenieure gibt, sind die Gehaltserhebungen der VDI-Nachrichten (vgl. VDI-Nachrichten 2014). Nicht bestimmen lässt sich allerdings das Ausmaß der Repräsentativität der Umfragedaten; die großen Fallzahlen[3] lassen allerdings erwarten, dass sie die Realität relativ getreu widerspiegeln. Um konjunkturelle Einflüsse – insbesondere den Effekt der weltweiten Finanzkrise – auszuschalten, wurden mit den Jahren 2005 bis 2008 sowie 2010 bis 2013 nur Perioden des Aufschwungs in die Betrachtung einbezogen. Danach zeigt sich, dass sich die Löhne für Ingenieure real, also unter Berücksichtigung der Entwicklung bei den Verbraucherpreisen, nur schwach entwickelt haben (Tabelle). Der Lohnentwicklung zufolge kann von einer Knappheit oder gar einem eklatanten Mangel an Ingenieuren überhaupt keine Rede sein.

4. Ein Vorschlag zur Ermittlung des gesamtwirtschaftlichen Bedarfs an Ingenieuren

Wie sieht es aber in der Zukunft aus? Wird alsbald ein Mangel eintreten? Zur Beantwortung dieser Frage soll ein genauerer Blick auf den Bedarf an industrienahen Ingenieuren und auf das Arbeitskräfteangebot geworfen werden. Angesichts der Vielfalt der zu berücksichtigen Faktoren lassen sich allerdings nur die Größenordnungen skizzieren – zumal die verfügbaren Daten für eine umfassende Bestandsaufnahme nicht hinreichend sind. Hinsichtlich des Bedarfs ist grundsätzlich zwischen dem Ersatzbedarf, also dem Ausscheiden von Ingenieuren aus dem deutschen Arbeitsmarkt (etwa durch Abwanderung ins Ausland, insbesondere aber durch Wechsel in den Ruhestand als hier wichtigster Größe) und einem etwaigen Expansionsbedarf, der sich infolge der Wirtschaftsentwicklung ergibt, zu unterscheiden. Um Abschätzungen vornehmen zu können, sind zunächst Angaben darüber erforderlich, wie viele industrienahe Ingenieure in Deutschland überhaupt beschäftigt sind. Die Datenlage ist allerdings auch in dieser Hinsicht nicht gerade günstig.

---

[3] Insgesamt 140.000.

Zum einen gibt es die von den Arbeitgebern an die Sozialversiche-
rungen zu meldenden Daten über ihre abgabepflichtigen Beschäftigten,
die naturgemäß keine Angaben über Beamte und Selbständige enthalten. Ebenfalls problematisch ist, dass die Erfassung der ausgeübten Berufe zur Jahresmitte 2011 eingestellt wurde.[4] Zu dieser Zeit gab es insgesamt 577.000 sozialversicherungspflichtig Beschäftigte, die den
Beruf eines industrienahen Ingenieurs ausübten (Abb. 1). In der Zeit
davor war ihre Zahl merklich angestiegen. Konjunkturelle Einflüsse
machten sich zwar bemerkbar, aber eher wenig: In der Abschwung-
phase in der ersten Hälfte des letzten Jahrzehnts kam es nur zu einem
geringfügigen Abbau der Beschäftigung; im Zuge der weltweiten
Finanzkrise 2009/2010 lediglich zu einer Stagnation. Die Beschäftigung von Ingenieuren expandiert also dem Trend nach. In der Zeit von
1999 bis 2011 belief sich das jahresdurchschnittliche Beschäftigungs-
wachstum auf 1,4 Prozent; das entspricht einer Zunahme – oder einem
jährlichen Expansionsbedarf – bei den sozialversicherungspflichtig
beschäftigten, industrienahen Ingenieuren von etwa knapp 6.500 Personen nach gegenwärtigen Stand.

---

[4] Seitdem werden Funktionen erfasst. Zwar gibt es Umsteigeschlüssel, um von den
    Funktionen auf Berufe schließen zu können. Die Zuordnung ist mitunter aber nicht
    eindeutig. Die Bildung einer Zeitreihe mit umgeschlüsselten Funktionen und den zu-
    vor veröffentlichten Angaben über die Berufe verbietet sich daher.

Abbildung 2: *Zahl der sozialversicherungspflichtig beschäftigten, industrienahen Ingenieure*

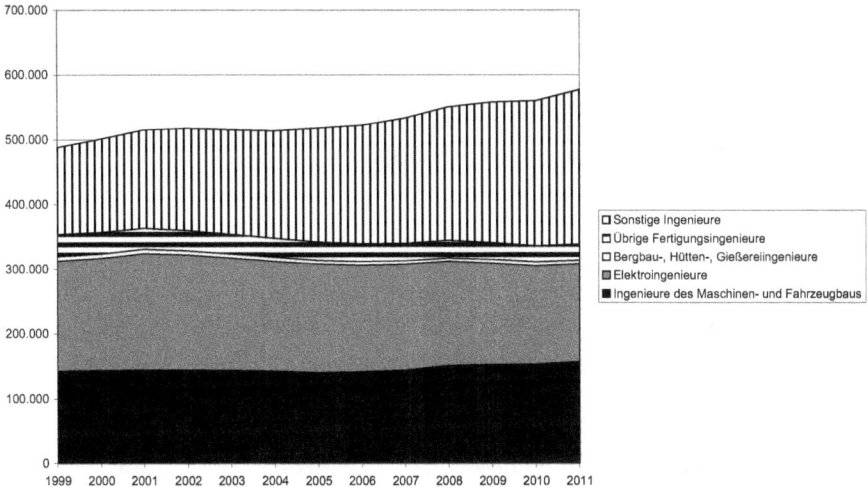

Quelle: Bundesagentur für Arbeit

Zum anderen enthält der Mikrozensus – eine laufend durchgeführte amtliche Bevölkerungsumfrage – entsprechende Informationen. Dabei handelt es sich zwar um eine Erhebung auf Stichprobenbasis, so dass mit gewissen Stichprobenfehlern gerechnet werden muss. Die Stichprobe ist aber riesig[5] und lässt sehr differenzierte Auswertungen zu. Enthalten sind alle Erwerbstätigen, also auch Selbständige und Beamte. Für die wissenschaftliche Auswertung sind derzeit Daten lediglich bis 2011 verfügbar. Von den Befragten gaben in jenem Jahr 813.000 an, den Beruf eines industrienahen Ingenieurs auszuüben. Nicht wenige sahen sich selbst so oder wurden im Betrieb vielleicht so eingestuft – hatten jedoch keine Hochschulausbildung. Beschäftigte mit Hochschulausbildung und Tätigkeit als industrienaher Ingenieur gab es 672.000.

Bei nicht wenigen beruflich ausgebildeten Erwerbstätigen ist es allerdings so, dass sie in einem anderen Beruf tätig sind als dem erlernten.

---

[5] Es sollen 1 Prozent der Bevölkerung erfasst werden; die Fallzahlen belaufen sich auf etwa 700.000.

Zudem werden mitunter Angaben über den ausgeübten Beruf gemacht, die nicht auf den Ausbildungsberuf verweisen. Zum Teil sind für die ausgeübte Tätigkeit bestimmte Qualifikationen – hier: die Ausbildung zum industrienahen Ingenieur – erforderlich, zum Teil wird aber auch beruflichen Tätigkeiten nachgegangen, die eine andere, eine relativ geringe oder gar keine Berufsausbildung erfordern. Das klassische Beispiel hierfür ist der Taxifahrer, der ein Philosophie- oder Kunstgeschichtsstudium erfolgreich abgeschlossen hat. Zunächst lässt sich anhand des Mikrozensus 2011 feststellen, dass es erwartungsgemäß sehr viel mehr Personen – reichlich 1,2 Millionen – gibt, die eine Ausbildung zum Ingenieur in einem industrienahen Fach nach einer recht weiten Definition[6] absolviert haben als solche, die angeben, den Beruf eines Ingenieurs auszuüben.

Entscheidend für die Bestimmung des Bedarfes ist, wie viele davon eine berufliche Tätigkeit ausüben, für die die Ausbildung zum Ingenieur zwingend erforderlich ist. Hinsichtlich der tatsächlich ausgeübten Jobs zeigt sich ein vielfältiges Bild: Ein großer Teil der ausgebildeten Ingenieure gibt bei der Mikrozensus-Erhebung erwartungsgemäß an, auch als industrienaher Ingenieur tätig zu sein. Zudem finden sich Fälle von Personen, die einem Beruf als Hochschullehrer oder Wissenschaftler nachgehen (Abb. 2). Hier dürfte ebenfalls die Ingenieurausbildung eine notwendige Voraussetzung für die Ausübung des Jobs sein. Es finden sich aber auch Befragte mit Ingenieurausbildung, die einem künstlerischen, sozialen oder einem Beruf des Gast- bzw. des Wachschutzgewerbes nachgehen; diese sind ohne Zweifel ausbildungsfremd beschäftigt. Dasselbe gilt für die Personen, die einen Bau-, Fertigungsoder einen Beruf als Bürokraft ausüben oder als Verkäufer tätig sind. Wenig anders liegen die Dinge hinsichtlich etwa der Techniker: In der

---

[6] Fachhochschul- oder Universitätsstudium und Abschluss in der Hauptfachrichtung Ingenieurwesen allgemein, Bergbau, Hüttenwesen, Transport- und Fördertechnik, Fertigungs- und Produktionstechnik, Maschinenbau, physikalische Technik, Verfahrenstechnik, Feinwerktechnik, Gesundheitstechnik, Metalltechnik, Augenoptik, Versorgungstechnik, Energietechnik, Kerntechnik, Elektrotechnik, Chemieingenieurwesen, Verkehrstechnik (Fahrzeugtechnik, Schiffsbau etc.), Textil- und Bekleidungstechnik, Glastechnik/Keramik, Holz-, Fasertechnik, Kunststofftechnik, Werkstoffwissenschaft, Wirtschaftsingenieurwesen.

konkreten betrieblichen Praxis ist die Ausbildung zum Ingenieur zur Ausübung solcher Berufe gewiss hilfreich, ein Ingenieur ist aber überqualifiziert für entsprechende Tätigkeiten, die in aller Regel keine akademische Ausbildung erfordern. Ähnlich sieht es wohl bei EDV-Jobs aus. Schwer einzuschätzen ist indes, wie es sich mit den Tätigkeiten in hohen Managementfunktionen (Unternehmensleitung, Geschäftsführung etc.) verhält. Gerade in mittelständischen Unternehmen beispielsweise des Maschinenbaus dürfte nicht selten ein an der Spitze stehender Ingenieur dem Unternehmen die entscheidenden Impulse geben. In anderen Unternehmen mag zwar ein Ingenieur Führungsfunktionen haben, seine Stellung könnte aber auch jemand mit einer anderen Profession ausfüllen. So ist etwa der Vorstandsvorsitzende der Volkswagen AG, Ferdinand Piech, ein Ingenieur; der weltweit größte Automobilbauer Toyota wird dagegen von einem Juristen geführt. Dennoch soll unterstellt werden, dass alle ausgebildeten Ingenieure in Unternehmensleitungen für ihre Tätigkeit auch eine Ingenieurausbildung benötigen. Dieselbe Annahme wird für Personen mit akademischer Ausbildung in einem industrienahen Ingenieurfach getroffen, die als Unternehmensberater, Wirtschaftsprüfer, Controller oder Marketingfachkräfte tätig sind. Bei manch einem davon wird die Ingenieurausbildung zur Ausübung seines Job erforderlich sein, bei manch anderem eher nicht. Auf Basis dieser recht breit gefassten Klassifizierung ergibt sich die Summe von 770.000 Personen, die einer beruflichen Tätigkeit nachgehen, für die eine akademische Ausbildung zum industrienahen Ingenieur erforderlich ist.

Abbildung 3: *Struktur der Berufe der zu industrienahen Ingenieuren ausge-bildeten Erwerbstätigen 2011*

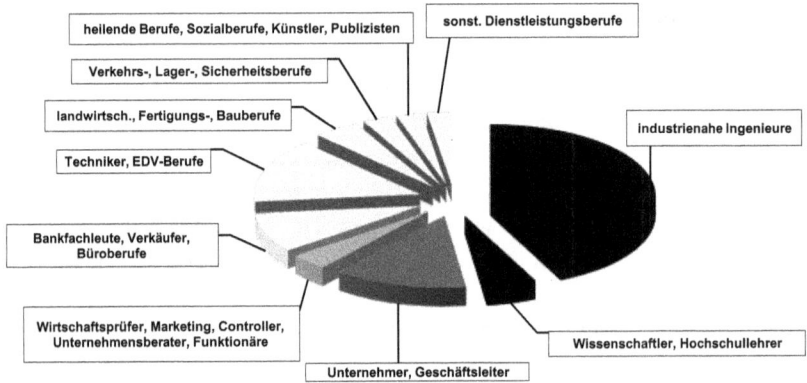

Quelle: Mikrozensus; eigene Berechnungen.

Anhand dieser Klassifikation und der ermittelten Größenordnung lässt sich ein etwaiger Ersatzbedarf abschätzen. Der wichtigste Grund für das Entstehen eines Ersatzbedarfes besteht wohl darin, dass Arbeitskräfte in den Ruhestand wechseln. Aus der Sicht einzelner Unternehmen spielt der Wechsel zu einem anderen Arbeitgeber zwar wohl häufiger eine Rolle – aber das interessiert aus gesamtwirtschaftlicher Perspektive nicht, weil die Betriebswechsler auf dem Arbeitsmarkt bleiben.[7] Von den besagten 770.000 berufstätigen Ingenieuren war etwas mehr als ein Fünftel 55 Jahre und älter (Abbildung 3) – großzügig gerechnet also 200.000 Personen. Diese werden gewiss nicht auf einen Schlag in den Altersruhestand gehen, sondern sukzessive. Ein gleichmäßiges Ausscheiden bis zum Erreichen des gesetzlichen Rentenalters unterstellt, wird sich der Rentenzugang auf zehn Jahre verteilen, so dass per anno 20.000 industrienahe Ingenieure altersbedingt den Arbeitsmarkt verlassen. Das wäre der jährliche Ersatzbedarf.

---

[7] Es gibt in gesamtwirtschaftlicher Hinsicht weitere, aber eher weniger bedeutende Gründe: einen Wechsel ins Ausland, zeitweiliges Ausscheiden aus dem Erwerbsleben wegen Krankheit, Kinderbetreuung oder der Pflege von Familienangehörigen sowie – in eher seltenen Fällen – durch Tod.

Abbildung 4: *Altersstruktur der Beschäftigten, die für ihre Tätigkeit eine Ausbildung zum industrienahen Ingenieur benötigen 2011*

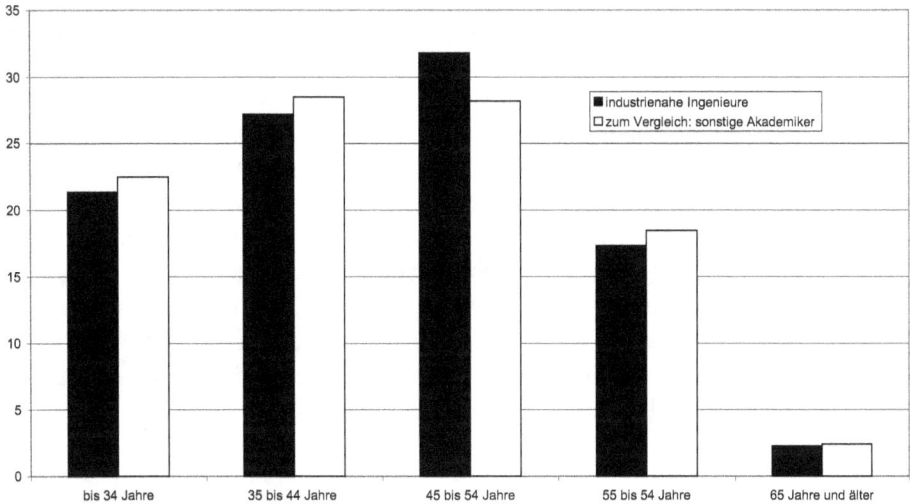

Legende:
- ■ industrienahe Ingenieure
- ☐ zum Vergleich: sonstige Akademiker

Kategorien (x-Achse): bis 34 Jahre | 35 bis 44 Jahre | 45 bis 54 Jahre | 55 bis 54 Jahre | 65 Jahre und älter

Quelle: Mikrozensus; eigene Berechnungen.

Hinzuzurechnen ist der Expansionsbedarf. Auf Basis der Statistik der sozialversicherungspflichtig Beschäftigten belief er sich auf 6.500 Personen. Weil dieses Zahlenwerk insbesondere einen Teil der tätigen Ingenieure (vor allem Selbständige, andere Personen in Unternehmensleitungen wie Beamte) nicht erfasst, ist eine Hochrechnung erforderlich. Unterstellt wird auch angesichts der anhand des Mikrozensus ermittelten Werte, dass nur zwei Drittel erfasst werden. Demnach ergibt sich überschlägig und großzügig gerechnet ein jährlicher Expansionsbedarf von 10.000. Ersatz- und Expansionsbedarf zusammengezählt braucht der deutsche Arbeitsmarkt demnach pro Jahr etwa 30.000 hinzukommende industrienahe Ingenieure.

5. Angesichts stark gestiegener Studentenzahlen auch mittelfristig kein Mangel an Ingenieuren zu erwarten

Die gesamtwirtschaftlich wichtigste Quelle zur Deckung des Bedarfs stellt der eigene Nachwuchs dar.[8] Um das Ausmaß des Arbeitskräfteangebots zu umreißen, bietet sich deshalb ein Blick auf die akademische Ausbildung von industrienahen Ingenieuren an. Die Zahl der Studenten in der Bundesrepublik hat generell kräftig zugenommen. Seit dem Jahrtausendwechsel ist sie um reichlich 40 Prozent gestiegen (Abb.5). Noch viel stärker waren die Zuwächse bei den Ingenieurstudenten, insbesondere bei jenen in einem industrienahen Fach – hier hat sich die Zahl im selben Zeitraum von 175.000 auf fast 400.000 mehr als verdoppelt. Besonders kräftig waren die Zuwächse in der Zeit ab 2008. Möglicherweise hängt das auch damit zusammen, dass seitdem vermehrt über einen Mangel an Ingenieuren geklagt wird.

---

[8] Ein weiteres Potenzial sind Zuwanderer aus dem Ausland sowie Personen, die für eine Zeit ihre Erwerbstätigkeit wegen Kindererziehung, der Pflege von Angehörigen oder Krankheit unterbrochen haben und auf den Arbeitsmarkt zurückkehren. Weil Wanderungen über die Grenzen und eine zeitweilige Unterbrechung der Erwerbsbeteiligung bei der Ermittlung des Bedarfs ausgeklammert waren, sollen sie auch bei den Möglichkeiten, den Bedarf zu decken, außen vor bleiben.

Abbildung 5: Entwicklung der Zahl der Studenten

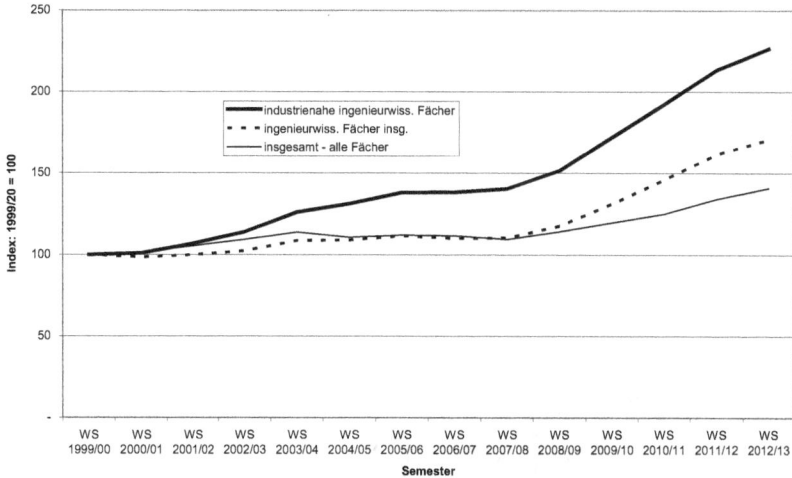

Quelle: Statistisches Bundesamt.

Zwar beendet nicht jeder Student erfolgreich seine Ausbildung, die Absolventenzahlen zeigen gleichwohl ebenfalls ein kräftiges Wachstum. Im Ausbildungsjahr 2013 gab es mehr als 66.000 Personen, die eine Abschlussprüfung in einem ingenieurwissenschaftlichen Fach abschlossen, das zu den industrienahen gezählt werden kann (ohne Promotionen, ohne Lehramt). Das sind fast dreimal so viele als noch im Jahr 2000 (Abb. 6). Und es sind ebenfalls fast dreimal so viele wie Ende der Siebziger/Anfang der Achtziger Jahre – also zu jener Zeit, als diejenigen Ingenieure ihr Studium beendet haben, die nun alsbald altersbedingt in den Ruhestand wechseln dürften.[9]

---

[9] Entsprechende Zahlen für die DDR waren nur für die Zeit von 1979 bis 1985 auffindbar. Es ist davon auszugehen, dass sie in den früheren Jahren nicht höher waren. Die Statistiken enthalten – anders als die Zahlen für die Bundesrepublik – auch Angaben über heimische Staatsbürger, die im Ausland studieren.

Abbildung 6: Personen mit bestandenen Prüfungen in industrienahen ingenieurswissenschaftlichen Fächern

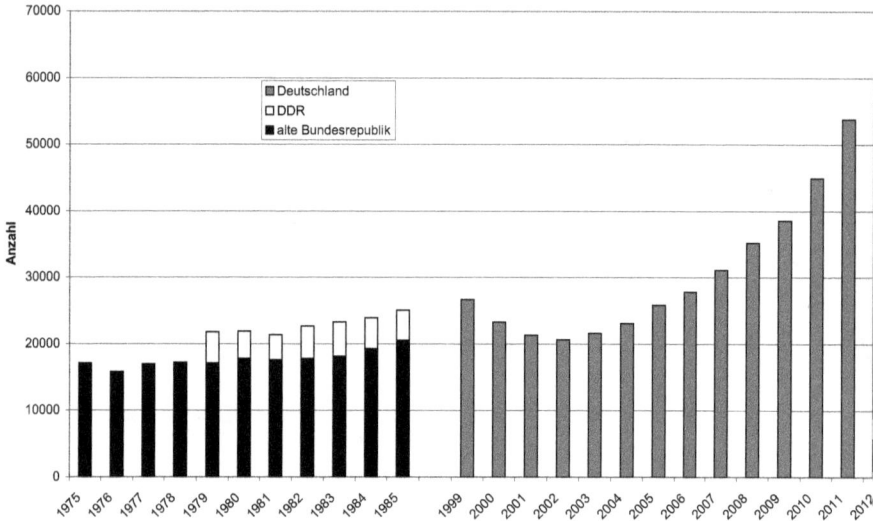

Quelle: Statistisches Bundesamt; Ministerium für Hoch- und Fachschulwesen der DDR.

Dem geschätzten jährlichen Bedarf von 30.000 Ingenieuren steht also eine viel höhere Zahl an Studienabsolventen gegenüber. Zwar ist in Rechnung zu stellen, dass knapp 60 Prozent davon einen Bachelorabschluss erreicht haben und gewiss nicht wenige davon einen Masterabschluss anstreben werden. Aber selbst dann, wenn jeder zweite Bachelorabsolvent weiter studiert, wäre für Nachwuchs an Ingenieuren jetzt und in den nächsten Jahren weit mehr als ausreichend gesorgt. Von einem Fachkräftemangel kann auch unter diesem Blickwinkel nicht die Rede sein. Vielmehr drängt sich der Eindruck auf, dass Ingenieure im Übermaß ausgebildet werden, so dass die Entwicklung mehr und mehr auf eine Ingenieurschwemme hinausläuft.

6. Fazit

Eine offene und marktwirtschaftlich ausgerichtete Gesellschaft wird immer auf entstehende Knappheiten reagieren. So konnte der demografische Wandel bisher gut bewältigt werden. Hätte es einen Mangel an bestimmten Arbeitskräften wie industrienahen Ingenieuren gegeben, würde sich das in Form eines kräftigen Anstiegs der Löhne bemerkbar gemacht haben. Dafür gibt es aber keine Indizien. Preise und Löhne sind immer noch der beste Knappheitsindikator. Überdies zeigt ein Vergleich der Höhe des gesamtwirtschaftlichen Bedarfs an Ingenieuren mit der Zahl des Jahr für Jahr in den Hochschulen ausgebildeten Nachwuchses, dass der Bedarf wohl auch auf mittlere Frist mehr als hinreichend befriedigt werden kann.

Vielmehr droht angesichts des Runs auf die Hochschulen[10] die Gefahr eines Überangebots. Es könnte für die Studienabsolventen zunehmend schwieriger werden, eine Stelle im erlernten Beruf zu finden. Das bedeutet nicht, dass nun Hochschulabgänger in großem Maße arbeitslos werden. Vielmehr dürften ausgebildete Ingenieure schon einen Job finden, allerdings häufig nicht einen ihrer Ausbildung entsprechenden. Aufgrund ihrer Kenntnisse könnten sie andere Fachkräfte, solche mit einer geringeren Qualifikation, verdrängen und beispielsweise Aufgaben übernehmen, die eigentlich einem Techniker, Controller oder einem Vertriebsmitarbeiter zukommen. Ingenieure sind vielseitig einsetzbar und haben dadurch einen Vorteil gegenüber anderen Studienabsolventen wie Soziologen oder Kunsthistorikern.

Die Situation bei den Ingenieuren erinnert fatal an die Entwicklung der Informatiker und anderer EDV-Kräfte Mitte der Achtziger bis etwa Mitte der Neunziger Jahre. Auch damals wurde über einen Fachkräftemangel geklagt und sogar die Gefahr heraufbeschworen, dass die Bundesrepublik ohne hinreichend viele Computerfachleute bei der technologischen Wettbewerbsfähigkeit zurückfallen wird. Entsprechend haben sich viele junge Leute in diesen Berufen ausbilden lassen, bis

---

[10] Neben der erhöhten Attraktivität der ingenieurwissenschaftlichen Studienfächer kamen auch Sonderfaktoren wie der Fortfall des Wehrdienstes und die Verkürzung der Schulzeit bis zum Abitur bei starken Zustrom zu den Hochschulen zum Tragen.

sich herausstellte, dass Fachkräfte im Übermaß verfügbar waren. Das hatte wiederum Einfluss auf die Berufswahlentscheidungen.

Warum gibt es überhaupt die nicht abreißenden Klagen über einen Fachkräftemangel? Mehrere Faktoren spielen wohl eine Rolle. Zunächst einmal ist das Herausstellen tatsächlicher oder nur vermeintlicher Probleme sehr beliebt – bei den Medien und bei deren Konsumenten. Es heißt nicht umsonst: Bad news are good news. Vielleicht ist unter den Deutschen ein gewisser Zukunftspessimismus auch besonders ausgeprägt. Wenn allseits und immer wieder über irgendetwas berichtet wird, glauben viele selbst irgendwann daran. Hinzu kommen spezifische Interessen. Politiker mögen Probleme geradezu, denn sie bieten ihnen einen Anlass, um sich zu profilieren. Auch bürokratische Apparate wie Ministerien und nachgelagerte Behörden wie Arbeitsverwaltungen suchen dauernd nach Anlässen zur Selbstlegitimierung oder gar zur Ausweitung ihres Apparates. Dasselbe gilt für die Fachbereiche an den Universitäten, die in Fächern ausbilden, deren Fachkräfte angeblich knapp sind.

Was ist mit den Unternehmen? Es gibt immer wieder Umfragen, denen zufolge Unternehmensvertreter in nicht geringer Zahl angeben, dass sie qualifizierte Arbeitskräfte schwer finden können. Eigene, frühere Unternehmensbefragungen kamen zu denselben Ergebnissen – selbst in einer Situation recht hoher Arbeitslosigkeit. Ein genauerer Blick zeigte allerdings, dass vor allem solche Unternehmen über einen Fachkräftemangel klagten, die nur geringe Löhne – oft unter Tarif – zahlten. Besser entlohnende Unternehmen hatten dieses Problem nicht (vgl. DIW u. a. 2002). Es geht also nicht um Fachkräfte generell, sondern um Fachkräfte zu einem bestimmten Preis bzw. Lohn.

Die konkrete Intention, die sich hinter den Klagen in jüngerer Zeit verbirgt, war die Frage, wie die Zuwanderung aus Drittstaaten – also aus Ländern außerhalb der EU – gestaltet werden soll. Auf EU-Ebene wurde die so genannte Blue Card-Richtlinie beschlossen, die in den einzelnen Mitgliedsstaaten umgesetzt werden musste. Im Falle Deutschlands gibt es nun für angeblich besonders knappe, hoch qualifizierte Fachkräfte wie Ingenieure eine Sonderregelung, die vorsieht, dass Personen aus Drittstaaten dann zuziehen können, wenn sie auf einen Jahresbruttolohn von mindestens 36.192 Euro kommen – für andere Arbeitskräfte liegt die Untergrenze bei 46.600 Euro. Zum Vergleich: In der deutschen Industrie kam 2013 ein Arbeitnehmer mit mittlerer Qualifikation – etwa ein Facharbeiter – auf einen Lohn von 41.887 Euro (vgl. Statistisches Bundesamt 2013). Die Absicht wird deutlich: Es ging darum, die Politik zu Regulierungen zu veranlassen, so dass möglichst kostengünstige Fachkräfte aus dem Ausland angeworben werden können. Wären viele hoch qualifizierte Fachkräfte gekommen, die relativ geringe Löhne akzeptieren, wäre ein Druck auf das hierzulande bestehende Lohnniveau entstanden. Es ging also schlicht um Kosteneinsparungen. Das Kalkül ist allerdings nicht aufgegangen, weil auch die hoch qualifizierten Fachkräfte in anderen Ländern um ihren Preis wissen. Nach Angaben der Bundesagentur wurden insgesamt – also keineswegs nur für Ingenieure – im letzten Jahr 2.411 Arbeitserlaubnisse gemäß Blue Card-Richtlinie erteilt; eine um ein Vielfaches geringere Zahl als ursprünglich angenommen.

Literatur

BRENKE, Karl (2013): Immer mehr Menschen im Rentenalter sind berufstätig. In: Wochenbericht des DIW Nr. 6/2013. Berlin: DIW.

BUNDESAGENTUR FÜR ARBEIT, STATISTIK (2014): Analyse der gemeldeten Arbeitsstellen nach Berufen (Engpassanalyse). Juni 2014. Nürnberg.

DEUTSCHES INSTITUT FÜR WIRTSCHAFTSFORSCHUNG (DIW), INSTITUT FÜR ARBEITSMARKT- UND BERUFSFORSCHUNG (IAB), INSTITUT FÜR WELTWIRTSCHAFT (IfW), INSTITUT FÜR WIRTSCHAFTSFORSCHUNG HALLE (IWH), ZENTRUM FÜR EUROPÄISCHE WIRTSCHAFTSFORSCHUNG (ZEW) (2002): Fortschrittsbericht wirtschaftswissenschaftlicher Institute in Ostdeutschland. In: Sonderheft des IWH Nr. 3/2002. Halle.

INSTITUT DER DEUTSCHEN WIRTSCHAFT KÖLN (IW)/VEREIN DER DEUTSCHEN INGENIEURE (VDI) (2014): Ingenieurmonitor 2014/I. Der regionale Arbeitsmarkt in den Ingenieurberufen. Mai 2014. Online verfügbar unter: http://www.vdi.de/fileadmin/vdi_de/redakteur_dateien/dps_dateien/SK/Ingenieurmonitor_2014-Q1_final.pdf (13.10.2014)

INSTITUT DER DEUTSCHEN WIRTSCHAFT KÖLN (IW) (2012):
Arbeitskräftebedarf und -angebot im Spiegel der Klassifikation der Berufe
2010. Methodenbericht. Köln.

OSTWALD, Dennis A./EHRHARD, Tobias/BRUNTSCH, Friedrich/SCHMIDT,
Harald/FRIEDL, Corinna (2010): Stationärer und ambulanter Bereich bis
2030. Frankfurt: PriceWaterhouseCoopers.

STATISTISCHES BUNDESAMT (2013): Verdienste und Arbeitskosten.
Arbeitnehmerverdienste. Fachserie 16, Reihe 2.3. Wiesbaden.

STATISTISCHES BUNDESAMT (HRSG.) (2009): Bevölkerung Deutschlands bis
zum Jahr 2060. 12. Koordinierte Bevölkerungsvorausberechnung.
Begleitmaterial zur Pressekonferenz am 18. November 2009. Wiesbaden.

VDI-NACHRICHTEN (2014): Ingenieureinkommen 2002–2012. Umfangreiche
Analyse zu Arbeitsmarkt, Gehaltsentwicklung, Gehaltsanalysen,
Einflussfaktoren. Düsseldorf: VDI.

Akademische Mobilität und Fachkräfte-Migration – Die Position des DAAD

Dorothea Rüland

Der DAAD tritt für ein weltoffenes und gastfreundliches Deutschland ein, das qualifizierte Zuwanderer ebenso willkommen heißt wie internationale Studierende, die in ihre Heimat zurückkehren wollen. Wir respektieren die Entscheidungen verantwortlicher Individuen über ihre beruflichen Planungen und Lebenswege. Wir informieren darüber, dass ausländischen Absolventen deutscher Hochschulen viele Wege offen stehen: in Deutschland, im Heimatland und in Drittländern. Wir betreiben mit unseren Förderprogrammen keine Fachkräftemigration in die eine oder die andere Richtung. Wir gestalten unsere Programme so, dass Verbindungen zum Heimatland ermöglicht und gefestigt werden. Wir unterstützen die Vernetzung zwischen Deutschland und anderen Ländern in allen Richtungen. Die Verantwortung für die Schaffung attraktiver Arbeits- und Lebensbedingungen in Entwicklungsländern liegt vor allem bei den einzelnen Gesellschaften und Regierungen; wir können und wollen einige Rahmenbedingungen aber mit gestalten.

Internationale Mobilität von Studierenden und Hochschulabsolventen ist ein wichtiger Motor für persönliche Qualifikation, wissenschaftlichen Fortschritt und gesellschaftlichen Wandel. Der DAAD, in dessen Programmen jährlich über 70.000 Deutsche und Ausländer Grenzen überschreiten, arbeitet seit Jahrzehnten für Weltoffenheit, Gastfreundschaft und Kooperation – in Deutschland und fast allen Ländern der Welt.

Die Studienwege und Karriereverläufe international mobiler Studierender und Wissenschaftler führen nicht unbedingt und nicht immer gleich nach dem Abschluss eines Studien- oder Forschungsaufenthalts an den Ausgangspunkt zurück. Das ist nicht neu.

Mit der Globalisierung ist die akademische Mobilität sprunghaft gestiegen. Ausbildungs- und Forschungsmöglichkeiten im Ausland

sind leichter zugänglich geworden; in vielen Regionen hat der Ausbau
eigener Kapazitäten mit Bedarf und Nachfrage nicht Schritt gehalten.
Auch zwischen Hochschulen in Ländern mit vergleichbarem Entwick-
lungsstand und hohem wissenschaftlichen Standard findet mehr Kooperation und Austausch statt. Allein die Hochschulprogramme der Europäischen Union setzen inzwischen mehr als 100.000 Menschen pro Jahr
in Bewegung. Das ist gut so.

Nicht wenige internationale Studierende und Wissenschaftler entscheiden sich, zunächst oder für immer in ihrem Gastland zu bleiben
und dort zu arbeiten. Die daraus entspringende Diversität und Kreativität ist selbst zu einem Motor von wissenschaftlicher und technologi-
scher Innovation geworden. Davon profitieren nicht nur die Gastländer:
Neue Kooperationsbeziehungen, Rücküberweisungen, Investitionen
und die Rückkehr bereits berufserfahrener Fachkräfte zu einem späteren Zeitpunkt nützen auch den Heimatländern. Eine merkantilistische
Beurteilung akademischer Migration als „Brain Drain" oder „Brain
Gain" ist einseitig und durch die aktuelle Forschung nicht gestützt. In
einigen Ländern, zu denen weder Deutschland noch die meisten
Schwellenländer gehören, kann allerdings die Emigration von Fachkräften die Funktion z. B. des Gesundheits- oder Bildungssystems und
nicht zuletzt der wenigen Hochschulen gefährden.

Deutschland ist an der Fachkräfte-Migration in beiden Richtungen
beteiligt: 8,6 Prozent der Akademiker in Deutschland stammen aus
Nicht-OECD-Ländern, weitere 2,8 Prozent aus anderen Industrieländern. Andererseits leben 7,3 Prozent der deutschen Hochschulabsolventen in anderen OECD-Ländern. Insgesamt hat Deutschland damit einen
akademischen Wanderungsgewinn von 4,1 Prozent. Das ist etwas mehr
als der OECD-Durchschnitt (3,6 Prozent), aber viel weniger als in klassischen Einwanderungsländern wie Kanada (20,4 Prozent), der
Schweiz (16,4 Prozent) oder den USA (12,7 Prozent). Frankreich liegt
bei 8,0 Prozent, Großbritannien dagegen bei nur 1,0 Prozent.

An der Zuwanderung akademischer Fachkräfte hat das Auslandsstudium – nicht nur in Deutschland – einen großen Anteil. Er liegt in
Deutschland bei mindestens einem Viertel der Absolventen, schließt

man den familiär (vor allem durch Eheschließung) begründeten Verbleib ein, wahrscheinlich eher bei einem Drittel. In anderen wichtigen Gastländern für internationale Studierende liegen die Zahlen in einer ähnlichen Größenordnung.

Seit einigen Jahren können ausländische Absolventen deutscher Hochschulen ohne „Vorrangprüfung" (ob für eine Stelle auch EU-Bürger zur Verfügung stehen) eine Aufenthaltserlaubnis für die Ausübung einer ausbildungsadäquaten Stelle erhalten. Zur Suche nach einer solchen Stelle dürfen sie bis zu 18 Monate nach dem Studienabschluss in Deutschland bleiben und während dieser Zeit unbeschränkt erwerbstätig sein, um ihren Lebensunterhalt zu sichern. Nach zwei Jahren qualifizierter Arbeit und Einzahlung von Beiträgen in die Rentenkasse kann eine Niederlassungserlaubnis beantragt werden. Wenn verschiedene Voraussetzungen[1] erfüllt sind, besteht nach acht Jahren rechtmäßigen Aufenthalts in Deutschland ein Anspruch auf Einbürgerung. Die Studienzeit in Deutschland wird in den meisten Bundesländern auf die erforderlichen acht Jahre angerechnet.

Diese – im internationalen Vergleich sehr liberalen – Regelungen werden zunehmend genutzt. Fast die Hälfte der ausländischen Akademiker, die in Deutschland eine qualifizierte Arbeit aufnehmen, hat einen deutschen Hochschulabschluss. Das Ausländerstudium trägt damit auch zur Linderung des Fachkräftemangels in Deutschland bei.

Die *Möglichkeit* einer Arbeitsaufnahme nach dem Studium spielt schon bei der Entscheidung für ein Auslandsstudium in einem bestimmten Land eine Rolle: Auch Studieninteressenten, die gar keine dauerhafte Migration planen, legen Wert darauf, später selbst entscheiden zu können, ob sie im Studienland bleiben, ins Heimatland zurückkehren oder auch in ein Drittland weiterwandern wollen. Dass ausländischen Absolventen deutscher Hochschulen alle diese Möglichkeiten offen stehen, machen wir auch in unserer Informations- und Beratungsarbeit deutlich.

---

[1] Zu diesen Voraussetzungen zählen u. a. die Sicherung des Lebensunterhalts ohne Inanspruchnahme von Sozialhilfe, keine strafrechtliche Verurteilung, ausreichende Deutschkenntnisse usw.

Die meisten (auch die vom DAAD verwalteten) Stipendienprogramme haben freilich einen anderen Hauptzweck: unter anderem sollen sie kundige und verlässliche Partner Deutschlands rund um die Welt heranbilden, die Entwicklung selbsttragender Hochschulsysteme voranbringen und die Ausbildung des Führungskräftenachwuchses für Entwicklungsländer fördern. Der DAAD wird seine Programme weiter an akademischen, kultur- und entwicklungspolitischen Zielen ausrichten und so gestalten, dass Verbindungen zum Herkunftsland ermöglicht und gefestigt werden.

Dies beinhaltet vor allem in den entwicklungspolitisch begründeten Programmen auch die Bereitstellung von Instrumenten, die die Rückkehr der dringend benötigten Akademiker in die Heimatländer erleichtern und fördern und den Zurückgekehrten vor Ort weiterhin Unterstützung angedeihen lassen. Viele von uns geförderte Doktoranden aus Entwicklungs- und Schwellenländern promovieren im „Sandwich-Verfahren" unter gemeinsamer Betreuung durch deutsche und heimische Hochschullehrer, oft über entwicklungsrelevante Themen.

Nach dem Studium halten Alumni-Netzwerke auch vom Ausland aus Verbindung nach Deutschland. Den Kontakt deutscher Wissenschaftler in Nordamerika mit der Heimat fördern wir über das GAIN-Netzwerk.

Viele mobile Studierende und Wissenschaftler werden entscheiden, ihre berufliche Laufbahn in Deutschland (oder im Falle mobiler Deutscher: im Ausland) zu beginnen oder fortzusetzen. Wir respektieren die Entscheidungen verantwortlicher Individuen. Ohnehin können die beruflichen und wissenschaftlichen Pläne hoch gebildeter Menschen letztlich nur sehr begrenzt durch administrative oder ausländerrechtliche Reglementierung gesteuert werden können: Auch wer ein Land verlassen muss, kann meist selbst entscheiden, *wohin* er als nächstes geht.

Der DAAD tritt für ein weltoffenes und gastfreundliches Deutschland ein, das qualifizierte Zuwanderer ebenso willkommen heißt wie internationale Studierende. Wir setzen uns daher für ein tolerantes gesellschaftliches Klima ein und arbeiten mit an der Entwicklung einer besseren Willkommenskultur. Diversität ist ein Motor für Kreativität.

Von mehr Offenheit und Toleranz profitieren wir alle. Wenn sich qualifizierte Fachkräfte entscheiden, einstweilen oder auch für immer in unser Land zu kommen oder hier zu bleiben, schätzen wir das. Wir begrüßen die in den letzten Jahren eingeführten ausländerrechtlichen Erleichterungen. An einzelnen Punkten sind noch weitere Verbesserungen nötig.

Die Entscheidung von hochqualifizierten Personen für einen Wohn- und Arbeitsort hängt von vielen persönlichen, sozialen, wirtschaftlichen, politischen und akademischen Faktoren ab. Einige dieser Faktoren kann und will der DAAD nicht beeinflussen, andere wollen wir mit gestalten.

Viele Hochqualifizierte und besonders Wissenschaftler treffen ihre beruflichen Entscheidungen nicht nur nach Gehalt und äußerem Lebensstandard, sondern nach der Attraktivität eines akademischen und gesellschaftlichen Umfelds. Dazu gehören eine ausreichende Labor- und Bibliotheksausstattung, ein freier akademischer und öffentlicher Diskurs, stabile Beschäftigungsverhältnisse, kompetitiver Zugang zu Forschungsmitteln und internationale Kooperationsmöglichkeiten.

Während die meisten dieser Faktoren in der Verantwortung von Regierungen und Hochschulleitungen liegen, können Organisationen wie der DAAD zur Gestaltung einiger Rahmenbedingungen beitragen. So unterstützen wir die weitere wissenschaftliche Arbeit unserer Alumni durch Geräte- und Bücherspenden, durch Wiedereinladungen nach Deutschland, durch Veranstaltungen und durch fachliche Netzwerke. Reintegrationsstipendien und Startbeihilfen können die Rückkehr von Akademikern in Entwicklungsländer zum Beispiel in Nordafrika unterstützen. Auch für deutsche Wissenschaftler im Ausland bieten wir Reisebeihilfen für Vorstellungen und Kongresse in Deutschland und Rückgliederungsstipendien für eine Startphase hier an. Solche Instrumente werden wir auch künftig einsetzen und weiter entwickeln.

Deutschland als attraktiver Arbeitsmarkt für internationale Studierende? Bleibeabsichten, Verbleib und Berufseinstiegshürden einer begehrten Zuwanderergruppe

Simon Morris-Lange, Florinda Brands und Theresa Crysmann

1. Internationale Studierende als ‚Idealzuwanderer'?!

Mehr als vier Millionen Studierende besuchen derzeit eine Hochschule außerhalb ihres Herkunftslands (vgl. OECD 2013). Doch nicht nur Bildungseinrichtungen zeigen großes Interesse an den mobilen Talenten: Als hochqualifizierte Zuwanderer nehmen internationale Studierende[1] eine zunehmend wichtige Rolle in der globalisierten Wissensgesellschaft ein. Jung, gut ausgebildet, zwei- oder mehrsprachig und mit interkulturellen Kompetenzen ausgestattet, sind sie für die Arbeitsmärkte der Aufnahmeländer besonders attraktiv. Im Vergleich zu direkt aus dem Ausland angeworbenen Fachkräften versprechen internationale Studierende zudem eine schnellere (Arbeitsmarkt-)Integration, da sie anerkannte Hochschulabschlüsse im Inland erwerben und zum Zeitpunkt des Berufseinstiegs mit den gesellschaftlichen Gepflogenheiten und der Arbeitsmarktkultur des Aufnahmelands bereits vertraut sind.

Entsprechend hoch ist das Interesse auf Seiten von Wirtschaftsvertretern und politischen Entscheidungsträgern, internationalen Studierenden nach ihrem Abschluss den Weg in den nationalen Arbeitsmarkt

---

[1] Internationale Studierende werden in diesem Beitrag als Studierende mit ausländischer Staatsbürgerschaft definiert, die ihre bisherige Bildungslaufbahn im Ausland absolviert haben und zum Zwecke des Studiums einreisen (auch: Bildungsausländer). Studierende mit ausländischer Staatsbürgerschaft, die bereits vor dem Studium im Land gelebt und dort auch ihre Hochschulzulassung erworben haben (auch: Bildungsinländer), werden nicht in den Blick genommen. Die Stichprobe der Online-Befragung in fünf EU-Ländern umfasst nur internationale Studierende aus Nicht-EU-Staaten.

zu ebnen (vgl. Suter/Jandl 2008). Immer mehr Länder etablieren deshalb Anwerbestrategien um internationale Studierende zu gewinnen
und im Land zu halten, indem sie u. a. die Einreise- und Visabedingun-
gen für diese Zielgruppe liberalisieren und den Übergang in den inländischen Arbeitsmarkt erleichtern, beispielsweise durch niedrige Min-
desteinkommensgrenzen und die Abschaffung von Vorrangprüfungen.

Trotz des mittlerweile großen Interesses an internationalen Studierenden als 'Idealzuwanderern' war bis vor wenigen Jahren nur unzureichend bekannt, welche Faktoren die Planung internationaler Studierender für die Zeit nach ihrem Abschluss beeinflussen und welche
Hürden dem gewünschten Verbleib im Weg stehen. An diesem Punkt
setzte eine empirische Studie zu den Bleibeabsichten internationaler
Studierender an, die der Forschungsbereich beim Sachverständigenrat
deutscher Stiftungen für Integration und Migration (SVR-Forschungsbereich) in Kooperation mit der Migration Policy Group (MGP) im
Wintersemester 2011/2012 an Hochschulen in Deutschland, Frankreich, Großbritannien, den Niederlanden und Schweden durchgeführt
hat.[2]

Im Rahmen der Befragung wurden internationale Master-Studierende und Doktoranden[3] in den Vergleichsländern zu ihren Bleibeabsichten, den Gründen für die Wahl ihres Studienlandes sowie zu ihrer
Wahrnehmung und Beurteilung der Regelungen und Chancen zur Arbeitsaufnahme nach dem Studienabschluss befragt. Zusätzlich wurden
die rechtlichen Rahmenbedingungen für einen Verbleib nach dem Studium verglichen.

Dieses Buchkapitel fasst die zentralen Befunde der Studierendenbe-
fragung und des Vergleichs der gesetzlichen Regelungen zusammen
(Kap. 2–4) und ergänzt diese durch aktuelle Befunde zu bestehenden
Einstiegshürden für bleibewillige internationale Studierende in
Deutschland (Kap. 5).

---

[2] Die Ergebnisse der Studie wurden erstmals im Jahr 2012 in der Publikation „Mobile
Talente? Ein Vergleich der Bleibeabsichten internationaler Studierender in fünf Staaten der Europäischen Union" veröffentlicht (SVR-Forschungsbereich 2012).

[3] Wann immer die männliche Form verwendet wird, schließt dies stets beide Ge-
schlechter ein.

2. Unterschiedliche Anwerbemuster in Europa

Der in seinem Ausmaß ähnlich starke Anstieg an internationalen Studierenden in vier der fünf Vergleichsländer[4] sollte nicht darüber hinwegtäuschen, dass es sich in Deutschland, Frankreich, Großbritannien, den Niederlanden und Schweden um andersartige Hochschulsysteme mit zum Teil stark voneinander abweichenden Rahmenbedingungen und einem unterschiedlichen Herkunftsmix internationaler Studierender handelt (Tab. 1). Während China in allen fünf Vergleichsländern eins der wichtigsten Herkunftsländer internationaler Studierender darstellt, zeigen sich höchst unterschiedliche Anwerbelogiken und -strategien: Großbritannien ist trotz seiner vergleichsweise hohen Studiengebühren nach wie vor das beliebteste europäische Studienziel, mehr als jeder fünfte Studierende kommt aus dem Ausland. Die Anziehungskraft britischer Hochschulen kann u. a. auf die hohe Sichtbarkeit britischer Eliteuniversitäten, den Wettbewerbsvorteil Großbritanniens als Mutterland der englischen Sprache und den historisch gewachsenen Verbindungen zu den Staaten des britischen Commonwealth zurückgeführt werden (vgl. Maxey 2007). Letzteres gilt auch für Frankreich, dessen Hochschulen sehr beliebt sind bei Studierenden aus den ehemaligen französischen Kolonialgebieten, vor allem Algerien, Marokko, Tunesien und Senegal.

---

[4] Die Ausnahme bildet Schweden: Im Zuge der Einführung von Studiengebühren für Master-Studierende aus Drittstaaten im Jahr 2011 verzeichneten schwedische Hochschulen geringere Einschreibezahlen als in den Jahren zuvor.

Tabelle 1: *Ausgewählte Eigenschaften der Hochschulsysteme in den fünf Vergleichsländern*

	Deutschland	Frankreich	Schweden
Studiengebühren	keine seit dem Wintersemester 2014/2015 nur vier Bundesländer erhoben 2011/2012 noch Studiengebühren	niedrig identisch für inländische und int. Studierende 750 Euro an öff. Hochschulen (höher an *grandes écoles*)	hoch keine Gebühren für Schweden u. EU-Bürger ca. 12.000 Euro
Anteil int. Studierender (EU + Nicht-EU)	10,3 %	11,6 %	9,9 %
Top 5 Herkunftsländer int. Studierender (2013) (Deutschland: Bildungsausländer)	1. China 2. Russland 3. Österreich 4. Indien 5. Bulgarien	1. Marokko 2. China 3. Algerien 4. Tunesien 5. Senegal	1. Deutschland 2. China 3. Frankreich 4. Finnland 5. Spanien

	Niederlande	Großbritannien
Studiengebühren	hoch höher für int. Studierende aus Drittstaaten ca. 15.000 Euro	hoch höher für int. Studierende aus Drittstaaten ca. 18.000 Euro (Sonderregelungen in Schottland)
Anteil int. Studierender (EU + Nicht-EU)	7,2 %	21,6 % (UK)
Top 5 Herkunftsländer int. Studierender (2013)	1. Deutschland 2. China 3. Belgien 4. Spanien 5. Frankreich	1. China 2. Indien 3. Nigeria 4. Malaysia 5. USA

Quellen: UKÄ 2014, Nuffic 2014, DZHW 2014, Campus France 2014, HESA 2014a, HESA 2014b, OECD 2011, HIS 2013 (eigene Darstellung).

Ein Studium in Deutschland ist besonders gefragt bei Studierenden aus dem osteuropäischen Raum. Zudem zeigen indische Studierende ein wachsendes Interesse an englischsprachigen Studiengängen in den Ingenieur- und Naturwissenschaften, was ihren starken Anstieg in den letzten Jahren begründet.

Ebenfalls beliebt wegen ihrer Studienangebote in englischer Sprache sind niederländische und schwedische Hochschulen. Dabei gelten die Niederlande als besonders attraktives Studienziel für Studierende aus den Nachbarstaaten Belgien, Deutschland und Frankreich, denn als Unionsbürger sind sie von den hohen Studiengebühren für Drittstaatsangehörige[5] befreit. Ein ähnlicher Trend zeichnet sich für schwedische Hochschulen nach Einführung der Studiengebühren für nicht-europäische Master-Studierende ab: Während einzelne Hochschulen wie die Lund University aktiv in gebührenpflichtigen Herkunftsländern wie z. B. China um Studierende werben, konzentrieren sich andere Hochschulen zunehmend auf Studierende aus den gebührenbefreiten Ländern der Europäischen Union (EU), dem Europäischen Wirtschaftsraum (EWR) und der Schweiz.

Für einige internationale Studierende spielen die Kosten bei der Länderauswahl eine wichtige Rolle. Ein gebührenfreies Studium in Deutschland kann also zunächst als ein sehr attraktives und in einigen Fällen ausschlaggebendes Entscheidungskriterium gelten. Gleichzeitig müssen Lebenshaltungskosten und für die Einreise notwendige Finanzierungsnachweise in Betracht gezogen werden, die sich zwischen den Vergleichsländern teilweise deutlich unterscheiden. Aus diesen Gründen sollte die Bedeutung von Studiengebühren bei der Länderauswahl nicht überschätzt werden. Dies unterstreichen auch die Ergebnisse der 20. Sozialerhebung des Deutschen Zentrums für Hochschul- und Wissenschaftsforschung (DZHW), nach denen die fehlenden Studiengebühren nur auf Platz acht von zwölf möglichen Gründen für ein Studium in Deutschland genannt wurden. Das Erwerben von Fachwissen,

---

[5] D. h. ausländische Staatsangehörige, die nicht die Staatsbürgerschaft eines Mitgliedsstaats der Europäischen Union (EU), des Europäischen Wirtschaftsraums (EWR) oder der Schweiz besitzen.

gute Berufschancen und bessere Studienbedingungen als im Herkunftsland wurden von internationalen Studierenden als wichtiger angesehen (DZHW 2013).

3. Zwischen Öffnung und Restriktion: Die rechtlichen Rahmenbedingungen für internationale Hochschulabsolventen

Rechtliche Rahmenbedingungen für Einreise, Aufenthalt und Arbeitsmarktzugang internationaler Studierender spielen eine zentrale Rolle bei der Positionierung von Staaten als (attraktive) Aufnahmeländer. Speziell das Vorhandensein und die Ausgestaltung von rechtlichen Aufenthaltsmöglichkeiten zum Zweck der Arbeitssuche nach dem Hochschulabschluss sagen etwas darüber aus, inwieweit internationale Studierende bereits als potenzielle Fachkräfte wahrgenommen werden.

Der Blick auf die entsprechenden Regelwerke in Deutschland, Frankreich, Großbritannien, den Niederlanden und Schweden ergibt kein einheitliches Bild (Tabelle 2). Zwar erkennen die Gesetzgeber in allen fünf Ländern die Möglichkeit der Fachkräftezuwanderung über die Hochschulen, gleichzeitig existiert jedoch die Sorge, dass die den internationalen Studierenden gewährten Privilegien von Zuwanderern ohne genuine Studienabsicht missbraucht werden könnten. Diesen Zwiespalt spiegelt das Spektrum politischer Initiativen in den Vergleichsländern wider: Einerseits werden Gesetzesänderungen zur Verschärfung des Regelwerks für internationale Studierende erlassen (wie z. B. in Großbritannien), andererseits werden deutliche Anreize gesetzt, um internationale Studierende für den inländischen Arbeitsmarkt zu gewinnen (European Commission 2012).

In vier der fünf Vergleichsländer gibt es aktuell dezidierte Aufenthaltstitel, die internationalen Hochschulabsolventen die Arbeitssuche nach dem Studium ermöglichen (Tabelle 2).[6] In Deutschland wurde mit

---

[6] Stand: Juli 2014. Großbritannien hatte zu diesem Zeitpunkt sein *Post-Study Work Programme* ersatzlos gestrichen.

dem Zuwanderungsgesetz 2005 („Gesetz zur Steuerung und Begrenzung von Zuwanderung") der rechtliche Rahmen für den arbeitsmarktorientierten Zuzug nach Deutschland u. a. im Aufenthaltsgesetz (AufenthG) und in der Beschäftigungsverordnung (BeschV) reformiert. Die jüngste Änderung des AufenthG erfolgte im Jahr 2012 zugunsten internationaler Absolventen deutscher Hochschulen. Der §16 IV AufenthG gewährt den Absolventen seitdem eine bis zu 18-monatige Aufenthaltserlaubnis zum Zweck der Arbeitssuche. In diesem Zeitraum dürfen die Absolventen bereits uneingeschränkt erwerbstätig sein.

Die Neuregelungen kommen auch internationalen Absolventen entgegen, die den Weg in die Selbständigkeit suchen: Die hohen Voraussetzungen für ausländische Unternehmensgründer des §21 I AufenthG sind nach §21 IIa AufenthG für internationale Absolventen deutscher Hochschulen nicht einschlägig. Außerdem entfällt gemäß §2 I Nr. 3 BeschV für diese Zielgruppe seit 2013 die Qualifikationsprüfung durch die Bundesagentur für Arbeit, bei der sonst die Übereinstimmung des Anforderungsniveaus der Stelle mit der Hochschulqualifikation des ausländischen Bewerbers geprüft wird.

In den Niederlanden wird internationalen Absolventen niederländischer Hochschulen seit 2007 ein Orientierungsjahr zur Arbeitssuche gewährt. Währenddessen haben Absolventen die Möglichkeit, uneingeschränkt einer Erwerbstätigkeit nachzugehen. Bei Antritt einer Stelle müssen sie zudem nur ein deutlich niedrigeres Mindestgehalt verdienen als es andernfalls für internationale Fachkräfte aus Drittstaaten üblich ist.

Frankreich hat 2006 eine Politik der gesteuerten Zuwanderung (*immigration choisie*) eingeführt, die am Bedarf der heimischen Wirtschaft ausgerichtet ist und internationalen Studierenden die Arbeitssuche nach dem Studium ermöglicht. Internationale Hochschulabsolventen mit Studienabschlüssen, die mindestens dem französischen Master-Abschluss entsprechen, können einmalig eine Aufenthaltserlaubnis zum Zweck der Arbeitssuche für bis zu zwölf Monate beantragen. Sonderregelungen gelten für Staatsangehörige einiger ehemaliger französischer Kolonialgebiete, für welche die Aufenthaltsdauer zur Arbeitssuche auf bis zu neun (bzw. in manchen Fällen sechs) Monate begrenzt ist; Algerier sind aufgrund eines bilateralen Staatsvertrags von der Programmteilnahme generell ausgenommen. Erwerbstätigkeit ist während der zwölfmonatigen Arbeitsuche nur im Rahmen bestimmter Maximalstundenzahlen bzw. unter der Voraussetzung eines Verdiensts möglich, der über dem gesetzlichen Mindestlohn liegt.

Tabelle 2: Aufenthaltstitel zum Zweck der Arbeitssuche für aus Drittstaaten stammende internationale Hochschulabsolventen in fünf EU-Ländern

	Deutschland	Großbritannien	Frankreich
Aufenthaltstitel zur Arbeitssuche	§ 16 IV AufenthG	kein Aufenthaltstitel für int. Hochschulabsolventen zum Zweck der Arbeitssuche	L'AutorisationProvisoire de Séjour (APS)
max. Aufenthaltslänge	18 Monate	--	12 Monate (kürzer für best. Herkunftsländer)
Zielgruppe	alle int. Absolventen deutscher Hochschulen	--	alle ehem. int. Studierenden frz. Hochschulen, die mind. einen Master-Abschluss haben
Bewerbungszeitraum	mind. 4 Wochen vor Ablauf des Aufenthaltstitels zu Studienzwecken	--	mind. 4 Monate vor Ablauf des Aufenthaltstitels zu Studienzwecken
max. erlaubte Arbeitszeit während Arbeitssuche	uneingeschränkt	--	max. 60 % einer Vollzeitstelle; uneingeschränkt sobald Lohn das 1,5-fache des Mindestlohns übersteigt
zusätzliche Privilegien für int. Absolventen	keine Prüfung ob Arbeitsstelle dem Fachabschluss entspricht; erleichterte Bedingungen für Selbständige	int. Absolventen britischer Hochschulen benötigen keinen Sprachnachweis für Arbeitserlaubnis	keine Prüfung von Mangelberufen in Herkunftsländern, Notendurchschnitt etc.

	Niederlande	Schweden
Aufenthaltstitel zur Arbeitssuche	Orientation Year	Residence Permit to Seek Employment After Studies
max. Aufenthaltslänge	12 Monate	6 Monate
Zielgruppe	alle int. Absolventen niederländischer Hochschulen	alle int. Absolventen schwedischer Hochschulen
Bewerbungszeitraum	innerhalb von 4 Wochen nach Studienabschluss	vor Ablauf des Aufenthaltstitels zu Studienzwecken
max. erlaubte Arbeitszeit während Arbeitssuche	uneingeschränkt	uneingeschränkt
zusätzliche Privilegien für int. Absolventen	niedrigere Gehaltsgrenze für Arbeitserlaubnis	für Doktoranden: Anrechnung der Studienzeit bei Antrag auf Daueraufenthalt

Quelle: Eigene Zusammenstellung (Stand: Juli 2014)

Bemerkungen: Das französische APS gilt nicht für algerische Staatsbürger. Das britische Post-Study Work Scheme wurde 2012 ersatzlos gestrichen; int. Studierende in Großbritannien können aber ihren Aufenthaltstitel zu Studienzwecken vier Monate länger zur Arbeitsplatzsuche nutzen. Schweden galt aufgrund seiner sehr restriktiven Regelungen zum Arbeitsmarkteinstieg internationaler Absolventen lange Zeit als Schlusslicht unter den führenden europäischen Studienländern. Auf Druck der schwedischen Wirtschaft und anderer Akteure aus der Standortförderung (wie z. B. dem Swedish Institute) hin wurde im Sommer 2014 eine neue Regelung etabliert, die internationalen Studierenden eine sechsmonatige Aufenthaltserlaubnis zur Arbeitssuche nach erfolgreichem Studienabschluss gewährt.

Allein Großbritannien hat in den letzten Jahren den Arbeitsmarktzugang für internationale Hochschulabsolventen stärker begrenzt. Im Jahr 2012 wurde das bis dahin bei internationalen Absolventen sehr beliebte Post-Study Work Scheme (PSWS) gestrichen. Bis zu diesem Zeitpunkt konnten internationale Studierende mit britischen Studienabschlüssen unter relativ geringen Voraussetzungen eine Aufenthaltserlaubnis für

bis zu 24 Monate erhalten, die sie ohne die Bedingung einer Qualifikationsprüfung auch zur Erwerbstätigkeit befähigte. Attraktive Alternativen zum PSWS gibt es kaum. Internationale Absolventen benötigen
nun ein Stellenangebot für Hochqualifizierte mit einem jährlichen Mindestgehalt von 20.000 Pfund (ca. 25.250 Euro). Dieses muss bis spätes-
tens vier Monate nach Studienabschuss vorliegen[7] – eine Voraussetzung, die nur wenige Absolventen so kurzfristig nach Ende ihres Studiums erfüllen können.

4. Die Bleibeabsichten internationaler Studierender in Deutschland, Frankreich, Großbritannien, den Niederlanden und Schweden

Die im Wintersemester 2011/2012 durchgeführte Befragung internationaler Studierender in Deutschland, Frankreich, Großbritannien, den
Niederlanden und Schweden sollte herausstellen, wie viele internationale Studierende als bleibewillig eingestuft werden können, welche
Faktoren ihre Bleibeabsicht beeinflussen und welche Rolle die rechtlichen Rahmenbedingungen für Aufenthalt und Arbeitsaufnahme spielen. Zu diesem Zweck hat der SVR-Forschungsbereich in diesen fünf
Länder über einen Zeitraum von zwei Monaten identische Online-Be-
fragungen durchgeführt, an denen insgesamt 6.239 aus Drittstaaten
stammende Master-Studierende und Doktoranden an 25 Universitäten
und Fachhochschulen teilnahmen. Die teilnehmenden Hochschulen
wurden so ausgewählt, dass sich mit Blick auf Größe, Ausrichtung und
Standort für jedes der fünf Länder eine möglichst repräsentative Stichprobe ergab[8]. Die Vermittlung der Studienteilnehmer wurde von den
Hochschulen übernommen.

---

[7] Dies entspricht dem Zeitraum, in dem der Aufenthaltstitel zum Zweck des Studiums
i. d. R. gültig ist.
[8] Für die Befragung in Schweden ergab sich nur eine vergleichsweise kleine Teilstich-
probe (n = 119). Hintergrund ist, dass in Schweden zur gleichen Zeit mehrere nationale und internationale Studien durchgeführt wurden und sich somit die Rekrutierung
von teilnehmenden Universitäten schwierig gestaltete. Die schwedischen Ergebnisse

Der insgesamt 35 Fragen umfassende Fragebogen erhob zu Beginn soziodemografische Informationen sowie Daten zur aktuellen Lebenssituation der Teilnehmer, um dann detailliert auf deren Bleibeabsichten und Einschätzungen zu ihren Studienländern einzugehen. Drei offene Fragen boten Raum für ausführlichere Einschätzungen und Kommentare. Die Rücklaufquote bei den 19 Hochschulen, die die Umfrageeinladungen ausschließlich an internationale Master-Studierende und Doktoranden versandten, lag bei 25 Prozent. Unter den Rückmeldungen von Studierenden, deren Hochschulen aufgrund technischer Einschränkungen nicht die exakte Zielgruppe der Studie erreichen konnten (hier enthielt der Rücklauf u. a. internationale Bachelor-Studierende), wurden vor der Auswertung jene Fälle herausgefiltert, die nicht der Zielgruppe entsprachen.[9]

In der Gesamtstichprobe waren internationale Studierende deutscher Universitäten am häufigsten vertreten (n = 2.607), gefolgt von Teilnehmern aus Großbritannien (n = 2.210), den Niederlanden (n = 742), Frankreich (n = 561) und Schweden (n = 119). Die Mehrheit der Teilnehmer waren Master-Studierende; die Zahl der Doktoranden variierte in den Teilstichproben zwischen 17,9 Prozent (in den Niederlanden) und 42,1 Prozent (in Großbritannien). Dabei waren die Studienfächer der Teilnehmer relativ breit gefächert; ein Schwerpunkt lag auf ingenieurwissenschaftlichen Fächern,[10] gefolgt von den Fachgebieten „Wirtschaft, Jura oder Business Administration" und „Mathematik oder Naturwissenschaften". Die Herkunftsregionen der Teilnehmer bestätigen,

---

sind folglich nur eingeschränkt aussagekräftig und werden deshalb nur dort diskutiert, wo dies sinnvoll erscheint.

[9] Die quantitative Auswertung wurde mithilfe der Statistik-Software SPSS vorgenommen und die offenen Antworten wurden auf gemeinsame Themen hin untersucht und kodiert, beispielsweise mit Blick auf aufenthaltsrechtliche Sachverhalte. Diese Auswertung studentischer Stellungnahmen zu den rechtlichen Rahmenbedingungen der jeweiligen Aufnahmeländer ist heute jedoch nur noch eingeschränkt aussagekräftig, da sich die zum Zeitpunkt der Umfrage bestehenden Regelungen in der Zwischenzeit stark verändert haben oder sogar gänzlich abgeschafft worden sind.

[10] Zu erklären ist dies durch den Einbezug mehrerer großer, technischer Universitäten, sodass Studierende der Ingenieurwissenschaften in der Stichprobe leicht überrepräsentiert sind.

dass sprachliche und historische (z. B. vormals koloniale) Verbindungen einen wichtigen Einfluss auf die Studienlandwahl internationaler Studierender haben können. Die Gesamtstichprobe deutet aber auch auf aktuelle Trends der internationalen Studierendenmobilität hin. So war beispielsweise China mit 23,5 Prozent das am häufigsten vertretene Entsendeland in der Gesamtstichprobe. Es folgten – mit weitem Abstand – Indien (9,4 Prozent), die USA (6,8 Prozent) und der Iran (3,5 Prozent).

In der Auswertung der erhobenen Daten zeichnet sich deutlich ab, dass Deutschland nicht nur ein beliebtes Studienland für internationale Studierende ist (für 67,7 Prozent der Befragten an deutschen Hochschulen war Deutschland die erste Wahl für ein Auslandsstudium). Auch der deutsche Arbeitsmarkt erfreut sich großer Attraktivität innerhalb dieser Zielgruppe. Mehr als die Hälfte der Studienteilnehmer in Deutschland gaben an, sich unter anderem deshalb für ein Studium in der Bundesrepublik entschieden zu haben, da sie nach dem Abschluss in Deutschland leben und arbeiten wollten. Ähnlich äußerten sich die Studienteilnehmer an französischen und niederländischen Hochschulen. Für die Befragten an britischen Hochschulen war ein längerer Aufenthalt nach erfolgreichem Studienabschluss bei der Studienortwahl hingegen weniger ausschlaggebend. Zu ihrer aktuellen Bleibeabsicht befragt, gaben knapp 80 Prozent der internationalen Master-Studierenden deutscher Hochschulen an, (sehr) wahrscheinlich für erste Berufserfahrungen im Land bleiben zu wollen. Im Vergleich zu Frankreich (65,5 Prozent), den Niederlanden (64,0 Prozent), Großbritannien (51,4 Prozent) und Schweden (75,7 Prozent) war die Bundesrepublik in dieser Gruppe somit das Land, das internationalen Master-Studierenden im Hinblick auf den späteren Berufseinstieg am interessantesten erschien (Tab. 3). Entsprechend gab es in der Bundesrepublik auch die wenigsten Befragten im Master-Studium, die sich ihrer Bleibeentscheidung noch unsicher waren (10,9 Prozent) oder sich (eher) nicht für einen längeren Aufenthalt entscheiden würden (9,3 Prozent). Ähnlich positiv äußerten sich internationale Doktoranden in Deutschland, von denen zwei Drittel für einige Zeit nach ihrer Dissertation im Land bleiben wollten. Internationale Studierende mit Doktorandenstatus in den Niederlanden und

Frankreich planten ebenfalls mehrheitlich, ihren Aufenthalt im Aufnahmeland nach Studienabschluss zu verlängern. Rund jeder zweite internationale Studierende der für eine Doktorandenstatus nach Großbritannien gekommen ist, plante jedoch keine Aufenthaltsverlängerung oder war sich noch unsicher.

Tabelle 3: *Bleibeabsichten internationaler Studierender nach angestrebtem Abschluss*

	Deutschland	Frankreich	Niederlande	Großbritannien	Schweden
Master-Studierende					
Bleibewillige	79,8 %	65,5 %	64,0 %	51,4 %	75,7 %
Unentschiedene	10,9 %	14,3 %	19,6 %	20,6 %	9,9 %
„auf dem Absprung"	9,3 %	20,2 %	16,4 %	28,0 %	14,4 %
Doktoranden					
Bleibewillige	67,0 %	59,5 %	61,7 %	48,7 %	-
Unentschiedene	17,7 %	13,2 %	18,8 %	24,2 %	-
„auf dem Absprung"	15,3 %	27,3 %	19,5 %	27,1 %	-

Anmerkung: *Aufgrund der geringen Anzahl angehender Doktoranden in der schwedischen Stichprobe wird die Bleibeabsicht nur für Studierende von Master-Studiengängen berechnet. Als „auf dem Absprung" kategorisierte Studierende sind solche, die „eher nicht" oder „sicher nicht" im Studienland bleiben wollen.*
Quelle: SVR-Forschungsbereich 2012

Unter den bleibewilligen Studierenden gaben viele an, für einen überschaubaren Zeitraum von bis zu zwei Jahren im Aufnahmeland bleiben zu wollen. In Großbritannien und Schweden entsprach dies der Planung der meisten Studierenden, in den Niederlanden, Deutschland und Frankreich hatten respektive 35,2 Prozent, 29,5 Prozent und 25,4 Prozent vor, für eine solche Dauer zu bleiben. Mehr als jeder Dritte, zwischen 35,4 Prozent (in Großbritannien) und 43,4 Prozent (in Frankreich) war sich hingegen noch gänzlich unsicher, wie lange sich der

Verbleib im Studienland nach dem Abschluss gestalten sollte. Nur die wenigsten, nämlich zwischen 5,3 Prozent (in Großbritannien) und 12,5 Prozent (in Deutschland), wussten bereits, dass sie gerne für einen Zeitraum von mehr als fünf Jahren im jeweiligen Aufnahmeland bleiben möchten. Über alle Vergleichsländer hinweg gab die Mehrheit der Befragten an, für eine Dauer von einem Jahr bis zu maximal fünf Jahren nach erfolgreichem Studienabschluss im Land bleiben zu wollen. Während also nur sehr wenige Befragte vor ihrem Studienabschluss eine permanente Niederlassung im Aufnahmeland in Erwägung zogen, plante ein Großteil von ihnen, zumindest einige Jahre für den Erwerb erster (internationaler) Berufserfahrungen im Studienland zu nutzen.

Die Gründe, die Studienteilnehmer für ihre Bleibeabsicht angaben waren vielfältig. Länderübergreifend ergab die Datenauswertung jedoch, dass die Bleibeabsicht sehr stark von den wahrgenommenen Karrieremöglichkeiten abhing. Befragte mit Bleibeabsicht waren deutlich häufiger durch berufliche Erwägungen beeinflusst als durch private Gründe. Die Zeit nach dem Studienabschluss wollten viele Befragte im Aufnahmeland nutzen, um beruflich voranzukommen. Dennoch hatten besonders die Antworten auf offene Fragen gezeigt, dass die Bleibeabsicht bzw. die letztendliche Bleibeentscheidung einer Vielzahl sich überlagernder Einflussfaktoren unterliegt; dazu gehören u. a. Arbeitsmarktperspektiven im Aufnahmeland genauso wie die familiäre Situation und der finanzielle Spielraum des Einzelnen. Um festzustellen, welcher Zusammenhang zwischen einer Bleibeabsicht und persönlichen Merkmalen sowie studentischen Einschätzungen und Erfahrungen besteht, wurden die Umfragedaten mithilfe einer logistischen Regression ausgewertet (Tabelle 4).

Tabelle 4: Faktoren, die eine Bleibeabsicht beeinflussen

Merkmal	Bleibeabsicht
Alter	-
Dauer des Aufenthalts im Land	+
Arbeitserfahrung im Land	+
Studienland war erste Wahl	+
Master-Studierende (im Vergleich zu Doktoranden)	+
Studiengebiet	
Ingenieurwissenschaften	+
Mathematik oder Naturwissenschaften	+
Sozialwissenschaften, Psychologie oder Erziehungswissenschaften	-
Kunst- oder Geisteswissenschaften	-
Medizin oder Gesundheitswissenschaften	-
Fortgeschrittene Sprachkenntnisse (nur in Deutschland)	+
Zufriedenheit mit Studienerfahrungen	+
Informationsstand zu rechtlichen Möglichkeiten, nach dem Studienabschluss eine Arbeits- und/ oder Aufenthaltsgenehmigung zu erhalten	+
Einschätzung, dass internationale Studierende willkommen sind, nach ihrem Studium zu bleiben und zu arbeiten	+

Quelle: SVR-Forschungsbereich 2012

Bemerkung: *Nur signifikante Unterschiede ($p \leq 0,05$) werden angezeigt.*

Demnach stand die Bleibeabsicht internationaler Studierender in einem positiven Zusammenhang mit der Dauer des Aufenthalts im Aufnahmeland, den dort bereits erworbenen Arbeitserfahrungen sowie fortgeschrittenen Kenntnissen der Landessprache (letzteres war allerdings nur in Deutschland der Fall). Genauso war auch der angestrebte Abschluss und das Studiengebiet für die Bleibeentscheidung relevant: Master-Studierende waren häufiger gewillt, nach dem Studium zu bleiben als Doktoranden. Dies traf auch auf Studierende der Ingenieurwissenschaften, der Mathematik und der Naturwissenschaften zu. Die Studienfachwahl „Sozialwissenschaften, Psychologie und Erziehungswissenschaften", „Kunst- oder Geisteswissenschaften" und „Medizin oder Gesundheitswissenschaften" hemmte hingegen die Bleibeabsicht der Studierenden.

Wenn Studierende mit dem Aufnahmeland (erste Wahl) und ihrer bisherigen Studienerfahrung zufrieden waren und das Gefühl hatten, im Aufnahmeland auch nach ihrem Studium als Mitbürger und Erwerbstätige willkommen zu sein, so hatten auch diese drei Einflussfaktoren jeweils einen positiven Effekt auf die Bleibeabsicht. Und auch der Informationsfluss spielte eine Rolle: Je besser die Studierenden über rechtliche Bleibemöglichkeiten nach dem Studium und über die gesetzlichen Rahmenbedingungen für den Arbeitsmarkteinstieg informiert waren, desto eher gaben sie an, nach erfolgreichem Abschluss zumindest mittelfristig bleiben zu wollen.

Im Vergleich zu diesen für alle fünf Vergleichsländer gemeinsam berechneten statistischen Korrelationen fielen die studentischen Einschätzungen zu Karrieremöglichkeiten in den fünf Ländern unterschiedlich aus: Während in Deutschland fast jeder zweite Befragte angab, nach dem Hochschulabschluss auch im Aufnahmeland eine gute Chance auf eine Arbeitsstelle zu haben, die seiner Qualifikation entspricht, war in den anderen Ländern weniger Optimismus bei den Studierenden festzustellen: In den Niederlanden waren immerhin noch 43,0 Prozent von ihren beruflichen Einstiegs- und Entwicklungsmöglichkeiten überzeugt, in Großbritannien lag der Wert bei 36,2 Prozent. In Schweden und Frankreich gingen mehr als zwei Drittel der Befragten davon aus, selbst mit einem inländischen Hochschulabschluss keine guten Optionen auf dem nationalen Arbeitsmarkt zu haben (Abb. 1).

Abbildung 1: *Einschätzung von Karrieremöglichkeiten internationaler Studierender*

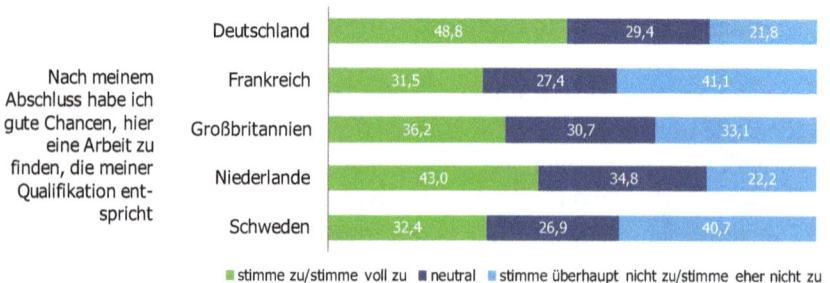

	stimme zu/stimme voll zu	neutral	stimme überhaupt nicht zu/stimme eher nicht zu
Deutschland	48,8	29,4	21,8
Frankreich	31,5	27,4	41,1
Großbritannien	36,2	30,7	33,1
Niederlande	43,0	34,8	22,2
Schweden	32,4	26,9	40,7

Nach meinem Abschluss habe ich gute Chancen, hier eine Arbeit zu finden, die meiner Qualifikation entspricht

Ähnliches zeichnete sich auch bei den Einschätzungen zu aufenthalts-
rechtlichen Aspekten ab. Wie sehr die Bleibeabsicht von den (empfun-
denen) Zugangsmöglichkeiten zu einer Aufenthaltsgenehmigung im
Anschluss an das Studium abhängen kann wurde besonders in Schweden deutlich. Hier gaben mehr als zwei Drittel der Befragten an, sie
würden nach Abschluss ihres Studiums im Land bleiben, wenn es einfacher wäre, eine Aufenthaltsgenehmigung zu erhalten. Auch in den anderen Vergleichsländern waren die Zustimmungswerte bei dieser Aussage recht hoch. In Deutschland, Frankreich und den Niederlanden
stimmten jeweils zwischen 61 Prozent und 63,7 Prozent der befragten
internationalen Studierenden zu. Nur in Großbritannien lag das Zustim-
mungsniveau mit 56,4 Prozent etwas niedriger. Seit der Durchführung
der Studie im Wintersemester 2011/2012 haben sich, wie bereits
erwähnt, in allen Vergleichsländern aufenthaltsrechtliche Neuerungen
ergeben. Durch die Liberalisierung aufenthalts- und teils auch arbeits-
rechtlicher Rahmenbedingungen für internationale Absolventen in
Schweden, Deutschland und den Niederlanden könnten entsprechende
Einschätzungen bei einer wiederholten Umfrage deutlich positiver ausfallen. In Großbritannien, das zum Zeitpunkt der Umfrage in 2011 noch
an seinem liberalen Post-Study Work Scheme festhielt, dies aber in der
Zwischenzeit quasi ersatzlos gestrichen hat, würde bei erneuter Messung die Einschätzung wohl deutlich negativer ausfallen als das im Jahr
2011 der Fall war. Tatsächlich unterliegt jede studentische Aussage
zum Verhältnis von Bleibeabsicht und Aufenthaltsmöglichkeiten immer auch dem individuellen Kenntnisstand der Betroffenen. Internationale Studierende, die über ihre rechtlichen Bleibemöglichkeiten nicht
umfassend informiert sind, mögen ihre Chancen auf Erhalt einer Aufenthaltsgenehmigung schlechter einschätzen als diese eigentlich sind.
Umso wichtiger ist eine regelmäßige und allgemein verständliche Kommunikation der rechtlichen Rahmenbedingungen gegenüber internationalen Studierenden seitens der Hochschule und weiterer am Übergang
Studium–Beruf beteiligter Akteure.

Tabelle 5: *Bekanntheit von rechtlichen Regelungen, die die Arbeitsaufnahme nach erfolgreichem Studium ermöglichen*

	Deutschland	Frankreich	Niederlande	Großbritannien	*Schweden*
bekannt	25,2 %	28,4 %	37,9 %	42,4 %	*24,4 %*
nicht bekannt	46,4 %	53,1 %	36,4 %	32,4 %	*52,1 %*
unsicher	28,4 %	18,5 %	25,7 %	25,2 %	*23,5 %*

Quelle: SVR-Forschungsbereich 2012

Der Bekanntheitsgrad rechtlicher Regelungen für die Arbeitsaufnahme nach dem Studium unterscheidet sich stark zwischen den Vergleichsländern. In Deutschland und Schweden waren entsprechende
Rahmenbedingungen nur etwa einem Viertel der befragten internationalen Studierenden bekannt; auch in Frankreich wussten nur 28,4
Prozent der Befragten über ihre rechtlichen Möglichkeiten für eine Arbeitsaufnahme nach erfolgreichem Studienabschluss Bescheid. Immerhin gaben 37,9 Prozent der Teilnehmer in den Niederlanden und 42,4
Prozent in Großbritannien an, zu rechtlichen Aspekten des Arbeitsmarkteinstiegs in ihren Aufnahmeländern informiert zu sein. Die bessere Kenntnis dieser rechtlichen Regelungen in den Niederlanden und
in Großbritannien könnte damit zusammenhängen, dass zum Umfragezeitpunkt nur in diesen Ländern die entsprechenden Aufenthaltstitel mit
eingängigen Bezeichnungen (Post-Study Work Scheme, Orientation
Year) verknüpft waren. Häufig wurde bereits der Zugang zu Informationen über aufenthaltsrechtliche Fragen als kompliziert empfunden. Der
Anteil der Befragten, der dies (sehr) schwierig fand, lag zwischen 20,7
Prozent in den Niederlanden und 43,6 Prozent in Frankreich. In den übrigen Ländern wurde dies etwa von einem Drittel der Befragten so
beurteilt. Vor allem Teilnehmer an deutschen Hochschulen beklagten
das Fehlen von Informationsmaterialien in englischer Sprache. Bereits
dies mache es schwierig, etwas über die Rechtslage in Erfahrung zu
bringen. Gleichzeitig deuten die Umfrageergebnisse der 20. Sozialerhebung auf eine Verbesserung hin: Zwischen 2009 und 2012 hat sich
der Anteil der internationalen Studierenden, die mit der Qualität der ge-
nutzten Informationsangebote zum Aufenthaltsrecht zufrieden waren
von 17 Prozent auf 59 Prozent verbessert. Dennoch nutzt weiterhin nur

jeder siebte internationale Studierende entsprechende Angebote (DZHW 2013).

Die Besorgnis internationaler Studierender über die damals in Großbritannien anstehenden rechtlichen Änderungen zeichnete sich bereits in der Beurteilung rechtlicher Bleibemöglichkeiten für internationale Hochschulabsolventen ab. So sahen 42,2 Prozent der Befragten an britischen Hochschulen die rechtlichen Rahmenbedingungen für einen Verbleib im Aufnahmeland als (sehr) schlecht an.[11] Auch in Frankreich wurden die Rahmenbedingungen in dieser Kategorie mit 49,0 Prozent negativ beurteilt, und in Schweden, wo zum Umfragezeitpunkt die im Jahr 2014 erfolgten gesetzlichen Änderungen noch nicht absehbar waren, gingen 40,3 Prozent der Befragten von (sehr) schlechten Bleibemöglichkeiten aus. Nur die Niederlande und Deutschland schnitten bei der Beurteilung rechtlicher Bleibemöglichkeiten für internationale Absolventen verhältnismäßig gut ab; in Deutschland gaben 22,0 Prozent der Befragten an, es bestünden (sehr) gute Bleibemöglichkeiten, in den Niederlanden waren es 18,9 Prozent.

Die Ergebnisse der Befragung von mehr als 6.000 internationalen Master-Studierenden und Doktoranden in fünf Ländern der EU bezeugen ein großes Interesse auf Seiten internationaler Studierender, nach ihrem Abschluss einen Arbeitsaufenthalt im Aufnahmeland anzufügen: Fast zwei Drittel der Befragten wollen bleiben. Die Dauer dieses gewünschten Verbleibs betrug bei den meisten internationalen Studierenden ein bis zwei Jahre. Dies widerspricht der These, dass internationale Studierende ihr Studium vor allem als ein Sprungbrett für einen Daueraufenthalt im Aufnahmeland nutzen wollen. Eine Niederlassung beabsichtigten nur zwischen 5,3 und 12,5 Prozent.

Den meisten Bleibewilligen geht es vor allem darum, zeitweilig Erfahrungen auf dem internationalen Arbeitsmarkt zu sammeln – um anschließend wieder nach Hause oder in ein drittes Land zu ziehen. Für internationale Studierende in Großbritannien ist der vergleichsweise geringste Bleibewille der internationalen Studierenden wohl darauf zurückzuführen, dass sich bei der Befragung im Wintersemester 2011/2012 bereits die Abschaffung des Post-Study Work Scheme

---

[11] Obwohl diese zum Befragungszeitpunkt noch vergleichsweise gut waren.

abzeichnete und die ansonsten zunehmend restriktive Zuwanderungs-
politik nur wenige Möglichkeiten für einen Verbleib bot. In allen untersuchten Ländern beeinflusste das berufliche Vorankommen den individuellen Bleibewillen am stärksten: Wer bleiben wollte, wurde vor allem
von beruflichen Motiven geleitet, wer wieder in sein Herkunftsland zurückkehren wollte, orientierte sich stärker an familiären oder persönlichen Motiven. Viele Teilnehmer der Online-Befragung bestätigten damit, dass internationale Berufserfahrung inzwischen als integraler
Bestandteil des studentischen Auslandsaufenthalts betrachtet wird. Besonders für karriereorientierte Bleibewillige waren Informationen zum
Übergang in den Arbeitsmarkt deshalb von höchster Relevanz.

Insgesamt fühlten sich Studierende zum Zeitpunkt der Studie über
ihre rechtlichen Möglichkeiten für den Übergang in den Arbeitsmarkt
nicht gut informiert. Am bekanntesten waren die Rahmenbedingungen
noch in den Niederlanden und Großbritannien; dort bewerteten Studierende auch den Zugang zu einschlägigen Informationen am positivsten.
Die Studie lässt darauf schließen, dass ein eigenständiger Aufenthaltstitel zum Zweck der Arbeitssuche nach dem Studium mit einer eingängigen Bezeichnung den Bekanntheitsgrad unter internationalen Studierenden erhöht. So war das Post-Study Work Scheme in Großbritannien
als eigenständiger Aufenthaltstitel weithin bekannt. Die Erwartung seiner Abschaffung hatte entsprechend negative Auswirkungen auf die
Beurteilung der Bleibemöglichkeiten in Großbritannien und steht seitdem in der Kritik. Dies verdeutlicht, dass internationale Studierende politische Debatten über Zuwanderung verfolgen und mit Anpassung ihrer
Karriere- und Lebensplanung auf sie reagieren. Der mittelfristig nicht
gesicherte Aufenthaltsstatus und die suboptimale Information internationaler Studierender zu den rechtlichen Rahmenbedingungen eines
potentiellen Arbeitsmarkteinstiegs weisen darauf hin, dass die gezielte
Unterstützung internationaler Studierender, z. B. durch Orientierungs-
hilfen beim Übergang in den Arbeitsmarkt, notwendig ist. Ein Studien-
aufenthalt allein beseitigt nicht die Hürden, vor denen Zuwanderer
generell stehen (vgl. Hawthorne 2010). Anders gesagt: Weder ein Master-Abschluss noch eine Promotion führen automatisch zu einem
gesicherten Aufenthaltsstatus nach dem Studium. Da internationale

Studierende im Vergleich zu anderen Zuwanderergruppen ein hohes Potenzial für eine erfolgreiche (Arbeitsmarkt-)Integration aufweisen, bieten mittlerweile mit Ausnahme Großbritanniens alle betrachteten Länder speziell zugeschnittene Aufenthaltstitel für einen Übergang in den Arbeitsmarkt. Die Befragung zeigt allerdings, dass Gesetzesänderungen allein nicht automatisch zum erhofften Verbleib internationaler Studierender führen. Selbst die häufig als ‚Idealzuwanderer' bezeichneten internationalen Studierenden müssen aktiv über ihre Bleibemöglichkeiten informiert und beim Übergang in den Arbeitsmarkt unterstützt werden. Inwiefern eine solche Unterstützung bereits an Hochschulen und als Teil regionaler Fachkräfteinitiativen etabliert ist, und welche Form der Unterstützung einen Mehrwert für die Realisierung der eigenen Bleibeabsicht bietet, konnte bislang nur ansatzweise über kleinräumige Regionalstudien erforscht werden. Im Folgenden werden die zentralen Erkenntnisse der einschlägigen auf Deutschland bezogenen Studien kurz dargestellt.

5. Tatsächlicher Verbleib und Hürden auf dem Weg in den deutschen Arbeitsmarkt

5.1. Wie viele internationale Studierende bleiben in Deutschland?

Die Frage nach der tatsächlichen Bleibequote konnte bislang nicht eindeutig beantwortet werden. Da es keine allgemein akzeptierte Berechnungsgrundlage und -methode für die Verbleiberate gibt, verfolgen die für Deutschland einschlägigen Arbeiten unterschiedliche Ansätze.

Mithilfe der Daten des Ausländerzentralregisters (AZR) berechnete die Organisation für Wirtschaftliche Zusammenarbeit (OECD) 2011 erstmals die Verbleiberate für internationale Studierende in Deutschland. Dabei betrachteten die Autoren in erster Linie die Wechsel der Aufenthaltszwecke von internationalen Studierenden. Um eine Bleibequote zu errechnen, setzten sie die Zahl der internationalen Studierenden (Anzahl derjenigen mit Aufenthaltstitel zum Zweck des Studiums), die einen weiteren Aufenthaltstitel beantragten (mit anderem Zweck), ins Verhältnis zu denen, die dies nicht taten. Nach dieser Berechnung verblieben 2011 etwa 26 Prozent der internationalen Studierenden in Deutschland – ein deutlicher Unterschied zu den durch den SVR-Forschungsbereich ermittelten Bleibeabsichtsquoten von 80 Prozent für Master-Studierende und 67 Prozent für Doktoranden. Allerdings sind die von der OECD errechneten 26 Prozent nur als Näherungswert zu verstehen, da das AZR nur Studierende aus Drittstaaten registriert. Es lassen sich demnach keine Aussagen über Studierende aus EU-Mitgliedsstaaten treffen. Außerdem unterscheidet das AZR nicht zwischen Bildungsinländern (ausländische Staatsbürgerschaft + deutsche Hochschulzugangsberechtigung) und Bildungsausländern (ausländische Staatsbürgerschaft + ausländische Hochschulzugangsberechtigung). Die Tatsache, dass ein Teil der internationalen Studierenden sich über einen anderen Aufenthaltstitel in Deutschland aufhält, z. B. aus familiären Gründen, schränkt die Aussagekraft der Ergebnisse weiter ein. Ein weiteres Problem der OECD-Verbleiberate entspringt ihrem Anspruch, die Bleibequoten verschiedener Länder zu vergleichen. Da das AZR eine in dieser Form nur in Deutschland verfügbare Registerdatenbank ist, musste die OECD in anderen Ländern auf alternative Datenquellen ausweichen, die sich teilweise auf andere Definitionen stützen. Ein direkter Vergleich von verschiedenen Ländern ist somit nur eingeschränkt möglich.

Auch rein auf Deutschland bezogene Studien nutzen unterschiedliche Daten und Berechnungsmethoden und kommen zu divergierenden Ergebnissen: Für seine 2014 veröffentlichte Studie zur Beschäftigung internationaler Hochschulabsolventen nutzte das Bundesamt für Migration und Flüchtlinge (BAMF) ebenfalls die Daten des AZR. Die Autorinnen Hanganu und Heß untersuchten den Verbleib aller Personen, die zwischen 2005 und 2012 einen Aufenthaltstitel zum Zweck des Studiums in Deutschland besaßen. Das Ergebnis: zum Stichtag am 30. September 2013 befanden sich 56 Prozent der (ehemaligen) internationalen Studierenden noch immer im Bundesgebiet. Wenngleich das BAMF

mit den Daten des AZR – ähnlich wie zuvor die OECD – keine Aussagen über den Verbleib von Studierenden aus der EU, dem EWR und der
Schweiz treffen konnte, kann die ermittelte Bleibequote als bislang prä-
ziseste Berechnung für Drittstaatsangehörige gelten. Gleichzeitig gene-
rierte die Retrospektivbefragung von 4.542 internationalen Absolventen interessante Einblicke in die weiterhin bestehenden Hürden beim
Berufseinstieg in Deutschland: Daten zur Berufstätigkeit der Studien-
abschlussjahrgänge 2012 und 2013 bestätigen, dass nur jeder Zweite
einer Vollbeschäftigung nachgeht und jeder Fünfte arbeitssuchend ist.
Zudem gehen knapp unter 20 Prozent der Beschäftigten (Voll- und Teil-
zeit) einer Tätigkeit nach, die unterhalb ihrer Qualifikation liegt (vgl.
Hanganu/Heß 2014).

Ein weiterer Versuch, die Verbleiberate von internationalen Studierenden für Deutschland zu ermitteln, wurde 2013 vom Institut der Deutschen Wirtschaft unternommen (vgl. Alichniewicz/Geis 2013). Die
Berechnung stütze sich jedoch nicht auf Daten des AZR, sondern auf
die des Mikrozensus von 2011. Da der Mikrozensus keinerlei Aussagen
darüber trifft, wo ein Hochschulabschluss erworben wurde, musste die
Gruppe der „Zuwanderer über die Hochschule" über bestimmte Merkmale näherungsweise identifiziert werden.[12] Um eine Verbleiberate zu
ermitteln wurde die Anzahl jener Personen, die im Jahr 2011 in
Deutschland wohnhaft war und als „Zuwanderer über die Hochschule"
identifiziert werden konnte, mit der Gesamtzahl der internationalen
Hochschulabsolventen aus der amtlichen Hochschulstatistik verglichen. Die daraus errechnete Quote ergab, dass 44,3 Prozent der internationalen Hochschulabsolventen (Absolventenjahrgänge 2001 bis
2010) im Jahr 2011 noch in Deutschland waren. Aufgrund der Appro-
ximation der Zielgruppe und den dadurch entstandenen Ungenauigkei-
ten kann diese Variante angesichts der Datenlage ebenfalls nur als
Näherungswert gelten.

---

[12] Geburtsland, Staatsbürgerschaft, Jahr des höchsten Bildungsabschlusses, Jahr der
Zuwanderung nach Deutschland, Alter bei Zuwanderung (mindestens 18 Jahre), und
der Jahresabstand zwischen dem höchstem Bildungsabschluss und der Zuwanderung
nach Deutschland (maximal sieben Jahre, um Zuwanderer zu identifizieren, die aus
Studienzwecken nach Deutschland gekommen sind).

Diese bisherigen Berechnungsversuche zeigen, dass sich die genaue Bestimmung von Bleiberaten in der Praxis als äußerst komplex erweist. Obwohl wie oben beschrieben keins der bisher angewandten Verfahren exakte Daten für alle internationalen Studierenden liefern kann, ermöglichen die vorhandenen Verbleiberaten einen ersten Anhaltspunkt für die Einschätzung der realen Verhältnisse und ermöglichen zumindest im Ansatz einen länderübergreifenden Vergleich.

5.2. Welche Hürden erschweren den Berufseinstieg internationaler Studierender in Deutschland?

Die in diesem Beitrag referierten Ergebnisse der Studie „Mobile Talente" des SVR-Forschungsbereichs (2012) zeigen, dass weiterhin eine große Lücke klafft zwischen dem Anteil der internationalen Studierenden, die gerne nach ihrem Abschluss in Deutschland bleiben wollen (80 Prozent bzw. 67 Prozent) und dem ungefähren Anteil derer, die dies tatsächlich tun (z. B. 26 Prozent laut der OECD (2011)). Selbst die internationalen Studierenden, die nach ihrem Studium in Deutschland bleiben, berichten häufig von Schwierigkeiten beim Berufseinstieg (vgl. Hanganu/Heß 2014). Welche Hürden den Berufseinstieg internationaler Studierender besonders erschweren, wurde für den deutschen Kontext in kleineren, qualitativ angelegten Regionalstudien zumindest ansatzweise untersucht.

Für die ostdeutschen Bundesländer stellte Dömling (2013) im Rahmen des vom Beauftragten der Bundesregierung für die Neuen Bundesländer geförderten Projekts „Study and Work – Ausländische Studierende in Ostdeutschland halten, Willkommenssignale setzen" erste Erkenntnisse über die von internationalen Studierenden erfahrenen Einstiegsbarrieren beim Übergang in den ostdeutschen Arbeitsmarkt vor. Zusätzlich beleuchteten Arajärvi und Drubig (2014) die Situation bleibewilliger internationaler Studierender in Sachsen. In der ersten von zwei Phasen ihres Forschungsprojekts „Verbleibspotenzial internationaler Studierender in Sachsen" (VISS) führten die Autoren 24 Experteninterviews mit Unternehmern, der Agentur für Arbeit, Hochschulpersonal und anderen Akteuren am Übergang Studium–Beruf durch. In der zweiten Projektphase wurden die Erfahrungen 20 internationaler Studierender erfasst, die sich gerade im Übergang vom Studium in den sächsischen Arbeitsmarkt befanden.

Beide Studien bestätigen, dass zum einen auf Seiten der internationalen Studierenden zielgruppenspezifische Unterstützungsbedarfe bestehen, auf die bislang noch nicht hinreichend eingegangen wird. Die deutsche Sprache stellt hier eins der größten Hindernisse dar. Gerade internationale Studierende in englischsprachigen Studiengängen fehlt es (vor allem aus Arbeitgebersicht) an den nötigen Sprachkenntnissen für den beruflichen Alltag. Darüber hinaus erschwert ein weit verbreitetes Informationsdefizit bezüglich der aufenthalts- und arbeitsrechtlichen Möglichkeiten sowie Unkenntnis über den deutschen Arbeitsmarkt einen erfolgreichen Einstieg. Auch das Fehlen adäquater Arbeitsplatzangebote für Hochschulabsolventen in strukturschwachen Regionen verhindert nicht selten einen Verbleib in Sachsen oder anderen ostdeutschen Bundesländern. Erschwerend kommt hinzu, dass internationale Studierende punktuell von Diskriminierungserfahrungen und sogar von fremdenfeindlichen Übergriffen berichten, welche ihre Entscheidung über einen weiteren Verbleib in Ostdeutschland negativ beeinflussen.

Auch auf Seiten der ostdeutschen Arbeitgeber besteht ein signifikanter Handlungsbedarf: Gerade in kleinen und mittleren Unternehmen (KMUs) sind die Kommunikation in englischer Sprache und die interkulturelle Verständigung trotz punktuell steigendem Fachkräftebedarf bislang nur schwer umsetzbar. Erschwerend kommt hinzu, dass Studierende einzelner Herkunftsländer von einigen Unternehmen aufgrund von Vorurteilen kategorisch als potentielle Arbeitskräfte abgelehnt werden. Viele KMUs scheuen zudem davor zurück, den zusätzlichen Verwaltungsaufwand zu erbringen, den sie mit der Einstellung und Beschäftigung internationaler Absolventen verbinden. Dass dieser in den letzten Jahren deutlich geringer geworden ist, ist vielen KMUs nicht bekannt.

Ähnliche Erkenntnisse gewann auch eine zum Zeitpunkt der Erstellung dieses Beitrags noch unveröffentlichte Studie aus Bayern, deren Befunde das Europäische Forum für Migrationsstudien (efms) im Mai

2014 auf einer Tagung des BAMF auszugsweise vorgestellt hat. Mithilfe von Absolventen- und Experteninterviews identifizierte die an die bayerische Initiative „Study and Stay in Bavaria"[13] angelehnte Konzeptstudie des efms weitere Hindernisse für internationale Studierende am Übergang Studium–Beruf. Vor allem die wohnräumliche Segregation internationaler Studierender stellt ein Hindernis dar, da diese weder dem Spracherwerb noch der sozialen Integration zuträglich ist. Darüber hinaus sei auch die Unfreundlichkeit einzelner Mitarbeiter bayerischer Ausländerbehörden für eine Bleibeentscheidung kontraproduktiv.

Für Niedersachsen untersuchte das Institut für Migrationsforschung und Interkulturelle Studien der Universität Osnabrück im Projekt „Internationale Bildungsmigranten in der Region" (BiReg)[14] das Übergangsmanagement für bleibewillige internationale Studierende und Absolventen an zwei Hochschulstandorten. Um das Bleibeinteresse der internationalen Studierenden in einen langfristigen Aufenthalt umzuwandeln, empfehlen die Autoren Pott und Meschter (2014) auf mehreren Ebenen anzusetzen: In den Hochschulen müsse mehr getan werden, um internationale und einheimische Studierende stärker auf wissenschaftlicher Ebene zu vernetzen. Zudem bedürfe es gezielter Unterstützung internationaler Studierender beim Berufseinstieg. Regionale Akteure (Hochschulen, Gründerzentren, Sprachschulen, Arbeitsagenturen, Industrie- und Handelskammer, Wirtschaftsförderung, Ausländerbehörden u.a.) müssten für das Fachkräftepotenzial und die bestehende Einstiegshürden für internationaler Studierende sensibilisiert werden. Die Aufmerksamkeit der KMUs müsse gefördert und Informationsdefizite bezüglich einer Beschäftigung von internationalen Studierenden abgebaut werden. Um diese verschiedenen Ebenen und Herausforderungen miteinander zu verbinden, solle eine lokale/regionale Kontaktstelle eingerichtet werden, die als Ansprechpartner fungiert (sowohl für

---

[13] Die Konzeptstudie wurde vom Bayerischen Staatsministerium für Wirtschaft, Infrastruktur, Verkehr und Technologie in Auftrag gegeben.

[14] Die Forschungsprojekte BiReg (Niedersachsen) und VISS (Sachsen) wurden vom bundesweiten Netzwerk „Integration durch Qualifizierung" (IQ) gefördert. Zusätzlich wurden IQ-Regionalstudien in Brandenburg und dem Saarland gefördert, deren Ergebnisse Ende 2014 vorgestellt werden.

Studierende als auch für regionale Akteure), ein Netzwerk zur Arbeitsmarktintegration aufbaut, Seminare für Studierende anbietet und die Netzwerkpartner koordiniert.

Die Regionalstudien empfehlen, gerade an Hochschulen das Unterstützungsangebot für internationale Studierende an deren Bedarfe anzupassen und Beratungs- und Informationsangebote, Workshops und Trainings stärker mit Blick auf die Bedürfnisse internationaler Studierender zu gestalten. Zudem sollte das Personal in Behörden und Unternehmen interkulturell geschult und für das Fachkräftepotenzial internationaler Studierender sensibilisiert werden.

Die Erfahrungen aus anderen beliebten Studienländern wie Kanada bestätigen, dass internationale Studierende trotz ihrer Studienerfahrung im Aufnahmeland beim dortigen Berufseinstieg kulturellen und sprachlichen Barrieren gegenüber stehen, und die weiterhin bestehenden Berührungsängste und Vorurteile vieler KMUs einen erfolgreichen Berufseinstieg verhindern. Die qualitativen Absolventenstudien von Arthur et al. (2011, 2013, 2014) betonen immer wieder die Problematik mangelnder sozialer Integration und fehlender frühzeitiger, beruflicher Kontakte. Diese Netzwerkfaktoren sind jedoch entscheidend, um den Übergang in das Berufsleben erfolgreich zu meistern. Laut Arthur könnten die Hochschulen hier als Mittler für eine erfolgreiche Vernetzung von internationalen Studierenden und Arbeitgebern fungieren, da sie eine zentrale Position am Übergang Studium–Beruf einnehmen. Für Hochschulen bedeute dies, dass sie ihr Unterstützungsangebot besonders in Richtung Netzwerkbildung ausweiten sollten. Möglichkeiten seien hier zum Beispiel Praktikumsvermittlung oder Mentoren-Programme, die schon während des Studiums ansetzen. Inwieweit diese kanadischen Befunde und Einschätzungen auch für den deutschen Kontext gelten, ist allerdings nur unzureichend erforscht.

6. Fazit: Forschungsbedarf zum Berufseinstieg internationaler Studierender

Die Bleibeentscheidung internationaler Studierender steht am Ende eines mehrstufigen Abwägungsprozesses, der durch persönliche Erfahrungen und (vor allem) wirtschaftliche Entwicklungen inner- und außerhalb des Studienlands beeinflusst wird. Bislang ist international nur wenig über die tatsächlichen Bleibequoten und auch das theoretische Verbleibpotenzial internationaler Studierender bekannt. Sicher scheint: Der Übergang vom Studium in den Arbeitsmarkt des Aufnahmelands ist für viele internationale Studierende weiterhin mit großen Hindernissen verbunden, sowohl in Deutschland als auch anderswo. Die Ergebnisse der in diesem Beitrag referierten Studien unterstreichen, dass gesetzliche Änderungen allein nicht zur gewünschten Fachkräftezuwanderung über die Hochschulen führen können. Selbst die immer wieder als ‚Idealzuwanderer' bezeichneten internationalen Studierenden müssen gezielt unterstützt werden, um den Übergang von der Hochschule in die Arbeitswelt erfolgreich zu meistern. Die wenigen verfügbaren Studien aus dem In- und Ausland legen nahe, dass es vor allem um konkrete Unterstützungsangebote in den folgenden Bereichen geht:

- Beim Erlernen der Sprache des Aufnahmelands
- Beim frühzeitigen Kontakt zu Arbeitgebern
- Bei der Netzwerkbildung (vor allem Vernetzung mit Kommilitonen und potenziellen „Türöffnern" aus der Mehrheitsbevölkerung)
- Beim Bewerbungstraining
- Bei der frühzeitigen und kontinuierlichen Informationsvermittlung zu (rechtlichen) Bleibemöglichkeiten

Inwiefern die derzeitigen hochschulischen und außerhochschulischen Beratungs- und Betreuungsangebote diese Formen der Unterstützung bereits erfüllen, ist aber nur punktuell bekannt. Um diese Wissenslücke zu schließen, hat sich der SVR-Forschungsbereich dazu entschieden, im Rahmen eines Folgeprojekts zur Studie „Mobile Talente" das Unterstützungsangebot für den Berufseinstieg internationaler

Studierender für die Länder Deutschland, Kanada, Niederlande und Schweden vergleichend abzubilden. Die Ergebnisse der Studie werden im Frühjahr 2015 veröffentlicht.

Literatur

ALICHNIEWICZ, Justina/GEIS, Wido (2013): Zuwanderung über die Hochschule. In: IW-Trends. Vierteljahresschrift zur empirischen Wirtschaftsforschung aus dem Institut der deutschen Wirtschaft Köln, 40. Jg., Nr. 4, 1–17.

ARAJÄRVI, Outi/DRUBIG, Roland (2013): Welche Rolle spielen internationale Studierende in der Debatte um Fachkräftemangel? Zur Situation internationaler Studierender in Sachsen, VISS-Projekt im Rahmen des IQ Netzwerkes Sachsen, Leipzig.

ARTHUR, Nancy M./FLYNN, Sarah (2011): Career development influences of international students who pursue permanent immigration to Canada. In: International Journal for Educational and Vocational Guidance, 11. Jg., Nr. 3, 221–237.

ARTHUR, Nancy M./FLYNN, Sarah (2013): International students' views of transition to employment and immigration. In: The Canadian Journal of Career Development/ Revue canadienne de dévellopement de carrière, 12. Jg., Nr. 1, 28–37.

ARTHUR, Nancy M./POPADIUK, Natalee E. (2014): Key Relationships for International Student University-to-Work Transitions. In: Journal of Career Development, 41. Jg., Nr. 2, 122–140.

CAMPUS FRANCE (2014): Actualisation des chiffres clés France 2012–2013 et des chiffres clés monde 2012 sur la mobilité des étudiants étrangers, Paris.

DÖMLING, Martina (2013): Study and Work. Ausländische Studierende in Ostdeutschland halten, Willkommenssignale setzen. Eine Handreichung mit Praxisbeispielen, Wittenberg.

DZHW (2013): Ausländische Studierende in Deutschland 2012. Ergebnisse der 20. Sozialerhebung des Deutschen Studentenwerks durchgeführt vom Deutschen Zentrum für Hochschul- und Wissenschaftsforschung (DZHW), Hannover.

DZHW (2014): Wissenschaft Weltoffen – Daten und Fakten zur Internationalität von Studium und Forschung in Deutschland, Hannover.

EFMS (2014): Study and Stay in Bavaria. Ergebnispräsentation auf Fachtagung des Bundesamtes für Migration und Flüchtlinge am 15. Mai 2014 in Nürnberg.

EUROPEAN COMMISSION (2012): Immigration of International Students to the EU. European Migration Network Study 2012, Brüssel.

HANGANU, Elisa/HEß, Barbara (2014): Beschäftigung ausländischer Absolventen deutscher Hochschulen. Ergebnisse der BAMF-Absolventenstudie 2013. Forschungsbericht 23, Nürnberg.

HAWTHORNE, Lesleyanne (2010): Two-Step Migration. Australia's Experience. Policy Options, Montreal.

HESA (2014a): Top ten other EU countries of domicile in 2012/13 for student enrolments on HE courses by location of HE institution and country of domicile 2008/09 to 2012/13, statistical data table, Cheltenham.

HESA (2014b): Top ten non-EU countries of domicile in 2012/13 for student enrolments on HE courses by location of HE institution and country of domicile 2008/09 to 2012/13, statistical data table, Cheltenham.

HIS (2013): Studiensituation von Bildungsausländern an deutschen Hochschulen. Ergebnispräsentation im Rahmen des Expertenworkshops der Bundesvereinigung der Deutschen Arbeitgeberverbände und der Hochschulrektorenkonferenz am 29. April 2013 in Berlin.

MAXEY, Kees (2007): International Student Mobility in the Commonwealth. In: Commonwealth Education Partnerships 2007, London.

NUFFIC (2014): Key Figures in 2013. Internationalisation in higher education, Den Haag.

OECD (2011): Education at a Glance 2011. OECD Indicators, Paris.

OECD (2013): Education at a Glance 2013. OECD Indicators, Paris.

POTT, Andreas/MESCHTER, Diana (2014): Internationale Bildungsmigranten in der Region (BiReg). Erste Forschungsergebnisse wurden auf Anfrage bereitgestellt, Osnabrück.

SUTER, Brigitte/JANDL, Michael (2008): Train and retain. National and regional policies to promote the settlement of foreign graduates in knowledge economies. In: Journal of International Migration and Integration 9, 401–418.

SVR-FORSCHUNGSBEREICH (2012): Mobile Talente? Ein Vergleich der Bleibeabsichten internationaler Studierender in fünf Staaten der Europäischen
Union, Berlin.

UKÄ (2014): Universitet och högskolor. Internationell studentmobilitet i högs-
kolan 2012/13, Stockholm

Fachkräftemangel – Ausländische Ärzte schließen die Lücke

Birgit Hibbeler[1]

Viele Krankenhäuser können ihre Stellen nicht mehr besetzen. Gerade Einrichtungen im ländlichen Raum sind auf ausländische Bewerber angewiesen. Das funktioniert aber nur, wenn die Sprachkenntnisse ausreichen und die Ärzte gezielt integriert werden.

Sotirios – das heißt Retter. Passender könnte der Vorname von Sotirios Goulas (39) also nicht sein. Der Gefäßchirurg aus Griechenland ist ein Glücksfall für seinen Arbeitgeber, das St.-Josef-Hospital in Bad Driburg. In der ostwestfälischen Kleinstadt ist der Ärztemangel deutlich spürbar. Die Versorgung in dem Akutkrankenhaus kann nur noch gewährleistet werden, weil Mediziner wie Goulas in die Lücke springen. Circa 30 Prozent der Arztstellen sind mit Ausländern besetzt. Die meisten kommen aus Polen, Griechenland, Ägypten, Rumänien und Kasachstan.

Auf junge Ärzte aus Deutschland übt Bad Driburg keine besondere Anziehungskraft aus. Die Stadt hat etwa 19.000 Einwohner und liegt in der Nähe von Paderborn. Alle Schulformen sind am Ort vorhanden, Wohnraum bezahlbar und der Freizeitwert der Umgebung, dem Eggegebirge, hoch. All das genügt aber nicht, um ausreichend Fachkräfte anzulocken. Sotirios Goulas kann das nicht so ganz verstehen. „Bad Driburg gefällt mir sehr gut. Es ist eine der schönsten Städte, die ich kenne", sagt der Facharzt.

Goulas ist seit April 2012 hier und fühlt sich wohl. Das St.-Josef-Hospital bietet ihm vieles, von dem er im griechischen Gesundheitswe-

---

[1] Wir danken der Autorin und der Redaktion des Deutschen Ärzteblattes für die Abdruckgenehmigung für diesen Beitrag: Hibbeler, Birgit (2013): Fachkräftemangel. Ausländische Ärzte schließen die Lücke. In: Deutsches Ärzteblatt, 110. Jg., Nr. 5, A172–A175.

sen nur träumen kann: ein sicheres, gutes Einkommen und ein unbefristetes Arbeitsverhältnis. Außerdem soll er eine wichtige Rolle beim Aufbau einer neuen gefäßchirurgischen Abteilung spielen. Eigentlich wollte Goulas in einem Krankenhaus in seiner Heimat, im Nordwesten Griechenlands, tätig werden. Die Stelle war schon bewilligt. Doch wegen der Wirtschaftskrise und knapper Kassen kam kein Vertrag zustande. In absehbarer Zeit gab es keine Aussicht auf eine Festanstellung. „Da habe ich mich dazu entschieden, eine Stelle im Ausland zu suchen", berichtet er. Einen Bezug zu Deutschland hatte er bereits. Während seiner Facharztweiterbildung hatte er drei Monate im Universitätsklinikum Düsseldorf gearbeitet. Auf einer Jobbörse in Athen kam der Kontakt zur Katholischen Hospitalvereinigung Weser-Egge (KHWE) zustande, zu der das St.-Josef-Hospital gehört.

Die Hospitalvereinigung betreibt einen enormen Aufwand bei der Akquise von ausländischen Ärzten. Der Krankenhausverbund verfolgt eine mehrgleisige Strategie: Er nimmt an Jobmessen der Zentralen Auslands- und Fachvermittlung (ZAV) der Bundesagentur für Arbeit teil, beauftragt aber auch Personalvermittlungsagenturen. Mitunter reist KHWE-Personalchef Ralf Schaum auch selbst zu Vorstellungsgesprächen ins Ausland, wie kürzlich nach Ägypten. „Der Aufwand lohnt sich aber", betont Schaum. Die Zahlen geben ihm recht: Alle 170 Arztstellen in den vier Häusern des Hospitalverbundes sind besetzt.

Das ist nicht selbstverständlich. Nach Angaben der Bundesagentur für Arbeit (BA) gibt es bei Humanmedizinern in allen Bundesländern einen Fachkräftemangel[2] – mit Ausnahme der Stadtstaaten. Im Bundesdurchschnitt bleiben gemeldete Stellen für Ärzte 176 Tage unbesetzt. Die Vakanzzeit liegt damit 122 Prozent über dem Bundesdurchschnitt aller Berufe. Außerdem gibt es weniger Arbeitslose als gemeldete Stellen.

---

[2] Definition Fachkräftemangel der BA: Vakanzzeit liegt mindestens 40 Prozent über dem Bundesdurchschnitt aller Berufe, und es gibt weniger als 150 Arbeitslose je 100 gemeldete Stellen, oder es gibt weniger Arbeitslose als gemeldete Stellen. – Anmerkung der Herausgeber: Vgl. auch Bundesagentur für Arbeit (2013): Der Arbeitsmarkt in Deutschland. Fachkräfteengpassanalyse. Nürnberg.

Weil es immer schwieriger wurde, geeignete Bewerber zu finden, begann man in Bad Driburg vor einiger Zeit, auf ausländische Mediziner zurückzugreifen. Die KHWE holt die Ärzte aber nicht einfach nur nach Deutschland, sondern unterstützt sie, wo sie kann. Sie hilft bei den Anträgen auf Approbation, wenn nötig auch bei der Wohnungssuche. Mitunter wird auch ein Kindergartenplatz organisiert. „Wenn die Familien hier nicht ankommen, dann können wir auch die Ärzte nicht halten", sagt Schaum.

Ganz wichtig ist ihm, dass die Ärzte auf ihre Arbeit gut vorbereitet werden. „Wir müssen gewährleisten, dass es keine Qualitätseinbrüche gibt." Deshalb nimmt jeder Mediziner zunächst an einem dreimonatigen Sprach- und Integrationskurs teil – ganztägig an fünf Tagen in der Woche. Die Kurse bestehen aus sechs bis zehn Teilnehmern. Die KHWE veranstaltet sie gemeinsam mit anderen Krankenhäusern in der Region. Die Kurseinheiten werden zum Teil von externen Anbietern übernommen, etwa der Sprachunterricht. „Die Kosten für die Vorbereitung betragen bis zu 10.000 Euro pro Arzt", erläutert Schaum.

Aus seiner Erfahrung ist das Geld aber gut investiert. Eine solide Vorbereitung sei entscheidend. Das gelte nicht nur für die Sprachkenntnisse. Auch klinikspezifische Informationen müssten vermittelt werden. So müssten die Ärzte einen Überblick über die üblicherweise verwendeten Medikamente bekommen, außerdem über die Aufgabenverteilung auf den Stationen. Der Umgang mit Patienten und Mitarbeitern steht ebenfalls im Fokus. „Da gibt es einfach kulturelle Unterschiede", meint Schaum. Darüber müssten sich die ausländischen Ärzte im Klaren sein. Nur so hätten sie die Chance sich anzupassen. „Sonst treten sie gleich am ersten Tag in klassische Fettnäpfe und bringen die ganze Station gegen sich auf", sagt er. Ein Beispiel: Nicht in allen Ländern sei es üblich, sich bei den Mitarbeitern aller Berufsgruppen vorzustellen. In Deutschland werde das erwartet.

Dass ausländische Ärzte auf ihre Arbeit so intensiv vorbereitet werden wie in Bad Driburg ist nicht selbstverständlich. Und nicht alle Ärzte sprechen so gut deutsch wie Goulas. Medienberichte über Ärzte mit mangelnden Sprachkenntnissen häufen sich. Unter anderem Dr. med.

Günther Jonitz, Präsident der Ärztekammer Berlin, beklagte: „Wir bekommen mehr und mehr Beschwerden von Patienten." Diese könnten
sich mit ihren Ärzten nicht mehr verständigen. Das belaste die Arzt-
Patienten-Beziehung und sei ein Fehlerrisiko.

Wenig hilfreich für eine sachliche Debatte: Die NPD in Sachsen ent-
deckte das Thema für sich. Ein Landtagsabgeordneter sprach von einer
Überfremdung, die im Krankenhaus Leben kosten könne. Die Landesärztekammer und der Ausländerbeauftragte in Sachsen rückten darauf-
hin dieses Bild gerade. Kammerpräsident Prof. Dr. med. habil. Jan
Schulze lobte, dass die ausländischen Kollegen vor allem in ländlichen
Regionen maßgeblich zur Versorgung beitrügen. „Einige Kliniken
könnten den Betrieb mancher Stationen ohne die internationalen Ärztinnen und Ärzte nicht aufrechterhalten, weil sie in Deutschland keine
Ärzte finden", erklärte Schulze.

Tatsächlich ist die Zahl ausländischer Ärzte in Deutschland in den
letzten Jahren gestiegen. 28.355 ausländische Ärzte waren 2011 bei den
Ärztekammern gemeldet (siehe Kasten). 24.595 davon waren berufstä-
tig. Bei insgesamt 342.063 berufstätigen Ärzten entspricht das einem
Anteil von 7 Prozent. Im Bereich Krankenhaus und in bestimmten
Regionen ist der Anteil aber höher – so wie in Bad Driburg.

Als Arzt in Deutschland arbeiten – das geht nicht einfach so. Für eine
Berufserlaubnis muss man unter anderem die „für die Ausübung der
Berufstätigkeit erforderlichen Kenntnisse der deutschen Sprache" nachweisen. Das sieht die Bundesärzteordnung vor. Wie genau das
geschieht, ist Sache der Länder und der für die Approbation zuständigen
Behörden. Verlangt wird in der Regel das Sprachniveau B2. Für den
Bad Driburger Arzt Goulas war die Bezirksregierung Detmold zuständig. Er musste zu einer mündlichen Prüfung ins Amt und unter anderem
den Inhalt eines medizinischen Fachartikels zusammenfassen.

In Rheinland-Pfalz werden die Sprachprüfungen seit August 2012
durch die Landesärztekammer vorgenommen – und in deren Auftrag
von der Bezirksärztekammer Rheinhessen in Mainz. Für Dr. med. Jürgen Hoffart, Hauptgeschäftsführer der Landesärztekammer Rheinland-
Pfalz, steht fest: „Gute Deutschkenntnisse sind essenziell." Wer kein
Deutsch spreche, könne schließlich den Patienten nicht verstehen.

„Wenn der Patient auch noch Dialekt redet, dann ist es noch schwieriger", sagt er.

Die Fakten

28.355 ausländische Ärzte waren nach Angaben der Bundesärztekammer 2011 in Deutschland gemeldet. Das sind 3.039 mehr als im Vorjahr (plus 12 Prozent). Die meisten kommen aus Österreich (2.363), Griechenland (2.224), Rumänien (2.105) und Polen (1.636). Aber Ungarn und die Tschechische Republik holen auf.

Auch die Zahl der Ärzte aus Nicht-EU-Ländern steigt. Laut Bundesagentur für Arbeit erhielten 1.351 Mediziner aus diesen Ländern 2011 die Erlaubnis, in Deutschland tätig zu sein. Das ist ein Zuwachs von 50 Prozent im Vergleich zu 2010. Die meisten stammten aus Ägypten, Jordanien, Libyen, der Russischen Föderation und Syrien.

74 Prozent der ausländischen Ärzte in Deutschland kommen aus Europa, 18 Prozent aus Asien, 5 Prozent aus Afrika und 3 Prozent aus Amerika.

Auch in Rheinland-Pfalz handelt es sich um eine mündliche Prüfung. Zunächst findet ein orientierendes allgemeines Gespräch statt. Dann wird eine Anamnesesituation simuliert. Dieses „Patientengespräch" dauert 20 Minuten. Der Prüfling soll eine Verdachtsdiagnose formulieren und dem Patienten die weitere Diagnostik erläutern. Im Anschluss muss er das Gespräch im Sinne eines Befundberichts schriftlich ausformulieren. Bis Ende 2012 hat die Bezirksärztekammer 48 Prüfungen abgehalten. Dabei sind zehn Prüflinge durchgefallen. „Manche haben ein B2- oder sogar C1-Zertifikat, können aber kein Anamnesegespräch führen", berichtet Dr. med. Jürgen Hoffart, Hauptgeschäftsführer der Landesärztekammer Rheinland-Pfalz. Die Vorlage eines Zertifikats reiche also nicht aus. Er plädiert für eine verpflichtende mündliche Prüfung. „Die Vorgaben in der Bundesärzteordnung sind eindeutig zu lasch", kritisiert er. Die Regelungen müssen aus seiner Sicht konkreter formuliert und bundesweit einheitlich umgesetzt werden. „Es kann nicht sein, dass jedes Bundesland anders vorgeht." Die Simulation eines Arzt-Patienten-Gesprächs ist aus seiner Sicht der beste Weg. „Die Sprachprüfungen sind bei uns als Kammer gut aufgehoben", meint er. Bisher ist Rheinland-Pfalz die einzige Kammer, die Deutschprüfungen durchführt.

Deutschkenntnisse müssen alle ausländischen Ärzte nachweisen – ob nun aus der Europäischen Union oder aus Nicht-EU-Ländern. Bei der Anerkennung der Studienabschlüsse haben es Mediziner aus EU-Ländern einfacher. Sie können in der Regel mit einer automatischen Anerkennung rechnen. Die EU-Berufsanerkennungsrichtlinie greift hier. Derzeit wird die Richtlinie novelliert. Da der EU-Kommission die bisherige Anerkennungspraxis offenbar nicht schnell genug geht, sollen Berufsabschlüsse künftig automatisch als anerkannt gelten, wenn innerhalb einer bestimmten Frist keine Entscheidung gefallen ist. Bundesärztekammer und Kassenärztliche Bundesvereinigung hatten dazu bereits mehrfach erklärt: Bei der Berufsanerkennung muss die Qualität Vorrang vor Schnelligkeit haben.

Auch von der deutschen Politik sind gezielt Hürden beseitigt worden, um den Zuzug von Fachkräften zu erleichtern. Die Berufsanerkennung für Ärzte ist vereinfacht worden (siehe Kasten). Die Approbation ist nicht mehr an die Staatsangehörigkeit gekoppelt. Das Gesetz zur Verbesserung der Feststellung und Anerkennung im Ausland erworbener Berufsqualifikationen (Anerkennungsgesetz) ermöglicht es seit April 2012 allen Ärzten, die deutsche Approbation zu beantragen – und damit die Berechtigung zur vollumfänglichen Berufsausübung. Das gilt auch für Ärzte, die nicht aus der EU oder dem Europäischen Wirtschaftsraum (EWR) stammen. Früher konnte zum Beispiel ein türkischer Arzt in der Regel keine deutsche Approbation erhalten – selbst wenn er in Deutschland studiert hatte. Er bekam eine befristete Berufserlaubnis. Heute geht es nur noch um die Gleichwertigkeit der Qualifikation.

Die Landesärztekammer Rheinland-Pfalz führt im Auftrag des zuständigen Landesamtes auch die Gleichwertigkeitsprüfungen durch. Betroffen sind Ärzte mit Abschlüssen aus Ländern außerhalb von EU, EWR und der Schweiz. In einer Kenntnisprüfung müssen sie nachweisen, dass sie den gleichen Ausbildungsstand haben. „Wir prüfen das Basiswissen – auf dem Niveau, das man nach dem praktischen Jahr voraussetzen kann", erläutert Hoffart. Auf dem Programm stehen die Fächer Innere Medizin/Allgemeinmedizin, Chirurgie und Kinderheilkunde. Die Prüfung dauert etwa 60 Minuten. „Die Durchfallquote liegt bei 50 Prozent", sagt Hoffart.

Der Ärztemangel kann seiner Meinung nach kein Grund sein, die Anforderungen zu senken. Auch bei den Gleichwertigkeitsprüfungen wünscht sich Hoffart ein bundesweit einheitliches Vorgehen. Genau wie die Sprachprüfungen sind sie Ländersache. Neben Rheinland-Pfalz führen noch andere Landesärztekammern die Gleichwertigkeitsprüfung durch oder sind daran beteiligt – darunter Brandenburg, Bremen, Hamburg, Hessen, Niedersachsen, das Saarland, Sachsen-Anhalt und Schleswig-Holstein.

Mit der „Blue Card" ist es für Ärzte aus Nicht-EU-Ländern einfacher geworden, nach Deutschland zu kommen. Sie wurde im Juni 2011 eingeführt. Seitdem entfällt für bestimmte Mangelberufe wie Ärzte und Ingenieure die „Vorrangprüfung". Das bedeutet: Wenn ein Arbeitgeber einen Nicht-EU-Bürger einstellt, muss er nicht mehr nachweisen, dass er keinen Bewerber aus der EU gefunden hat. Die Blue Card hat auch den Zuzug von Ärzten aus Rumänien und Bulgarien erleichtert. Hier gilt noch keine Arbeitnehmerfreizügigkeit wie für andere EU-Mitgliedstaaten.

Die Ärzte sind eine Berufsgruppe, bei der schon heute eine globale Wanderungsbewegung zu beobachten ist. Während Mediziner aus Osteuropa oder Griechenland gern nach Deutschland kommen, kehren viele Ärzte Deutschland den Rücken. 2011 wanderten 3.410 ursprünglich in Deutschland tätige Ärzte ins Ausland ab. Der Anteil der deutschen Ärzte an dieser Gruppe betrug rund 69 Prozent. Beliebte Auswanderungsländer sind die Schweiz, Österreich, die USA sowie Großbritannien.

Die Wanderungsbewegung wirft ethische Fragen auf. Wirtschaftlich schwache und politisch instabile Länder stehen am Ende der Kette. Monika Varnhagen, Direktorin der Zentralen Auslands- und Fachvermittlung (ZAV) der Bundesagentur für Arbeit, ist dieses Problem bewusst. Der Grundsatz der ZAV: In den Herkunftsländern dürfen keine Engpässe entstehen. „Wir wollen nicht die abwerben, die in den Ländern gebraucht werden, sondern die, die in ihren Heimatländern derzeit keine Beschäftigungsperspektive haben", betont Varnhagen.

Durch die Wirtschaftskrise kommen vermehrt Fachkräfte aus Südeuropa nach Deutschland. Die ZAV veranstaltet regelmäßig Informationsveranstaltungen und Jobbörsen. Der Schwerpunkt liegt auf Spanien, Portugal und Griechenland. Die Unterstützung der Arbeitsverwaltungen in den jeweiligen Ländern sei intensiv, berichtet Varnhagen. Alle Beteiligten profitierten: Das deutsche Gesundheitswesen gewinne Fachkräfte, die ausländischen Ärzte hätten Arbeit, ihre Heimatländer sparten Sozialleistungen. Das größte Potenzial zur Gewinnung von Ärzten für Deutschland sieht die ZAV-Direktorin derzeit in Griechenland. Vor allem junge Ärzte hätten Interesse daran, hier ihre Facharztweiterbildung zu absolvieren, weil in ihrer Heimat nicht genügend Weiterbildungsstellen zur Verfügung stünden. Aus Spanien und Portugal werden nach ihrer Einschätzung in erster Linie Pflegekräfte kommen. Kliniken, die auf den Bewerberpool der ZAV zurückgreifen oder an Jobbörsen teilnehmen wollen, können sich Varnhagen zufolge an die örtliche Agentur für Arbeit wenden. Mit einem Mobilitätsförderprogramm kann die ZAV Kosten für Anreise und Sprachkurse von Bewerbern aus der EU erstatten.

Die meisten ausländischen Ärzte kommen derzeit ohne die ZAV nach Deutschland. Der Ärztemangel hat eine ganze Dienstleistungsbranche geschaffen. Mittlerweile gib es eine Vielzahl von Personalagenturen, die Ärzte in die Bundesrepublik vermitteln. „Das ist ein Markt, mit dem sich Geld verdienen lässt", weiß auch ZAV-Chefin Varnhagen zu berichten. Da müsse am Ende jede Klinik entscheiden, welchen Weg sie gehen wolle oder ob mehrere Maßnahmen parallel ergriffen werden.

Ausländische Ärzte könnten im Kampf gegen den Ärztemangel nur ein Teil der Lösung sein, meint Personalchef Schaum von der Katholischen Hospitalvereinigung Weser-Egge. „Wir haben eine ganze Reihe von Programmen aufgesetzt", sagt er. Der Hospitalverbund fungiert als Akademisches Lehrkrankenhaus der Universität Göttingen. Ins Leben gerufen wurden Stipendien für Medizinstudierende aus der Region. Die Zusammenarbeit mit den Hausärzten vor Ort ist eng. Ein Weiterbildungsverbund für Allgemeinmedizin wurde initiiert. „Wir versuchen natürlich auch, junge Leute aus der Gegend zu begeistern. Aber wir nehmen einfach realistisch zur Kenntnis, dass wir auf absehbare Zeit unseren Personalbedarf so nicht decken können."

Dass die Zahl ausländischer Mediziner in Deutschland weiter steigt, glaubt auch der Bad Driburger Gefäßchirug Sotirios Goulas. Das Interesse griechischer Ärzte sei groß. Dort arbeiteten Ärzte zum Teil Monate ohne Bezahlung. „Die Lage in Griechenland ist sehr schlecht. Gerade für die jungen Leute. Das ist wirklich eine verlorene Generation", betont Goulas.

Mittlerweile ist der Gefäßchirurg selbst in der Ärzte-Akquise tätig. Mit der Katholischen Hospitalvereinigung war er auf zwei Jobmessen der ZAV in Athen und Thessaloniki. Für Personalchef Schaum ein absoluter Gewinn: „Herr Goulas kann ganz anders auf mögliche Bewerber zugehen als wir." Goulas selbst sieht seine berufliche Zukunft in der Bundesrepublik. „Mein Ziel ist, dass Deutschland meine neue Heimat wird", sagt er. Es sei geplant, dass seine Frau bald nachkomme. Etwas Deutsch spricht sie schon. Goulas kann sich vorstellen, langfristig hier zu bleiben.

Berufsanerkennung

Die Berufsanerkennung für Ärzte ist Sache der Behörden. Zuständig sind meist die Bezirksregierungen oder die Landesämter für Gesundheit – je nach Bundesland. Grundlage für die Anerkennung ist die Bundesärzteordnung. In ihr sind auch die Vorgaben der EU-Berufsanerkennungsrichtlinie 2005/36/EG umgesetzt.

Seit April 2012 kann jeder Arzt die deutsche Approbation beantragen – unabhängig von seiner Staatsangehörigkeit und auch unabhängig davon, wo er seinen Abschluss erworben hat. Das war früher anders. Die deutsche Approbation erhielt in der Regel nur, wer aus der EU oder dem Europäischen Wirtschaftsraum (EWR) kam – oder aus einem Staat, dem vertraglich entsprechende Rechte eingeräumt wurden. Ärzte aus sogenannten Drittstaaten bekamen lediglich eine zeitlich befristete Berufserlaubnis.

Heute geht es nur noch um die Gleichwertigkeit des Ausbildungsstandes. Wer ein Examen aus EU/EWR oder der Schweiz hat, kann in der Regel mit einer automatischen Anerkennung rechnen. Abschlüsse aus anderen Staaten werden anerkannt, wenn die zuständige Behörde die Gleichwertigkeit festgestellt hat. Bestehen wesentliche Unterschiede muss der Arzt in einer Prüfung nachweisen, dass er einen gleichwertigen Kenntnisstand hat.

Jeder Arzt muss außerdem über ausreichende deutsche Sprachkenntnisse verfügen. Zum Nachweis wird in der Regel das Niveau B2 verlangt.

Anforderungen an die Kommunikationsfähigkeit ausländischer Ärzte in der Fremdsprache Deutsch und wie man sie überprüfen kann

Alicia Benke und Sonja Domes

1. Einleitung

In deutschen Krankenhäusern arbeiten derzeit ca. 30.000 ausländische Ärzte. In den letzten zehn Jahren hat sich ihre Zahl verdoppelt, die Tendenz ist weiterhin steigend. Im Jahr 2012 wurden laut Statistischem Bundesamt bundesweit 7.500 Anträge auf Anerkennung eines im Ausland erworbenen Berufsabschlusses bewilligt. Über 6.800 Anträge wurden von Angehörigen medizinischer Berufe eingereicht, darunter über 5.000 von Ärztinnen und Ärzten (vgl. Statistisches Bundesamt). Ursächlich für diese Entwicklung ist ein sich im medizinischen Bereich abzeichnender Fachkräftemangel, der durch mehrere Faktoren bestimmt wird. Im Vordergrund steht der demografische Wandel: Hier zeichnen sich vor allem zwei Tendenzen ab. Zum einen steigt in der alternden Gesellschaft der Bedarf an medizinischen Fachkräften. Diese Tatsache wird zusätzlich durch den Umstand erschwert, dass sinkende Zahlen beim ärztlichen Nachwuchs zu verzeichnen sind. Des Weiteren ist in den letzten Jahren eine vermehrte Abwanderung deutscher Ärzte in andere Länder zu beobachten. Während ihr Ziel Regionen sind, die bessere Arbeitsbedingungen und eine höhere Bezahlung aufweisen, zieht es Ärzte aus EU- und Nicht-EU-Ländern nach Deutschland. Der Großteil der zugewanderten Mediziner kommt aus Rumänien, Griechenland, Österreich und Polen, laut Bundesärztekammer (2014) steigt aber auch die Zahl der Zuwanderer aus Ungarn und Syrien sowie aus Bulgarien.

Ausländische Mediziner stehen hinsichtlich der Aufnahme einer beruflichen Tätigkeit in Deutschland vor zwei entscheidenden Fragen.

Erstens: Wird ihr im Ausland absolviertes Medizinstudium in Deutschland anerkannt? Und zweitens: Reichen ihre Deutschkenntnisse aus, um den Arztberuf in Deutschland ausüben zu können?

2. Erlangung der Berufszulassung

Zur Frage der Berufsanerkennung schreibt die deutsche Gesetzgebung vor, dass Arzt-Diplome aus Nicht-EU-Ländern zunächst einem Anerkennungsverfahren unterzogen werden müssen. Hierbei werden die medizinischen Ausbildungen in den Herkunftsländern von den zuständigen Behörden begutachtet und es wird geprüft, ob die jeweiligen Diplome als einem deutschen Abschluss gleichwertig einzustufen sind und ob eventuell vorhandene fachliche Defizite der medizinischen Ausbildung der ausländischen Ärzte durch einschlägige Berufserfahrung ausgeglichen wurden. Wird keine Gleichwertigkeit festgestellt, sind die Ärzte verpflichtet, eine Gleichwertigkeitsprüfung zu absolvieren. Im Rahmen dieser Prüfung müssen sie nachweisen, dass sie über gleichwertige medizinische Fachkenntnisse verfügen wie ihre Kollegen, die ihren medizinischen Abschluss an einer deutschen Hochschule erworben haben. Seit 1. Januar 2014 sind die Inhalte der Prüfung bundeseinheitlich festgelegt. Der Schwerpunkt liegt auf den klinischen Fächern Innere Medizin und Chirurgie. Zusätzlich werden die Fachgebiete Notfallmedizin, Klinische Pharmakologie, Bildgebende Verfahren, Strahlenschutz sowie Rechtsfragen der ärztlichen Berufsausübung geprüft. Wenn die zuständigen Behörden bei der Prüfung der Ausbildungsinhalte der Herkunftsländer zusätzlich zu den genannten Fachgebieten relevante Unterschiede zum deutschen Medizinstudium feststellen, sind sie berechtigt, einen individuellen Bereich festzulegen und diesen zusätzlich zu prüfen. Der Schwergrad dieser Kenntnisprüfung ist jedoch bisher noch nicht bundeseinheitlich geregelt. Vorgegeben ist lediglich, dass es sich um eine mündlich-praktische Prüfung handeln soll, die eine Patientenvorstellung beinhaltet. Die Prüfungsdauer ist auf sechzig bis neunzig Minuten angesetzt. Des Weiteren ist es in einigen Bundesländern üblich, den Antragstellern eine vorläufige Berufserlaubnis zu erteilen, die eine ärztliche Tätigkeit unter Aufsicht ermöglicht und somit die Prüfungsvorbereitung unterstützen soll. Zudem werden verschiedene Vorbereitungskurse von unterschiedlichen Institutionen angeboten (vgl. Marburger Bund).

Der Nachweis ausreichender Sprachkenntnisse für ausländische Mediziner wurde im Juni 2014 durch die Gesundheitsministerkonferenz der Länder bundesweit vereinheitlicht. Bis zu diesem Zeitpunkt galt es in den meisten Bundesländern als ausreichend, Kenntnisse auf dem Niveau B2 des *Gemeinsamen Europäischen Referenzrahmens* (GER) des Europarates nachzuweisen. Beim GER handelt es sich um ein sprachenübergreifendes Bezugssystem zur Einordnung allgemeiner Sprachkompetenzen. Die Kompetenzen sind hier in ein sechsgliedriges Niveaustufen-System eingeteilt. Es umfasst die Bereiche elementare Sprachverwendung (Niveaustufen A1 + A2), selbständige Sprachverwendung (Niveaustufen B1 + B2) sowie kompetente Sprachverwendung (Niveaustufen C1 + C2). Das Niveau C1 beschreibt beispielsweise die Sprachkenntnisse, die im deutschen Abitur (Leistungskurs) erreicht werden. Bislang wurden die Sprachkompetenzen der Niveaustufe B2 als ausreichend angesehen. So heißt es dort, dass eine Person, die das B2-Niveau beherrscht, sich spontan und fließend mit Muttersprachlern verständigen kann, oder in der Lage ist, sich zu einem breiten Themenspektrum klar und detailliert zu äußern, oder auch Vor- und Nachteile verschiedener Möglichkeiten angeben kann (vgl. Europarat 2001). In der Praxis zeigt sich jedoch, dass der Nachweis allein dieser (allgemein)sprachlichen Fertigkeiten in deutschen Krankenhäusern in vielen Fällen nicht ausreicht, um eine adäquate medizinische Betreuung der Patienten zu gewährleisten. Die Folgen reichen zum Beispiel von der Verunsicherung der Patienten über eine größere Arbeitsbelastung der ärztlichen Kollegen bis hin zu Fehldiagnosen und falschen Therapieentscheidungen. Welche spezifischen sprachlichen Fertigkeiten sind aber notwendig, um die Patienten angemessen und sicher zu versorgen?

3. Ärztliche Kommunikation

Um diese Frage zu beantworten, muss man sich zunächst vor Augen führen, welchen Stellenwert das Gespräch im ärztlichen Beruf einnimmt. Trotz der auch für die ärztliche Praxis immer wichtigeren technischen Möglichkeiten entfällt, je nach Fachgebiet, bis über die Hälfte der Arbeitszeit eines Arztes auf das Führen von Gesprächen. Alleine nach einem ausführlichen Anamnesegespräch können 70 Prozent aller Diagnosen korrekt gestellt werden (vgl. Schweickhardt/Fritzsche 2009). Diese Tatsache macht deutlich, dass Kommunikationsfähigkeit als ärztliche Schlüsselkompetenz angesehen werden muss. Dies vor allem im Hinblick auf eine zunehmende Entwicklung weg von einer Arzt-zentrierten hin zu einer Patienten-zentrierten Medizin, in der der Information der Patienten und ihrer Mitsprache zunehmend mehr Raum gegeben wird. Die Gespräche finden jedoch nicht nur mit Patienten und deren Angehörigen statt. Für einen reibungslosen Ablauf im Klinikalltag ist zusätzlich besonders auch eine effiziente Kommunikation mit den ärztlichen Kollegen, dem Pflegepersonal sowie Angehörigen weiterer Berufsgruppen wichtig. Zugewanderte Ärzte sind hier jedoch häufig mit der Tatsache konfrontiert, dass sich beispielsweise das Rollenverständnis der einzelnen Berufsgruppen, die Verteilung der Aufgaben und Kompetenzen sowie auch die Art und Weise des Umgangs mit Patienten in deutschen Kliniken stark von den Gepflogenheiten in ihren Herkunftsländern unterscheiden. Dies stellt sie zusätzlich vor die Herausforderung, die in Deutschland geltenden Regeln zu erlernen.

Obwohl die oben genannten Beschreibungen des B2-Niveaus des *Gemeinsamen Europäischen Referenzrahmens* implizieren, dass die dafür notwendige Kommunikationsfähigkeit vorhanden ist, zeigt die Realität in der ärztlichen Praxis, dass eine weitere spezifische sprachliche Kompetenz notwendig ist, um im ärztlichen Alltag zu bestehen – die Beherrschung der medizinische Fachsprache. Was genau ist hierunter zu verstehen?

4. Fachsprache

Grundsätzlich wird unter Fachsprache eine sprachliche Varietät verstanden, die die Funktion erfüllt, in bestimmten Sach- oder Tätigkeitsfeldern eine präzise und effektive Kommunikation zu ermöglichen. Im Allgemeinen zeichnen sich Fachsprachen durch besondere Merkmale sowohl auf Wort- und Satz-, wie auch auf Textebene aus.

Im Bereich der Wortebene ist in der medizinischen Fachsprache das Vorhandensein eines sehr großen Fachwortschatzes besonders auffallend. Zu diesem äußerte die Sprachwissenschaftlerin Helgard Lörcher schon in den Achtziger Jahren des vorangegangenen Jahrhunderts:

Nicht nur die Verständigung zwischen medizinisch nicht Vorgebildeten und Fachleuten ist schwierig geworden, sondern auch die Verständigung der Fachleute untereinander wirft wegen der Vielzahl unterschiedlicher Bezeichnungen und der explosionsartigen Zunahme medizinischen Wissens Probleme auf. Kritisiert werden in diesem Zusammenhang u. a. die Vielfältigkeit der Termini zur Bezeichnung desselben Sachverhaltes und die Zunahme klinikinterner Fachsprache [...] (vgl. Lörcher 1983: 22).

Diese Aussage stammt aus einer Zeit, in der sprachliche Verständigungsschwierigkeiten zugewanderter Ärzte noch wenig berücksichtigt wurde und bezieht sich daher auf die Schwierigkeiten muttersprachlicher Mediziner. Aber gerade dadurch zeigt sie auf, vor welch großer Herausforderung ausländische Mediziner stehen, wenn die Bewältigung der Fachsprache selbst für Muttersprachler eine Hürde darstellt. Dies lässt sich an einem Beispiel aus der klinikinternen Fachsprache verdeutlichen: Jede medizinische Einrichtung hat ihre eigenen Regeln, beispielsweise bezüglich der Anwendung von Medikamentenbezeichnungen. Wird zum Beispiel in einer Klinik ein bestimmtes Medikament mit seinem Produktnamen bezeichnet, wird es in einer anderen mit seinem Wirkstoff benannt, in einer dritten ist es eventuell aber üblich, eine Abkürzung zu benutzen. Ähnlich verhält es sich beispielsweise mit der Benennung medizinischer Geräte und Instrumente, medizinischer Abteilungen, des Klinikpersonals, klinikspezifischer Vorgänge und Abläufe, oder auch mit Bezeichnungen aus dem Laborbetrieb.

Doch nicht nur die vielfältigen Bezeichnungen stellen für die Mediziner eine Herausforderung dar. Auch die in der medizinischen wie
auch in anderen Fachsprachen häufig verwendeten komplexen und spezifischen Satzstrukturen erschweren Menschen nicht-deutscher Her-
kunftssprache das Verständnis. Ein weiteres kennzeichnendes Merkmal
von Fachsprache ist das Vorhandensein zahlreicher fachspezifischer
Textsorten (vgl. Bußmann 2008). Im Bereich der Medizin reichen diese
beispielsweise von der Medikamentenpackungsbeilage und dem Pati-
entenaufklärungsbogen über das medizinische Handbuch bis zur Kasu-
istik (Fallbeschreibung), der Patientendokumentation oder dem Arztbrief (vgl. Wiese 2000). Diese Textsorten unterliegen in ihrem Inhalt
und Aufbau jeweils Regeln und rechtlichen Vorschriften, die sich
einerseits von Nation zu Nation unterscheiden, jedoch auch zum Beispiel zwischen verschiedenen Kliniken Unterschiede aufweisen. Das
bedeutet zum einen, dass im Herkunftsland eines Arztes zum Beispiel
andere Vorschriften bezüglich der Dokumentation der Patientendaten
gelten als in Deutschland und zum anderen, dass innerhalb Deutschlands jede Klinik ihre eigene Form der Umsetzung hat. In der Praxis
heißt das für ausländische Ärzte, dass sie in der Lage sein müssen, die
in Deutschland geltenden rechtlichen Vorschriften zügig zu lernen und
umzusetzen, aber auch, sich im Umfeld eines neuen Arbeitsplatzes den
entsprechenden Gewohnheiten anzupassen.

Bei der Betrachtung medizinischer Fachsprache gibt es allerdings
noch weitere Aspekte, die Beachtung finden müssen. Zum einen ist dies
die Unterscheidung der Fachsprache nach verschiedenen medizinischen
Bereichen. So bedient sich die Orthopädie selbstverständlich einer anderen fachsprachlichen Varietät als zum Beispiel die Innere Medizin
oder die Augenheilkunde. Innerhalb der Fachsprachen ist jedoch noch
eine weitere Differenzierung zu beobachten. Diese bezieht sich auf den
Grad der Abstraktheit der Sprache und ist vom jeweiligen Adressaten
abhängig (vgl. Becker/Hundt 1998). Dieser Zusammenhang sei im folgenden Schaubild verdeutlicht:

Abbildung 3: Grad der Abstraktheit der Fachsprache in verschiedenen medizinischen Bereichen (vereinfachte Darstellung)

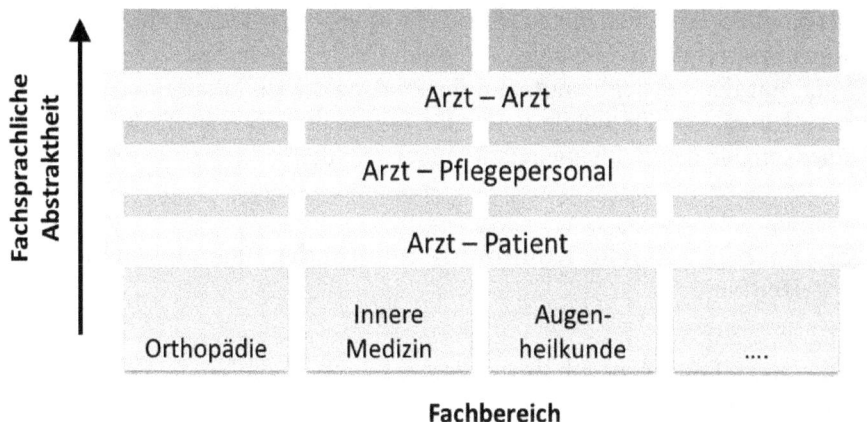

Fachsprachliche Abstraktheit

Arzt – Arzt

Arzt – Pflegepersonal

Arzt – Patient

| Orthopädie | Innere Medizin | Augen- heilkunde | .... |

Fachbereich

Quelle: eigene Darstellung in Anlehnung an Roelcke (2010)

Während auf der horizontalen Achse die Fachsprachen verschiedener medizinischer Bereiche beispielhaft dargestellt sind, ist auf der vertikalen Achse der ansteigende Grad fachsprachlicher Abstraktheit zu erkennen. Ein Arzt verwendet unterschiedliche fachsprachliche Varietäten, je nachdem welchem Fachbereich er angehört. Zusätzlich drückt er sich unterschiedlich aus, je nachdem mit welchem Gesprächspartner er kommuniziert. Dieser sogenannte Registerwechsel führt auf der Wortebene dazu, dass er beispielsweise seinem Kollegen bei der ärztlichen Übergabe von einem Patienten mit „Cholezystitis", „arterieller Hypertonie" und „Nikotinabusus" berichtet, während er im Gespräch mit demselben Patienten von „Gallenblasenentzündung", „Bluthochdruck" und „zu viel Rauchen" spricht. Die Unterschiede zeigen sich aber nicht nur in der Wortwahl, sondern in einer allgemein komplexeren sprachlichen Ausdrucksweise. Dieses Phänomen betrifft nicht nur die mündliche Kommunikation, vielmehr ist es auch in schriftlicher Fachsprache zu beobachten. Ein Patientenratgeber wäre auf der vertikalen Achse weiter unten angesiedelt, da er sich einer laiengerechten Sprache

bedient, als ein Lehrwerk für Mediziner, das auf einer hohen fachsprachlichen Ebene verfasst ist. Diese unterschiedlichen Register sind
allerdings nicht als deutlich abzugrenzende Stufen anzusehen, sondern
als Kontinuum zu betrachten, da sich beispielsweise auch medizinische
Laien, zum Beispiel abhängig von ihrem Bildungsstand oder der Inten-
sität, mit der sie sich bereits mit ihrem Krankheitsbild auseinanderge-
setzt haben, hinsichtlich ihres Verständnisses und der Verwendung von
Fachsprache deutlich voneinander unterscheiden.

5. Fachsprachliche Kommunikation in der Fremdsprache Deutsch

Die oben beschriebenen Besonderheiten des Kommunikationsfelds
Medizin zeigen auf, welch differenzierte Sprachkenntnis und Kommu-
nikationskompetenzen von ausländischen Medizinern in Deutschland
verlangt werden. Die Relevanz der ärztlichen Kommunikation, die
Vielfältigkeit der medizinischen Fachsprache sowie die Notwendigkeit
der adressatengerechten Ausdrucksweise verdeutlichen, dass ein allei-
niger Nachweis allgemeinsprachlicher Fertigkeiten auf dem B2-Niveau
des GER nicht ausreicht, um die vielfältigen spezifischen Kommunikationssituationen, die der ärztliche Beruf mit sich bringt, zu bewältigen
und somit eine angemessene Patientenversorgung zu garantieren. Somit
ist es unabdingbar, vor der Erteilung der Approbation, neben den allge-
meinsprachlichen Kompetenzen, die berufsspezifischen kommunikativen Fertigkeiten zu prüfen. Vor diesem Hintergrund legte die 87. Gesundheitsministerkonferenz der Länder (GMK) im Juni 2014 fest, dass
Ärzte über die nachgewiesenen Grundlagen des Niveaus B2 des
Gemeinsamen Europäischen Referenzrahmens hinaus über Fachspra-
chenkenntnisse im berufsspezifischen Kontext, orientiert am Sprachniveau C1, sowie über Kenntnisse der deutschen Sprache, die für eine
umfassende ärztliche Tätigkeit erforderlich sind, verfügen müssen. Wie
diese getestet werden können, soll im Folgenden erläutert werden.

6. Überprüfung fachsprachlich-kommunikativer Kompetenzen ausländischer Ärzte

Zur Überprüfung der berufsspezifischen fachsprachlich-kommunikativen Kompetenzen ist der Einsatz geeigneter Testverfahren, sog. Fachsprachentests, notwendig.

Grundsätzlich bedarf es bei der Entwicklung von Tests, die spezifische Fertigkeiten überprüfen, zunächst einer detaillierten Bedarfsanalyse. Das bedeutet, dass die geforderten sprachlichen und kommunikativen Kompetenzen, hier die spezifischen Kommunikationssituationen des ärztlichen Alltags, genau analysiert werden müssen. Nach den hierbei herausgearbeiteten Sprachbedarfen orientiert sich dann die Entwicklung des Testformats und die Konstruktion der konkreten Testaufgaben. Ziel jedes Tests ist es, von der sprachlichen Leistung, dem sprachlichen Verhalten in der Prüfungssituation Prognosen hinsichtlich der Leistung in der Realsituation zu treffen (vgl. Bachman/Palmer 2009). Wenn ein Prüfungsteilnehmer also in der Lage ist, die Kommunikationssituationen in der Prüfung zu bewältigen, ist davon auszugehen, dass er auch die entsprechenden realen Situationen seines beruflichen Alltags meistern kann. Für die Konstruktion eines Tests für Ärzte bedeutet dies, dass dieser Merkmale der Realsituationen des ärztlichen Berufsalltags abbilden muss.

Welche der unzähligen Kommunikationssituationen des ärztlichen Berufsalltags sind nun von Bedeutung? Die Gesundheitsministerkonferenz fordert in ihren Beschlüssen vom Juni 2014, dass die Antragstellenden "[...] ihre Patientinnen und Patienten inhaltlich ohne wesentliche Rückfragen verstehen und sich insbesondere so spontan und fließend verständigen können, dass sie in der Lage sind, sorgfältig die Anamnese zu erheben, Patientinnen und Patienten sowie deren Angehörige über erhobene Befunde sowie eine festgestellte Erkrankung zu informieren, die verschiedenen Aspekte des weiteren Verlaufs darzustellen und Vor- und Nachteile einer geplanten Maßnahme sowie verschiedener Behandlungsmöglichkeiten erklären zu können, ohne öfter deutlich erkennbar nach Worten suchen zu müssen [...]."

Des Weiteren wird verlangt, dass sich nicht muttersprachliche Ärzte in der Zusammenarbeit mit medizinischen Kolleginnen und Kollegen

so klar und detailliert ausdrücken können, dass Missverständnisse, die
zu Fehldiagnosen oder falschen Therapieentscheidungen führen könnten, ausgeschlossen sind. Darüber hinaus wird auch eine Beherrschung
der deutschen Schriftsprache erwartet, um eine angemessene Führung
von Krankenunterlagen und ein korrektes Ausstellen ärztlicher Be-
scheinigungen zu gewährleisten.

Die GMK legt zudem folgende Kommunikationssituationen zum
Nachweis der geforderten Kompetenzen fest, die durch entsprechende
Tests überprüft werden sollen: ein "[...] Berufsangehöriger-Patienten-
Gespräch [...] ein Gespräch mit einem Angehörigen derselben
Berufsgruppe [sowie] das Anfertigen eines in der ärztlichen [...] Berufs-
ausübung üblicherweise vorkommenden Schriftstückes (z. B. Kurz-
Arztbrief)[...]." (Gesundheitsministerkonferenz der Länder 2014).

Im Folgenden sollen die geforderten Kommunikationssituationen
anhand von ausgewählten Beispielen der mündlichen und schriftlichen
Kommunikation des medizinischen Berufsfeldes dargestellt werden. Zu
den relevanten Gesprächssituationen zählen unter anderem das Anamnesegespräch, die Patientenvorstellung sowie die Patientenaufklärung.
Im Bereich der schriftlichen Kommunikation stellt der Arztbrief eine
häufig vorkommende Kommunikationsform des Klinikalltags dar. In
diesem Zusammenhang werden zudem die fachsprachlich-kommunikativen Kompetenzen aufgezeigt, über die Ärzte verfügen müssen, um
entsprechende Kommunikationssituationen bewältigen zu können.

Beim Anamnesegespräch geht es um die Erhebung der Krankenge-
schichte. Das Arzt-Patienten-Gespräch bildet die Basis für die weitere
Behandlung, da es den ersten Kontakt zwischen einem Arzt und seinem
Patienten darstellt. Das Anamnesegespräch gliedert sich in folgende
Phasen: Gesprächsbeginn, Anamneseerhebung und Gesprächsende. Zu
Gesprächsbeginn erfolgt neben der Begrüßung des Patienten eine Ab-
sprache über die Gesprächsziele sowie die Angabe der zeitlichen Rah-
menbedingungen. Zudem findet hier die Beziehungsgestaltung statt.
Den Kern des Anamnesegesprächs bildet die Anamneseerhebung.
Diese zeichnet sich durch einen darstellungsorientierten und einen fra-
georientierten Abschnitt aus. Im darstellungsorientierten Abschnitt
schildert der Patient sein aktuelles Anliegen unter Beschreibung des

akuten Leidens sowie der gegenwärtigen Lebenssituation. Der frageorientierte Abschnitt dient der konkreten Befunderhebung. Hier erfragt der Arzt gezielt Informationen zum Beschwerdebild, zu Vorerkrankungen sowie zur Medikamenteneinnahme. Schließlich erfolgen in der Phase des Gesprächsabschlusses Angaben zu weiteren geplanten Behandlungsschritten. Zudem hat der Patient hier die Möglichkeit der Nachfrage (vgl. Becker-Mrotzek, Brüner 2004; Schweickhardt, Fritzsche 2009). Das Anamnesegespräch ist als Fachtextsorte dadurch gekennzeichnet, dass es sich um eine Experten-Laien-Kommunikation handelt. Im Hinblick auf die geforderten sprachlichen Kompetenzen eines Arztes bedeutet dies, dass er (a) in der Lage sein muss, die Ausführungen des Patienten zu verstehen, (b) darauf angemessen zu reagieren und (c) gezielt nachzufragen, denn die zu erfragende Information ist genau festgelegt. Zudem ist es wichtig, dass ein Arzt medizinische Sachverhalte in patientengerechter Sprache erläutern kann.

Die Patientenvorstellung stellt eine weitere spezifische Kommunikationssituation des ärztlichen Berufs dar, deren Beherrschung für den beruflichen Alltag relevant ist. In der Patientenvorstellung stellt ein Arzt seinem Vorgesetzten einen Patientenfall. Hierzu gibt er die wichtigsten Informationen aus einer zuvor erhobenen Anamnese wieder. Zudem erfolgt hier die Besprechung des geplanten Behandlungsverfahrens. In der Patientenvorstellung findet ein Gespräch zwischen Experten statt, das bestimmte sprachlich-kognitive Kompetenzen erfordert. Ein Arzt muss unter anderem die Fähigkeit besitzen, eine Krankengeschichte zusammengefasst und strukturiert wiederzugeben. Dies sollte idealerweise in einem hohen fachsprachlichen Register stattfinden (s. o.).

Eine weitere berufsspezifische Kommunikationssituation ist das Aufklärungsgespräch. Dieses findet vor therapeutischen oder diagnostischen Eingriffen statt, z. B. vor offenen und endoskopischen Operationen oder invasiven Untersuchungsmethoden. Aufklärungsgespräche sind gesetzlich vorgeschrieben. Das bedeutet, dass Ärzte einer Aufklärungspflicht unterliegen. Zudem muss nach einem erfolgten Aufklärungsgespräch die Einwilligung des Patienten schriftlich festgehalten werden. Im Aufklärungsgespräch informiert der Arzt seinen Patienten anhand eines Aufklärungsbogens über einen bevorstehenden Eingriff (vgl. Schweickhardt, Fritzsche 2009).

Zu den Inhalten eines Aufklärungsgesprächs zählen unter anderem die Darstellung der geplanten Maßnahme sowie das Aufzeigen der alternativen Behandlungsmethoden. Außerdem muss ein Arzt seinen Patienten über die Vor- und Nachteile des Eingriffs aufklären und mögliche Risiken und Komplikationen, die im Zusammenhang der Maßnahme auftreten können, erläutern.

Zur Bewältigung dieser Gesprächssituation sind in hohem Maße kommunikative Fertigkeiten gefordert. Ein Arzt muss in der Lage sein, die Informationen des Aufklärungsbogens zu verstehen. Da es sich beim Aufklärungsgespräch um eine Experten-Laien-Kommunikation handelt, sollte er auf die patientengerechte Weitergabe der Informationen achten. Zudem muss ein Arzt die Fragen des Patienten verstehen und auf diese eingehen.

Die ärztliche Tätigkeit umfasst außerdem zahlreiche Formen der schriftlichen Dokumentation. Hierzu zählen unter anderem die Dokumentation der Patientendaten, das Ausstellen von Rezepten oder das Verfassen von Arztbriefen. Im Folgenden soll der Arztbrief als eine der zentralen Dokumentationsarten beschrieben werden.

Ein Arztbrief wird in der Regel bei Entlassung oder Überweisung eines Patienten an einen Fachkollegen oder den behandelnden Hausarzt verfasst und dient der Informationsweitergabe zu einem bestimmten Patientenfall. Zu den Inhalten zählen unter anderem Angaben über erhobene Befunde sowie Angaben zu Diagnosen, zum Verlauf und zur Therapie. Außerdem werden in einem Arztbrief Empfehlungen zur Weiterbehandlung des Patienten ausgesprochen (vgl. Wiese 2000). Zur Abfassung von Arztbriefen sind hohe schriftsprachliche Kompetenzen erforderlich: Zunächst müssen Ärzte Kenntnisse über die Konventionen der Textsorte Arztbrief haben, um adäquate Schreiben verfassen zu können. Sie müssen dabei in der Lage sein, Informationen strukturiert in schriftlicher Form wiederzugeben. Da es sich um eine Kommunikation zwischen Experten handelt, ist hier ebenfalls ein hohes fachsprachliches Register gefordert.

Aus den hier angeführten Punkten lassen sich die folgenden Kompetenzen zusammenfassen, die für die Bewältigung der berufsspezifischen ärztlichen Kommunikationssituationen relevant sind und die bei der Erstellung spezifischer Sprachtests Berücksichtigung finden sollten:

- Die Fähigkeit, mündlich vorgetragene Informationen richtig zu verstehen und entsprechend zu dokumentieren;

- die Fähigkeit, angemessen auf Fragen, Anmerkungen und Kommentare des Gesprächspartners zu reagieren;

- die Fähigkeit zur sprachlichen Variation, orientiert am Gesprächspartner (Register);

- die Fähigkeit der strukturierten Informationsweitergabe sowohl in mündlicher als auch in schriftlicher Form;

- die Fähigkeit, einen komplexen schriftsprachlichen Sachverhalt in adressatengerechter mündlicher Sprache zu erläutern, sowie

- berufsspezifische schriftsprachliche Kompetenzen.

Ein Beispiel für eine spezifische Sprachprüfung, die versucht, die beschriebenen Kompetenzen abzubilden, ist der Patientenkommunikationstest der Freiburg International Academy (FIA) am Universitätsklinikum Freiburg.

Es handelt sich hierbei um eine Fachsprachenprüfung für ausländische Ärztinnen und Ärzte, die seit dem Jahr 2011 in den Bundesländern Baden-Württemberg, Hessen, Rheinland-Pfalz und Thüringen abgenommen wird. In einer interdisziplinären Zusammenarbeit zwischen dem Fachbereich Medizin der FIA und dem Fachbereich Sprachwissenschaft der Pädagogischen Hochschule Freiburg erfolgt seit 2013 eine Weiterentwicklung des ursprünglichen Testformats.

Das aktuelle Format, das seit Oktober 2014 zur Anwendung kommt, besteht aus vier Prüfungsteilen. In diesen werden die mündlichen und schriftlichen berufsspezifischen kommunikativen Kompetenzen und fachsprachlichen Fertigkeiten getestet. Der schriftliche Teil, eine Gruppenprüfung, besteht aus den Subtests (1) Hörverstehen (Anamnesegespräch) und (2) Schreiben (Kurzarztbrief). Der mündliche Teil der Prüfung, ein Individualtest, umfasst die Subtests (3) Patientenvorstellung und (4) Patientenaufklärung.

Besonders hervorzuheben ist in diesem Fall die interdisziplinäre Zusammenarbeit der Fachbereiche Sprachwissenschaft und Medizin, so dass der Patientenkommunikationstest ein ganzheitliches Prüfungskonzept darstellt, das zum einen allgemein- und fachsprachliche Aspekte prüft und zum anderen berufsspezifische Aspekte des Fachbereichs Medizin mit einbezieht und dabei außerdem allgemeingültigen Gütekriterien von Sprachtests gerecht wird.

7. Fazit

Der Beruf des Mediziners ist – wie aufgezeigt – mit einem hohen Anspruch an die sprachlichen Kompetenzen und kommunikativen Fertigkeiten der Ärzte verbunden. Zum einen ist eine reibungslose Kommunikation eine der Voraussetzungen jeglicher medizinischen Diagnose und Therapie, zum anderen kann ihre korrekte Anwendung im ärztlichen Alltag, in dem oftmals schnell gehandelt werden muss, lebensentscheidend sein. Durch die wichtige Rolle, die Kommunikation im Medizinerberuf einnimmt, ist es wesentlich, bei der Ausbildung (ausländischer) Ärzte besonderes Augenmerk auf die diesbezüglichen Kompetenzen zu legen. Eine weitere besondere Herausforderung für Mediziner aus dem Ausland stellt die Anwendung der medizinischen Fachsprache in ihren unterschiedlichen situationsabhängigen Facetten dar. Dies wird noch erschwert durch das Vorhandensein vielfältiger klinikinterner Fachjargons und sich unterscheidender Vorgänge und Abläufe. Es ist davon auszugehen, dass die eingangs genannte Zahl von zurzeit in Deutschland tätigen 30.000 Ärzten aus dem Ausland weiter ansteigen wird. Insofern ist es unabdingbar, zusätzlich zur Überprüfung der fachlichen medizinischen Kompetenzen die sprachlichen Fertigkeiten, die für die Ausübung des Arztberufs notwendig sind, mit spezifischen Sprachtests bundeseinheitlich zu überprüfen. Dies ist eine grundlegende Voraussetzung für eine flächendeckende Qualitätssicherung der Patientenversorgung in Deutschland im ärztlichen Berufszweig und somit für die langfristige Gewährleistung der Patientensicherheit und -zufriedenheit.

Literatur

BACHMAN, Lyle F./ PALMER, S. Adrian (2009): Language Testing in Practice: Designing and Developing Useful Language Tests. Oxford University Press

BECKER-MROTZEK, Michael; BRÜNNER, Gisela (2004): Analyse und Vermittlung von Gesprächskompetenz. Frankfurt am Main, Oxford: P. Lang (Forum Angewandte Linguistik, Bd. 43)

BECKER, Andrea/HUNDT, Markus (1998): Die Fachsprache in der einzelsprachlichen Differenzierung. In: HOFFMANN, Lothar/KALVERKÄMPER, Hartwig/WIEGAND, Herbert E. (Hg.): Fachsprachen. Ein internationales Handbuch zur Fachsprachenforschung und Terminologiewissenschaft. Berlin/New York: De Gruyter, S. 118–133.

BUNDESÄRZTEKAMMER (2014): Ausländische Ärztinnen und Ärzte. Online verfügbar unter: http://www.bundesaerztekammer.de/page.asp?his=0.3. 12002.12011 (19.8.2014).

BUßMANN, Hadumod (Hrsg.) (2008): Lexikon der Sprachwissenschaft. 4. Auflage, Stuttgart: Kröner.

EUROPARAT (Hrsg.) (2001): Gemeinsamer Europäischer Referenzrahmen für Sprachen. Lernen, lehren, beurteilen. Berlin: Langenscheidt.

GESUNDHEITSMINISTERKONFERENZ DER LÄNDER (2014): Eckpunkte zur Überprüfung der für die Berufsausübung erforderlichen Deutschkenntnisse in den akademischen Heilberufen. Online verfügbar unter: https://www.gmkonline.de/documents/TOP73BerichtP_Oeffentl_Bereich. pdf (15.10.2014).

LÖRCHER, Helgard (1983): Gesprächsanalytische Untersuchungen zur Arzt-Patienten-Kommunikation. Tübingen: Niemeyer.

MARBURGER BUND (o. J.): FAQs. Ausländische Ärzte. Online verfügbar unter.
https://www.marburger-bund.de/projekte/auslaendische-aerzte-foreign-
physicians/deutsch (19.8.2014).

ROELCKE, Thorsten (2010): Fachsprachen. 3. Auflage, Berlin: Erich Schmidt
Verlag.

SCHWEICKHARDT, Axel/FRITZSCHE, Kurt (2009): Kursbuch ärztliche Kommunikation. Grundlagen und Fallbeispiele aus Klinik und Praxis. Köln: Deutscher Ärzte-Verlag.

STATISTISCHES BUNDESAMT (o. J.): Anerkennung ausländischer Berufsqualifikationen. Online verfügbar unter: https://www.destatis.de/DE/ZahlenFak-
ten/GesellschaftStaat/BildungForschungKultur/BeruflicheBildung/Tabell
en/BQFG_Entscheidung.html (19.8.2014).

WIESE, Ingrid (2000): Textsorten des Bereichs Medizin und Gesundheit. In:
BRINKER, Klaus et al. (Hrsg.): Text- und Gesprächslinguistik. Berlin: Walter de Gruyter, 710–718.

Aus Brain Drain wird Brain Gain – Neue Chancen der Fachkräftemigration für Abgabe- und Aufnahmeländer[1]

Uwe Hunger und Menderes Candan

1. Fachkräftemigration – Ansätze einer Neubewertung

Migration nach Deutschland ist aus demografischen und arbeitsmarkt-politischen Gründen notwendig. Schon heute ist in einigen Branchen ein erheblicher Arbeitskräftemangel spürbar. Insbesondere mittelständische Unternehmen haben große Schwierigkeiten ihre Arbeitsplätze mit ausreichend qualifizierten Arbeitskräften zu besetzen. Die Prognos AG rechnet bis zum Jahr 2030 insgesamt mit mehr als 2,1 Millionen fehlenden Arbeitskräften mit Hochschulabschluss allein im deutschen Dienstleistungssektor (vgl. Prognos AG; Vereinigung der Bayerischen Wirtschaft 2011), was die wirtschaftliche Entwicklungsfähigkeit der Bundesrepublik Deutschland stark gefährdet. Aus Sicht der ehemaligen Bundesarbeitsministerin Ursula von der Leyen ist der Fachkräftemangel sogar „die stärkste Bedrohung für Wohlstand und Wirtschaft auf mittlere Sicht" (Zeit Online 2011).

Politik und Wirtschaft haben in den letzten Jahren daher eine Reihe von Maßnahmen ergriffen, um dem drohenden Fachkräftemangel zu begegnen. Dabei handelt es sich um eine Kombination aus Maßnahmen, um die sogenannten heimischen Potentiale besser für den Arbeitsmarkt zu nutzen, also z. B. die Erwerbsquote von Frauen durch die bessere

---

[1] Bei dem vorliegenden Beitrag handelt es sich zum Teil um eine überarbeitete Fassung eines englischsprachigen Textes zum Thema „Brain Drain und Brain Gain", der auf der Onlineplattform „Migration – Citizenship – Education" des „Network Migration in Europe e.V." erschienen ist. Online unter: http://www. migrationeducation.org/57.1.html?&rid=231&cHash=1b48582fa51c7dd0a20b9715f95acc8b.

Vereinbarkeit von Familie und Beruf zu erhöhen oder gering Qualifizierte besser zu fördern und sie für den Arbeitsmarkt fit zu machen, und
Maßnahmen zur Attrahierung von Arbeitskräften aus dem Ausland.
Hierzu gehört die Erleichterung der Zuzugsbestimmungen für ausländische Arbeitskräfte ebenso wie die erleichterte Anerkennung ausländischer Berufsabschlüsse. Zudem wurde der Versuch gestartet, eine sogenannte Willkommenskultur in Deutschland zu etablieren, um den
Zuwandernden die Eingewöhnung in Deutschland zu erleichtern. Den
Startschuss für diese Entwicklung gab es bereits im Jahr 2000, als die
sog. „Green-Card-Verordnung" in Kraft trat, mit der zum ersten Mal
ausländische Hochqualifizierte gezielt für den deutschen Arbeitsmarkt,
hier insbesondere im IT-Bereich, angeworben werden sollten (vgl. Kolb
2003). Schon damals hat man jedoch gesehen, dass dies nicht ohne Weiteres gelingen muss, da um die Gruppe der Hochqualifizierten weltweit
ein harter Wettbewerb herrscht (der sog. „Kampf um die besten Köpfe",
oder etwas martialischer formuliert: „The War for Talents"). Damals
war es die Absicht, insbesondere IT-Fachkräfte aus Indien für den deutschen Arbeitsmarkt zu gewinnen, die jedoch nicht in so großer Zahl
nach Deutschland kamen, wie man es sich erhofft hatte. Seither hat man
eine Vielzahl von Reformen eingeführt (Liberalisierung der Aufent-
haltsregelungen, Erleichterung von Familiennachzug etc.), um
Deutschland attraktiv für ausländische Hochqualifizierte zu machen.

Dabei gab es auch eine intensive Debatte darüber, welche Auswirkungen dies auf die Herkunftsländer der Hochqualifizierten hat. Denn
schließlich kamen und kommen viele der umworbenen hochqualifizierten Zuwanderer aus weniger entwickelten Ländern, wie etwa aus Indien, das zwar inzwischen ein Schwellenland ist, aber von dem man
annehmen könnte, dass es seine Hochqualifizierten selbst für seine wirtschaftliche Entwicklung gut gebrauchen könnte. Lange Zeit hat man
daher auch bewusst davon abgesehen, hochqualifizierte Arbeitskräfte
aus diesen weniger entwickelten Ländern abzuwerben, um deren Ent-
wicklungsprozess nicht zu gefährden. Deswegen durften z.B. auch ausländische Studierende in Deutschland lange Zeit nach Abschluss ihres
Studiums nicht bleiben, sondern mussten in ihre Heimatländer zurückkehren. Wie der vorliegende Aufsatz zeigen will, hat sich die Wahrneh-

mung der Auswirkungen der internationalen Migration von Hochqualifizierten für die Herkunftsländer in den letzten Jahren jedoch deutlich
verändert. Galt es bis vor wenigen Jahren noch als sicher (und zwar
sowohl aus Sicht der Migrations- als auch aus Sicht der Entwicklungs-
forschung), dass durch den Verlust der ‚besten Köpfe' („Brain Drain")
die Innovationsfähigkeit der heimischen Wirtschaft und damit die wirtschaftliche Dynamik des Landes insgesamt leiden würde, so hat sich
diese Lehrmeinung seit Beginn des 21. Jahrhunderts deutlich verändert.
Viele Studien haben seitdem gezeigt, dass die Entwicklungsländer langfristig durchaus von der Auswanderung profitieren können. Denn haben
sich die Eliten im Ausland erst einmal etabliert und gute Positionen auf
dem Arbeitsmarkt erreicht, können sie ihre gewonnenen Erfahrungen,
ihr erwirtschaftetes Kapital und ihre Kontakte – bei den passenden Voraussetzungen – wieder gewinnbringend für ihr Herkunftsland einbringen, möglicherweise sehr viel effektiver, als wenn sie nie ausgewandert
wären. Man spricht daher davon, dass sich der anfängliche Brain Drain
langfristig in einen „Brain Gain" (also einen Gewinn für das Abgabe-
land) verwandeln kann (vgl. Hunger 2000; Van Hear 2003; Thränhardt
2005).

2. Das Beispiel Indien

Ausgerechnet die Entwicklung Indiens vom Entwicklungsland zu einer
internationalen Wirtschaftsmacht gilt als Paradebeispiel für diese Entwicklung und auch die einst von Deutschland angeworbenen IT-Fachkräfte aus Indien spielen dabei eine bedeutsame Rolle. Galt Indien lange
Zeit als das Land, das weltweit am stärksten vom Brain Drain, also der
Abwanderung eines großen Teils der Elite des Landes, betroffen war,
so ist es heute eines der Beispielländer für einen Brain Gain: Über Jahrzehnte wanderten jährlich viele Tausend Studierende und gut ausgebildete Fachkräfte aus Indien nach Nordamerika und Europa aus, insbesondere in die USA und Großbritannien. Man nahm an, dass diese
Auswanderer aufgrund der desolaten Lage des Landes nicht wieder

nach Indien zurückkehren würden und infolgedessen für die Entwicklung des Landes verloren seien. Viele von ihnen kehrten jedoch wieder zurück und wirkten entscheidend bei dem Wirtschaftsaufschwung des Landes mit. Grund hierfür war die Öffnung des Landes zu Beginn der 1990er Jahre, als Indien vor der Zahlungsunfähigkeit stand und sich auf Druck des Internationalen Währungsfonds und der Weltbank zu tiefgreifenden wirtschaftlichen Reformen verpflichtete, seine Wirtschaft für Kapital aus dem Ausland öffnete und nach Auslandsinvestitionen Ausschau hielt. Viele erfolgreich im Ausland tätige Menschen indischer Abstammung („Non-resident Indians" und „People of Indian Origin"), sei es in der IT-Branche oder in anderen Bereichen, nutzten diese Gelegenheit und investierten ihr Geld in Indien, nachdem sie sich erfolgreich in ihren neuen Aufnahmeländern etabliert und beachtlichen wirtschaftlichen Erfolg erreicht hatten. Sie nutzten dabei die Kenntnisse über ihr Herkunftsland, das nötige wirtschaftliche Rüstzeug hatten sie zudem im Ausland erworben. Sie waren von den Erfolgsaussichten ihres Herkunftslands überzeugt, da Indien zum einen über die für Entwicklungsländer typisch geringen Lohnkosten und zum anderen über gut ausgebildete Fachkräfte verfügte, die aufgrund ihrer guten Ausbildung ja auch auf dem internationalen Arbeitsmarkt wettbewerbsfähig waren, nur häufig keine adäquaten Arbeitsplätze im Inland fanden. Die zurückkehrenden Auswanderer spielten dabei, wie sich in den nächsten Jahren herausstellte, eine Schlüsselrolle beim Aufstieg Indiens zu einer internationalen Wirtschaftsmacht.

Eine besondere Rolle nahm dabei die IT-Wirtschaft ein. Galt das Land über Jahrzehnte als hoffnungslos abgehängt vom technischen und wirtschaftlichen Fortschritt, so sieht sich Indien heute als eine der führenden Weltwirtschaftsmächte und insbesondere im Softwarebereich als treibende Kraft des Fortschritts. Eine Studie zu Beginn des Aufschwungprozesses in den frühen 2000er Jahren hat dabei gezeigt, dass fast die Hälfte der in Indien tätigen IT-Unternehmen von ehemaligen Auswanderern (vor allem aus den USA) gegründet bzw. von ihnen geleitet wurden (vgl. Hunger 2004). Diese (ehemaligen) Auswanderer nutzen ihre Kenntnisse des indischen Marktes und ihre Kontakte in den USA, um Aufträge zu akquirieren, die sie dann kostengünstig in den

Niederlassungen in Indien abwickeln konnten. Auch viele multinationale Großkonzerne der Branche haben bereits Teile ihrer Softwareproduktion nach Indien verlagert, um dort von der großen Zahl hoch qualifizierter Softwarespezialisten und den für ein Entwicklungs- bzw. Schwellenland typisch günstigen Lohnkosten zu profitieren.

Die indische Regierung hat diesen Trend früh erkannt und versucht, ihn mit geeigneten Mitteln zu unterstützen. So wurde im Jahr 2004 ein spezielles Ministerium gegründet, das sich ausschließlich um die ins Ausland ausgewanderten Inder in aller Welt kümmern soll, das "Ministry of Overseas Indian Affairs" (MOIA). Die Aufgabe des Ministeriums ist es, Kontakte zu den Auslandsindern herzustellen und Partnerschaften mit dem Ausland aufzubauen (MOIA 2014). Hierzu wurden eine Reihe von Maßnahmen eingeführt und Vergünstigungen für die Non-resident Indians und People of Indian Origin in aller Welt geschaffen. Hierzu zählt etwa die Möglichkeit, frei nach Indien in- und auszureisen, ohne Einschränkungen Eigentum zu erwerben und Vergünstigungen bei Investitionen in Anspruch zu nehmen. Zudem gibt es auch spezielle Stipendienprogramme für Kinder der Non-resident Indians an indischen Universitäten, um nur einige Beispiele zu nennen (vgl. hierzu Naujoks 2013).

Auswanderer aus anderen Branchen sind inzwischen dem Beispiel der indischen IT-Unternehmer gefolgt und sind ebenfalls nach Indien zurückgekehrt.[2] Eine wichtige Branche stellt dabei z. B. die Gesundheitswirtschaft dar. So sind neben IT-Spezialisten auch viele Ärzte nach Indien zurückgekehrt und haben beim Aufbau eines tragfähigen Gesundheitswesens in Indien mitgeholfen, sei es als ehrenamtliche Helfer und Spender oder als Unternehmer, die Privatkliniken in Indien aufbauen. In diesem Zusammenhang ist auch die Biotechnologie zu erwähnen, die ähnlich wie die IT-Wirtschaft sehr stark von Auswanderern in den USA nach vorne gebracht wird. Viele der weltweit führenden indischen Biotechnologieunternehmen wurden analog zur IT-Wirtschaft

---

[2] Dabei kann die Rückkehr auch nur zeitweise erfolgen oder die Migranten bleiben sogar ganz in ihrem Auswanderungsland und kommen nur zu Geschäftsabschlüssen in ihr Herkunftsland zurück. Teilweise leben die „Rückkehrer" auch abwechselnd in beiden Ländern.

von ehemaligen Auswanderern gegründet. Zudem spenden und überweisen ausgewanderte Inder jedes Jahr viele Milliarden von Dollar zurück in ihr Herkunftsland. Im Jahr 2013 waren es 70 Mrd. (World Bank 2014), die von ehemaligen Auswanderern nach Indien überwiesen wurden.[3]

3. Vielfalt der Wechselbeziehungen zwischen Abgabe- und Aufnahmeländern

Diese Entwicklung vom Brain Drain zum Brain Gain in Indien ist kein Einzelfall. Ähnliche Entwicklungen konnten in den letzten Jahren auch in anderen (Entwicklungs-)Ländern beobachtet werden, die ebenfalls lange Jahre von Brain Drain betroffen waren und nun versuchen, ihre Auslandseliten zurückzugewinnen und von ihrem Know-how und erworbenen Kapital zu profitieren. Weitere wichtige Fälle in Asien sind etwa China, Taiwan und Vietnam, wo ebenfalls viele ehemalige Auswanderer zurückgekehrt sind und beim Aufbau ihres Herkunftslandes eine wichtige Rolle gespielt haben, nachdem sie Jahre und Jahrzehnte zuvor in die sog. Erste Welt (vor allem in die USA) ausgewandert waren. So wird z. B. in China geschätzt, dass mehr als die Hälfte aller Auslandsinvestitionen im Land von den sog. Overseas Chinese getätigt wurden (vgl. Zhu 2007). Gleiches gilt auch für Taiwan, wo z. B. die Hardwareindustrie, eine Schlüsselbranche der taiwanesischen Wirtschaft, entscheidend durch Auslandstaiwanesen aufgebaut wurde, ganz ähnlich wie die Softwareindustrie in Indien (vgl. Saxenian 2001). Auch in Vietnam ist der gegenwärtige Aufschwung eng mit der Rückkehr und den Rücküberweisungen von Auslandsvietnamesen verbunden (vgl.

---

[3] Insgesamt wurden im Jahr 2013 über 404 Mrd. US-Dollar aus aller Welt zurück in Entwicklungsländer überwiesen (World Bank 2014). Dies entspricht der dreifachen Summe der internationalen öffentlichen Entwicklungshilfegelder, die in diesem Jahr insgesamt geflossen sind. Diese betrugen 134,8 Milliarden US-Dollar (OECD 2014). China war dabei der zweitgrößte Empfänger von Rücküberweisungen, hinter Indien. In vielen Ländern sind die Rücküberweisungen die wichtigste Deviseneinnahmequelle und machen einen großen Prozentsatz des Bruttosozialproduktes aus.

Sidel 2007). In anderen Erdteilen von Lateinamerika bis Afrika lassen sich ähnliche Ansätze eines Brain Gain beobachten.

Viele in der Entwicklungszusammenarbeit tätige Organisationen, wie die Vereinten Nationen (UN), die Afrikanische Union (AU) und auch die European Union (EU) haben dieses Phänomen bereits erkannt und entsprechende Programme zur Unterstützung des Brain Gains entwickelt. So organisiert die UN jedes Jahr das sog. "Global Forum on Migration and Development" (GFMD), in dem wichtige Akteure von Politik, Zivilgesellschaft und Wirtschaft zusammenkommen, um die internationale Arbeitskräftemigration im Sinne der Entwicklung von ärmeren Ländern zu gestalten. Die AU hat zusammen mit der EU das Programm "Africa and Europe in Partnership" initiiert, um Migration und Entwicklung zwischen beiden Kontinenten zu optimieren. Die AU selbst nennt ihre afrikanische Diaspora, die in Asien, Europa und Amerika lebt, die „sechste Region Afrikas". Derzeit leben allein in Europa mehr als 3,5 Millionen Menschen afrikanischer Herkunft (World Bank 2012).[4] Auch einzelne Nationalstaaten wie Deutschland und Frankreich haben inzwischen Maßnahmen ergriffen, um internationale Migration im Sinne eines Brain Gains zu organisieren. So wurde in Deutschland durch die Deutsche Gesellschaft für Internationale Zusammenarbeit (GIZ) eine Reihe von speziellen Migrationsprogrammen eingeführt, die eine sog. Brain Circulation, also die Hin- und Rückwanderung der Migranten zum Wohle aller Beteiligter, befördern sollen.[5] In Frankreich wurde im Jahr 2007 sogar ein eigenes Ministerium für Einwanderung, Integration, nationale Identität und Co-Development eingerichtet, durch das eine Reihe von Programmen und Initiativen zum Thema „Migration und Entwicklung" gestartet wurde. Eine wichtige Rolle spielt hierbei z. B. die Zusammenarbeit mit Marokko, das wie viele

---

[4] Zudem finanziert die EU auch verschiedene sog. Diaspora-Institute bzw. NGOs, wie etwa "The African Diaspora Policy Centre" (ADPC) in den Niederlanden. Das Ziel dieser Think Tanks ist es, die Potentiale von Migranten in Europa zu identifizieren und Wege für eine bessere Entwicklungszusammenarbeit unter Berücksichtigung der Migranten zu finden.

[5] Vgl. http://www.cimonline.de/de/index.asp.

andere Entwicklungsländer jährlich mehrere Milliarden Euro als Rücküberweisungen von den mehr als eine Million Auslandsmarokkanern
aus Europa erhält (vgl. de Haas 2007; Metzger/Schüttler/Hunger 2010).

4. Fazit

Zusammenfassend lässt sich ein deutlicher Wandel bei der Beurteilung
der (hochqualifizierten) Migration von Entwicklungs- in Industrielän-
der weg von einer rein negativen (Brain Drain) hin zu einer optimisti-
scheren Sichtweise konstatieren (Brain Gain), wobei die genauen Wir-
kungszusammenhänge und zeitlichen Abläufe eines Prozesses vom
Brain Drain zum Brain Gain noch nicht klar herausgearbeitet worden
sind. Zudem soll an dieser Stelle auch betont werden, dass nach wie vor
auch eindeutig negative Auswirkungen der Auswanderung von Eliten
in einigen Ländern (insbesondere den ärmsten) zu beobachten sind.
Dies gilt etwa für den Fall der Auswanderung von Ärzten aus einigen
Ländern Afrikas, bei denen es zu solchen Extremfällen gekommen ist,
dass wie im Falle Malawis mehr Ärzte im Ausland, in diesem Fall sogar
allein in einer Stadt, Manchester, waren als in ganz Malawi selbst (The
Economist 2004). In diesen Fällen kann auch eine langfristige Aussicht
auf einen Brain Gain die Nachteile der Auswanderung kaum aufwiegen.
    Durch die intensive Untersuchung zentraler Fälle einer Entwicklung
vom Brain Drain zum Brain Gain hat sich die Beurteilung der internationalen Migration für die Abgabeländer deutlich verändert. Es kann
aber auch aus diesen Schilderungen eine veränderte Bedeutung der
Migration für die Aufnahmeländer geschlussfolgert werden, die über
rein arbeitsmarktspezifische- und demografische Gründe hinausgeht.
Mindestens ebenso wichtig wie die quantitative Dimension, also die
Anwerbung ausländischer Fachkräfte zum mengenmäßigen Ausgleich
von Engpässen auf dem heimischen Arbeitsmarkt, ist die qualitative
Funktion der Migration. Denn es ist deutlich geworden, dass Migration
nicht nur des Ausgleichs eines Ungleichgewichts dient, sondern auch
zur Vernetzung von Gesellschaften und letztendlich auch dazu führt,
dass neue Märkte erschlossen werden können. Insofern hat Migration

nicht nur eine rein quantitative Funktion, sondern eben auch eine qualitative. Wenn heute etwa beklagt wird, dass die deutsche Wirtschaft und der deutsche Mittelstand (zu) wenig auf den Märkten der Zukunft, wie z. B. in Indien, China, Mexiko oder Brasilien, vertreten sind, so hat dies auch damit zu tun, dass Deutschland (aufgrund fehlender Migrationsbeziehungen mit diesen Ländern) kaum personelle Verbindungen zu diesen neuen Märkten hat, was den Zugang deutlich erschwert.

So kann am Beispiel der Migrationsbeziehungen zwischen Indien und den USA nicht nur der enorme Einfluss der Migration auf die (wirtschaftliche) Entwicklung Indiens beobachtet werden, sondern auch ein positiver Einfluss der Migration aus Indien für die USA (vgl. Saxenian 2001). Denn so wie in Indien etwa jedes zweite Softwareunternehmen von Migranten, also von ehemaligen indischen Auswanderern in die USA, gegründet worden ist bzw. von ihnen geleitet wird, so wurde auch im Silicon Valley der USA in der zweiten Hälfte der 1990er Jahre jedes vierte Unternehmen von Einwanderern aus Indien, China oder Taiwan gegründet. Diese indischen, chinesischen und taiwanesischen Unternehmen im Silicon Valley erwirtschaften einen großen Teil der Gesamtumsätze des Silicon Valley und schufen viele Arbeitsplätze in den USA (vgl. ebd.). Später waren sie entscheidend daran beteiligt, den indischen, chinesischen, taiwanesischen Markt etc. zu erobern.

Wenn man also darüber nachdenkt, wie und aus welchen Gründen Zuwanderung in Zukunft gefördert und gesteuert werden soll, sollte man auch und insbesondere diese Vernetzungsfunktion der Migration, wie sie am Beispiel Indiens und den USA dargestellt wurde, berücksichtigen. Migration ist nicht mehr als eindimensionaler Prozess der Einwanderung mit anschließender „Integration" in die Aufnahmegesellschaft zu betrachten. Migration ist gerade unter Hochqualifizierten vielmehr zu einem Prozess der permanenten Migration und Re-Migration geworden, bei dem die Migranten vielfältige Bezüge zu verschiedenen Systemen aufbauen und unterhalten. Migration ist in diesem Sinne transnationaler und flexibler geworden. Für Deutschland bestünden hier sicher noch Chancen, was das Verhältnis zur Türkei angeht (vgl. Halm/Thränhardt 2009) oder zu anderen Ländern im Nahen Osten (vgl. etwa Candan 2013a und b). Politische Steuerungsmodelle sollten diesen neuen Charakter der Migration im 21. Jahrhundert berücksichtigen. Andere Staaten wie die USA, Kanada und auch Großbritannien haben mit ihren Zuwanderungsmodellen diesen Aspekt bereits besser berücksichtigt.

Literatur

CANDAN, Menderes (2013a): Die irakische Diaspora in Deutschland. Ihr Beitrag im Wiederaufbauprozess im Irak nach 2003. In: WISO Diskurs Nr. 4/2013.

CANDAN, Menderes (2013b): The Iraqi Diaspora in Germany and its Role in Reconstruction in Iraq. University of Oxford, Centre on Migration, Policy & Society. Online verfügbar unter: http://compasoxfordblog.co.uk/2012/12/the-iraqi-diaspora-in-germany-and-its-role-in-reconstruction/ (20.10.2014).

DE HAAS, Hein (2007): The Impact of International Migration on Social and Economic Development in Moroccan Sending Regions. A review of the Empirical Literature, International Migration Institute, Working Paper Nr. 3. Online verfügbar unter: http://www.migrationinformation.org/feature/print.cfm?ID=125 (06.07.2012).

HALM, Dirk/THRÄNHARDT, Dietrich (2009): Der transnationale Raum Deutschland–Türkei. In: Aus Politik und Zeitgeschichte Nr. 39–40, 33–38.

HUNGER, Uwe (2000): Vom „Brain-Drain" zum „Brain-Gain". Migration, Netzwerkbildung uns sozio-ökonomische Entwicklung. Das Beispiel der indischen „Software-Migranten". In: IMIS Beiträge Nr. 16/2000, 7–21.

HUNGER, Uwe (2004): Indian IT-Entrepreneurs in the US and India. An Illustration of the "Brain Gain Hypothesis". In: Journal of Comparative Policy-Analysis, 6. Jg., Nr. 2, 99–109.

KOLB, Holger (2003): Green Card – eine qualitative und quantitative Analyse der Ergebnisse der Maßnahme. Gutachten für den Sachverständigenrat für Zuwanderung und Integration, Osnabrück.

METZGER, Stefan/SCHÜTTLER, Kirsten/HUNGER, Uwe (2010): Das entwicklungsbezogene Engagement von marokkanischen Migrantenorganisationen in Deutschland und Frankreich. In: BARAULINA, Tatjana/KREIENBRINK, Axel/RIESTER, Andrea (Hrsg.): Die Verschränkung von

Migrations-, Integrations- und Entwicklungsfragen in der Forschung zu Migration zwischen Afrika und Deutschland, Nürnberg: BAMF, 216–239.

MINISTRY OF OVERSEAS INDIAN AFFAIRS (MOIA) (2014): About the Ministry. Online verfügbar unter: http://moia.gov.in/services.aspx?mainid=6 (20.10.2014).

NAUJOKS, Daniel (2013): Migration, Citizenship, and Development. Diasporic Membership Policies and Overseas Indians in the United States. Neu Delhi: Oxford University Press.

OECD (2014): Aid to Developing Countries Rebounds in 2013 to Reach an All-Time High. Online verfügbar unter: http://www.oecd.org/newsroom/aid-to-developing-countries-rebounds-in-2013-to-reach-an-all-time-high.htm (20.10.2014).

PROGNOS AG; VEREINIGUNG DER BAYERISCHEN WIRTSCHAFT (2011): Arbeitslandschaft 2030. München. Online verfügbar unter: http://www.prognos.com/fileadmin/pdf/publikationsdatenbank/110930_N euauflage_Arbeitslandschaft_2030.pdf (20.10.2014).

SIDEL, Mark (2007): Vietnamese-American Diaspora Philanthropy to Vietnam. Iowa City: University of Iowa.

SAXENIAN, Anna Lee (2001): Silicon Valley's New Immigrant Entrepreneurs. In: CORNELIUS, W. A./ESPENSHADE, T.J./SALEHYAN, I. (Hrsg.): The International Migration of the Highly Skilled. San Diego, 197-234.

THE ECONOMIST (2004): Health Care in Poor Countries. Doctors' Dilemma. Online verfügbar unter: http://www.economist.com/node/3423186 (20.10.2014).

THRÄNHARDT, Dietrich (2005): Entwicklung durch Migration. Ein neuer Forschungsansatz. In: Aus Politik und Zeitgeschichte Nr. 27/2005. Online verfügbar unter: http://www.bpb.de/apuz/28964/entwicklung-durch-migration-ein-neuer-forschungsansatz?p=all (20.10.2014).

VAN HEAR, Nick (2003): Refugee Diasporas, Remittances, Development, and Conflict. Migration Information Source. Online verfügbar unter: http://www.migrationinformation.org/feature/display.cfm?ID=125 (20.10.2014).

WORLD BANK (2014): Remittances to developing countries to stay robust this year, despite increased deportations of migrant workers, says WB. Online verfügbar unter: http://www.worldbank.org/en/news/pressrelease/2014-/04/11/remittances-developing-countries-deportations-migrant-workers-wb (20.10.2014).

WORLD BANK (2012): News & Broadcast. African Diaspora Program. Online verfügbar unter: http://web.worldbank.org/WBSITE/EXTERNAL/NEWS/0,,contentMDK:22141991~menuPK:34480~pagePK:64257043~piPK:437 376~theSitePK:4607,00.html (20.10.2014).

ZEIT ONLINE (2011): Von der Leyen erleichtert Anwerbung von ausländischen Ingenieuren und Ärzten. Online verfügbar unter: http://www.zeit.de/politik/ deutschland/2011-06/von-der-leyen-fachkraeftemangel (20.10.2014).

ZHU, Zhiqun (2007): Two Diasporas. Overseas Chinese and Non-resident Indians in their Homelands' Political Economy. In: Journal of Chinese Political Science, 12. Jg., Nr. 3, 281–296.

Internationale Migration – Erklärungsfaktoren und wirtschaftliche Konsequenzen für Deutschland

David Stadelmann und Ali Sina Önder

1. Einleitung

Die internationale Mobilität von Personen und die mit ihr einhergehenden Konsequenzen von Ein- und Auswanderung für Empfänger- und Senderländer von Migranten ist ein bedeutendes Thema mit steigender Relevanz, das in den nächsten Jahren viele gesellschaftliche Diskussionen beherrschen wird. Schon in der Vergangenheit spielten Migranten – seien es beispielsweise Hugenotten oder Iren – eine positive Rolle für die wirtschaftliche und gesellschaftliche Entwicklung verschiedenster Länder und Regionen. Dies wird auch in Zukunft so bleiben und sich sogar noch verstärken, obgleich zahlreiche Stimmen sich heute – wie auch schon in der Vergangenheit – skeptisch oder sogar ablehnend zur Zuwanderung äußern und dabei die wirtschaftlichen und gesellschaftlichen Vorteile der Mobilität von Personen über die Grenzen hinweg vergessen.

Heute zählen wir bereits insgesamt über 200 Millionen Migranten der ersten Generation in verschiedenen Empfängerländern. Damit entspricht die Zahl jener Menschen, die nicht in ihrem Heimatland leben, in etwa der Einwohnerzahl von Deutschland, Frankreich und Großbritannien zusammen. Die Globalisierung und neue Entwicklungen in der Transporttechnologie werden die Kosten für die nationale und internationale Mobilität von Personen in der Zukunft weiter senken. Dadurch werden sich die internationalen Migrationsflüsse und die Migrantenbestände weiter erhöhen. Bereits heute stellt jede Diaspora in den verschiedenen Empfängerländern eine unsichtbare Nation außerhalb der jeweiligen Senderländer dar: Es leben mehr Chinesen außerhalb Chinas als Franzosen in Frankreich, mehrere Millionen Mexikaner leben in den Vereinigten Staaten, mehrere Zehntausend Angolaner leben in Portugal, fast ein Viertel der Bewohner Samoas lebt in Neuseeland und die Türken stellen die größte Migrantengruppe in Deutschland dar (vgl. Beine et al., 2011). Diese Migrationsnetzwerke spielen sowohl für den internationalen Handel, den Austausch von Wissen und Innovationen über Grenzen hinweg, für Produktivitätsfortschritte als auch für die weitere Mobilität von Personen eine wichtige Rolle.

Die Globalisierungswellen seit Ende des letzten Jahrhunderts haben zu einem systematischen Anstieg des Warenhandels zwischen Volkswirtschaften geführt. Die Beseitigung von Handelsschranken für Güter sowie deren Produktionsfaktoren und die Integration von Märkten wirkten sich stark positiv, wohlstandserhöhend und gewinnbringend auf die offenen Länder und Regionen aus (vgl. Frankel und Romer 1999). Gleichzeitig ist es für offene Volkswirtschaften nicht möglich, sich auf den reinen Warenaustausch über die Grenzen zu beschränken. Eine Integration von Märkten für den Austausch von Waren und Dienstleistungen bedingt auch eine Offenheit für die Produktionsfaktoren Kapital und Arbeit. Und eine Offenheit für Arbeit bedeutet Auswanderung und Einwanderung. Der integrierte und offene Binnenmarkt mit freiem Güter-, Dienstleistungs-, Kapital- und Personenverkehr ist ein riesiger Erfolg für Europa und seine Nachbarn. Er ist der Wohlstandsmotor Europas und hat den Menschen eine zuvor ungeahnte Bewegungsfreiheit gebracht.

Die Migrationsfähigkeit und -willigkeit von geringer und höher qualifizierten Personen hat sich in den letzten Jahrzehnten bedeutend erhöht. Insbesondere qualifizierte Arbeitnehmer, wozu wir in diesem Essay sowohl Personen mit formalem Hochschulabschluss als auch Fachkräfte zählen, sind international noch mobiler geworden und viele potentielle Empfängerländer sind tendenziell offener für die Einwanderung von qualifizierten Arbeitnehmern. Der Facharbeitermangel in vielen Volkswirtschaften wirkt sich positiv auf die Migration qualifizierter Personen aus. Die Zahl der hochqualifizierten Immigranten in den OECD Ländern hat sich zwischen 1990 und 2000 fast verdoppelt (vgl. Docquier et al. 2008) und der Trend zeigt weiter nach oben. Dabei konzentrieren sich qualifizierte Einwanderer zurzeit noch auf wenige

Länder: Über die Hälfte der qualifizierten Migranten leben in den USA und etwa ein Viertel in anderen angelsächsischen Ländern. Gleichzeitig werfen eine größere Offenheit der Länder und höhere zu erwartende Migrationsströme viele Fragen auf. Die Globalisierung und der freiere Personenverkehr über die Grenzen hinweg verunsichern zahlreiche Menschen und könnten zu einem immer stärker werdenden Ruf nach Abschottung führen. Daher ist eine offene Diskussion zu den Vorteilen aber auch den potentiellen Problemen einer steigenden Einwanderung notwendig.

In diesem Essay erörtern wir die Konsequenzen einer erhöhten Mobilität von Personen auf die Wirtschaft. Dabei gehen wir zuerst auf deskriptive Erklärungsfaktoren für internationale Migration zwischen Volkswirtschaften ein. Wir präsentieren und diskutieren empirische Ergebnisse mit aggregierten Daten zu Faktoren, die einen Einfluss auf Migration haben. Ein bedeutender Teil der international beobachteten Migration zwischen einzelnen Ländern kann bereits durch wenige und einfach zu messende Faktoren erklärt werden. In einem weiteren Schritt diskutieren wir Auswirkungen von Migration auf Sender- und Empfängerländer. Dabei gehen wir insbesondere auf eine Reihe von internationalen Forschungsergebnissen aus der wirtschaftswissenschaftlichen Literatur ein. Zuletzt erörtern wir potentielle wirtschaftliche Wirkungen einer nach Erwartung zukünftig höheren Immigration mit einem spezifischen Blick auf Deutschland.

2. Erklärungsansätze für internationale Migration

Welche Faktoren haben einen Einfluss auf die internationale Mobilität von Personen? Um diese Frage zu beantworten, müssen im Prinzip die Anreize für die Migrationsentscheidung von Individuen systematisch analysiert werden. Naturgemäß gibt es zahlreiche individuelle Entscheidungsanreize. Glücklicherweise können diese zu wenigen einfachen und direkt messbaren Variablen auf Länderebene zusammengefasst werden.

2.1 Relativer Lebensstandard und Migrationskosten sind entscheidend

Grundsätzlich kann bei der Analyse von Migrationsentscheidungen zwischen individuell spezifischen und landesspezifischen Einflussfaktoren unterschieden werden. Individuell spezifische Faktoren wären beispielsweise persönliche Familienbande oder Sprachkenntnisse, die die Migrationskosten beeinflussen. Zu den landesspezifischen Einflussfaktoren, die für die individuelle Migrationsentscheidung eine Rolle spielen, zählen zum Beispiel die makroökonomische Situation im Heimatland im Vergleich zum potentiellen Empfängerland oder auch Faktoren wie eine verbindende historische Vergangenheit des Empfänger- und Senderlands.

In vielen theoretischen Beiträgen und deskriptiven Untersuchungen der wirtschafts- und sozialwissenschaftlichen Literatur zu internationaler Migration wird oft zwischen sogenannten Push- und Pull-Faktoren unterschieden. Dabei geht die Theorie davon aus, dass Migranten aufgrund diverser Faktoren aus einem ursprünglichen Gebiet „weggedrückt" (Push-Faktoren) werden, während andere Faktoren im Empfängerland sie „anziehen" (Pull-Faktoren). Damit stellen die Push-Faktoren oft negative Gründe dar, die Migranten dazu treiben aus ihrer Heimat auszuwandern. Dazu gehören beispielsweise Armut, Arbeitslosigkeit, ein niedriges Einkommen, Diskriminierung, Knappheit von Ressourcen, aber auch Natur- und Umweltkatastrophen. Die Pull-Faktoren sind dagegen gemeinhin positive Gründe, die Migranten dazu treiben, sich im Empfängerland anzusiedeln. Die Chance auf einen Arbeitsplatz, eine gut funktionierende Infrastruktur, ein erwartetes höheres Einkommen etc. zählen dabei zu Pull-Faktoren, die ein Land für Migranten besonders interessant und attraktiv machen. Für konkrete Analysen müssen die individuellen Entscheidungsfaktoren von Migranten quantifiziert und messbar gemacht werden. Eine potentielle Liste von solchen Faktoren wäre lang und eignet sich nur bedingt für empirische Analysen und quantitative Vorhersagemodelle. Empirische Analysen sind aber notwendig, um zumindest den Versuch zu wagen, quantitative Aussagen über zu erwartende Migrationsflüsse in der Zukunft zu tätigen.

Glücklicherweise reicht bereits eine kleine Zahl von Variablen auf Länderebene, um einen relevanten Teil der tatsächlich stattfindenden internationalen Mobilität von Personen zwischen Ländern zu erklären. Die meisten Push- und Pull-Faktoren für empirische Analysen können auf wenige Indikatoren herunter gebrochen werden, um ein grobes Bild der relevanten Migrationsfaktoren der Vergangenheit zu erhalten und daraus vorsichtige Schlussfolgerungen für die Zukunft zu ziehen. Dies liegt vor allem daran, dass die verschiedensten Faktoren, die in deskriptiven Studien genannt werden, oftmals gleichzeitig in der Praxis bestimmte Länder charakterisieren. So ist in Ländern mit einem geringen Einkommen die Infrastruktur tendenziell schlecht und Armut stellt ein größeres Problem dar. Hingegen verfügen reiche Länder im Regelfall über eine bessere Infrastruktur, bessere Ausbildungsmöglichkeiten und die individuellen Arbeits- und Verdienstmöglichkeiten sind vielfältiger.

Wir unterscheiden nachfolgend Faktoren, die die Migrationskosten beeinflussen, wobei wir zwar stark vereinfachen, uns aber weitgehend an der modernen wirtschaftswissenschaftlichen Literatur orientieren. Dabei subsumieren wir Push- und Pull-Faktoren zu wenigen breiten Indikatoren. Individuelle Migrationskosten werden unter anderem durch kulturelle und historische Verflechtungen zwischen Ländern beeinflusst. Ein bedeutender Faktor ist dabei eine gemeinsame Sprache im Sender- und Empfängerland. Eine gemeinsame Sprache senkt die Migrationskosten beträchtlich und ermöglicht eine einfachere und raschere Integration der Migranten im Empfängerland. Zahlreiche empirische Befunde deuten darauf hin, dass die geographische Distanz zwischen Ländern für die individuellen Migrationskosten neben der gemeinsamen Sprache ebenfalls eine entscheidende Rolle spielt. Historische Verflechtungen können in quantitativen Untersuchungen bis zu einem gewissen Grad über vergangene koloniale Beziehungen gemessen werden. Diese Verflechtungen können über Migrationsnetzwerke der Vergangenheit zu einer Reduktion der Migrationskosten führen. Obgleich die genannten Faktoren sehr grob erscheinen mögen, spielen sie bei individuellen Migrationsentscheidungen eine wichtige

Rolle. Sie sind darüber hinaus auf Länderebene leicht messbar, vergleichbar und quantifizierbar und eignen sich so für empirische Analysen. Diese drei Faktoren erklären bereits einen beachtlichen Teil der
tatsächlich beobachteten Migrationsraten zwischen Ländern.

Neben kulturellen und historischen Verflechtungen spielen insbesondere Einkommensunterschiede zwischen Ländern eine entscheidende Rolle. Dies ist einfach zu erklären: Einkommen ist im Regelfall
hoch korreliert mit einer funktionierenden Infrastruktur, Bildungsmöglichkeiten, relativer Arbeitsplatzverfügbarkeit, sozialer Sicherheit,
einem funktionierendem Gesundheitssystem und sogar mit Lebenszu-
friedenheit. Kurz, das durchschnittliche Einkommen einer Volkswirt-
schaft spiegelt den durchschnittlichen Wohlstand derselben wider.
Ökonomen messen Einkommensunterschiede zwischen Ländern im
Regelfall mit dem Bruttoinlandsprodukt pro Kopf. Das Bruttoinlandsprodukt pro Kopf ist dabei der Marktwert aller Endgüter und Dienstleistungen, die in einem Land während einer bestimmten Periode, im
Regelfall während eines Jahres, erstellt werden. Das Bruttoinlandsprodukt pro Kopf ist damit ein Maß für die Wirtschaftsleistung eines Landes. Damit wird es aber auch zum Indikator für den Wohlstand in einem Land und eignet sich für internationale Vergleiche.

Natürlich reflektiert Einkommen bzw. das Bruttoinlandsprodukt
pro Kopf nicht alles, was die Wohlfahrt und die Zufriedenheit der Bürger beeinflusst. So berücksichtigt das Bruttoinlandsprodukt beispielsweise nicht die Einkommensungleichheit oder jene Produktion, die
nicht auf Märkten verkauft und gehandelt wird (z. B. die unentgeltli-
chen Kindererziehungsleistungen von Hausmännern oder -frauen).
Trotzdem gilt das Bruttoinlandsprodukt pro Kopf als guter Indikator
für den Lebensstandard in einem Land. Es ist intuitiv einleuchtend,
dass die meisten Migranten eher in Länder mit einem höheren Lebensstandard einwandern möchten. Ein hohes Bruttoinlandsprodukt stellt
daher auch einen bedeutenden Pull-Faktor dar, während ein niedriges
Bruttoinlandsprodukt einen relevanten Push-Faktor darstellt. In empirischen Analysen dient das relative Einkommen zwischen zwei Ländern als erklärender Faktor für Migration.

2.2 Ein einfaches empirisches Erklärungsmodell

Nachfolgend versuchen wir, internationale Migration zwischen Ländern mit einem einfachen empirischen Modell zu erklären, das Migrationsfaktoren und deren Einfluss quantifiziert. In vielen internationalen ökonomischen Studien wurde bereits bilaterale Migration, d. h. Migration von einem Land i in ein Land j untersucht (vgl. unter anderem Grossmann und Stadelmann 2012, 2013).

Für dieses Essay haben wir internationale Daten zu bilateraler Migration für verschiedene Senderländer in die Mitgliedsländer der OECD analysiert. Diese Datenbasis erlaubt es uns, über 80 Prozent der internationalen Migration abzudecken. Die verwendeten Daten für bilaterale Migration stammen primär von Docquier et al. (2008) und wurden laufend erweitert sowie verbessert (vgl. auch Docquier und Marfouk 2004). Die Autoren dokumentieren Migration aus 195 Ländern in die 30 OECD Länder für die Jahre 1990 und 2000. Dieser Datensatz bietet auch Informationen zur Anzahl hochqualifizierter Migranten, wobei die Migranten nach ihrem formalen Ausbildungsniveau gruppiert sind. Eine formale Einteilung nach Ausbildungsniveau ist nicht unproblematisch aber notwendig, um die Daten über Länder hinweg besser vergleichbar zu machen. Für Einkommensunterschiede verwenden wir Daten zum Bruttoinlandsprodukt pro Kopf (BIP) von den Penn World Tables. Für die Migrationskosten ist relevant, wie groß die Distanz zwischen Ländern ist, ob in den Ländern eine gemeinsame Sprache existiert und ob die Länder in einer kolonialen Beziehung standen. Diese Daten stellt das Centre d'Etudes Prospectives et d'Informations Internationales zur Verfügung. Wir erklären dabei die (logarithmierte) Zahl von Migranten im Verhältnis zur Bevölkerung des Senderlandes (Migrationsrate) zwischen einem Senderland i und einem Empfängerland j.

Aufgrund der oben angeführten Diskussion erwarten wir für das (logarithmierte) relative Bruttoinlandsprodukt (Logarithmus des BIP von *j* dividiert durch das BIP von *i*) zwischen zwei Ländern einen positiven Effekt auf Migrationsraten. Eine gemeinsame Sprache sollte sich ebenfalls positiv auf Migrationsbewegungen auswirken. Dasselbe gilt für eine gemeinsame koloniale Vergangenheit, während die Distanz zwischen zwei Ländern einen negativen Effekt haben sollte. Unser empirisches Schätzmodell kontrolliert auch für fixe Faktoren innerhalb des Senderlandes. Das bedeutet, wir kontrollieren für alle historischen und kulturellen Faktoren im spezifischen Senderland, die sich über die Zeit nicht verändert haben.

Wir analysieren insgesamt 3.870 Beobachtungen für das Jahr 2000, was einen verlässlichen Datenzeitpunkt darstellt. Die empirischen Ergebnisse auf Basis dieser fünf Variablen für alle Länder im Datenset sind wie folgt:

$$Migration_{ij} = \underset{(0.086)}{1.64}(Relatives\ BIP)_{ij} + \underset{(0.105)}{2.71}(Gemeinsame\ Sprache)_{ij}$$
$$+ \underset{(0.137)}{2.07}(Koloniale\ Vergangenheit)_{ij}$$
$$- \underset{(0.009)}{0.07}(Distanz\ in\ 1000\ km)_{ij}$$
$$+ (Fixe\ Faktoren\ für\ Senderländer)$$

Diese einfache empirische Schätzung erklärt 47 Prozent der gesamten beobachteten Varianz in der bilateralen Migration. Für wirtschafts- und sozialwissenschaftliche Analysen ist das vergleichsweise ein hoher Erklärungsgehalt. Standardfehler sind unter Koeffizienten angegeben. Alle Koeffizienten sind statistisch signifikant.

Die Ergebnisse selbst erzählen bereits jetzt interessante Geschichten. Migration findet von relativ ärmeren in relativ reichere Länder statt. Migration ist höher, wenn eine gemeinsame Sprache zwischen Ländern herrscht oder wenn diese eine gemeinsame koloniale Vergangenheit haben. Die physische Distanz zwischen Ländern reduziert die internationale Mobilität. Somit konnten alle Hypothesen bezüglich der Einflussfaktoren auf internationale Migration auf Basis tatsächlich stattgefundener Migration zwischen Ländern bestätigt werden.

Besonders interessant ist der Effekt von relativem Einkommen ($Relatives\ BIP)_{ij}$, welches die Unterschiede im Lebensstandard und damit eine Reihe von Push- und Pull-Faktoren zusammenfasst. So führt beispielsweise eine Erhöhung des Einkommens in einem Empfängerland von 10 Prozent im Vergleich zum Einkommen im Senderland zu einer Erhöhung der bilateralen Migrationsrate um fast 17 Prozent. Ökonomische Faktoren spielen also bei der Migrationsentscheidung eine sehr bedeutende Rolle.

Abbildung 1 zeigt den Zusammenhang zwischen relativem Einkommen und der Migrationsrate graphisch auf. Der Zusammenhang ist klar positiv und von hoher Bedeutung. Relative Einkommensunterschiede vermögen das komplexe Phänomen von Migration vergleichsweise gut zu erklären. Es ist zu vermuten, dass sich insbesondere der Effekt des relativen Bruttoinlandprodukts über die Zeit verstärken wird. Bei fallenden Migrationskosten und einer stärkeren Integration globaler Märkte, sollten relative Einkommensunterschiede eine stärkere Rolle für bilaterale Migration zwischen Ländern spielen, wodurch sich bedeutende wirtschaftliche Konsequenzen für die Empfänger- und die Senderländer ergeben können (vgl. Grossmann und Stadelmann 2011).

Die Ergebnisse der oben angeführten empirischen Schätzung entsprechen in ihrer Tendenz den Ergebnissen zahlreicher anderer Studien. Deskriptive Ergebnisse aus mehreren Untersuchungen im Auftrag der Vereinten Nationen zeigen, dass über 40 Prozent der globalen Immigration in nur acht reichere Länder geht. Dazu zählen die USA, Deutschland, Frankreich und das Vereinigte Königreich. Insbesondere die Immigration von qualifizierten Personen hat in diesen Ländern zugenommen. Qualifizierte Emigranten sind im Regelfall eine positive Selektion der Bevölkerung des Senderlandes. Das bedeutet, dass sie vergleichsweise besser ausgebildet sind als Nicht-Migranten des Senderlandes. Eine wachsende internationale ökonomische Literatur analysiert spezifische Gründe für Migration von hochqualifizierten Personen (vgl. Marfouk 2007).

Abbildung 1: *Zusammenhang zwischen Einkommensunterschieden (relatives BIP) und Migrationsraten*

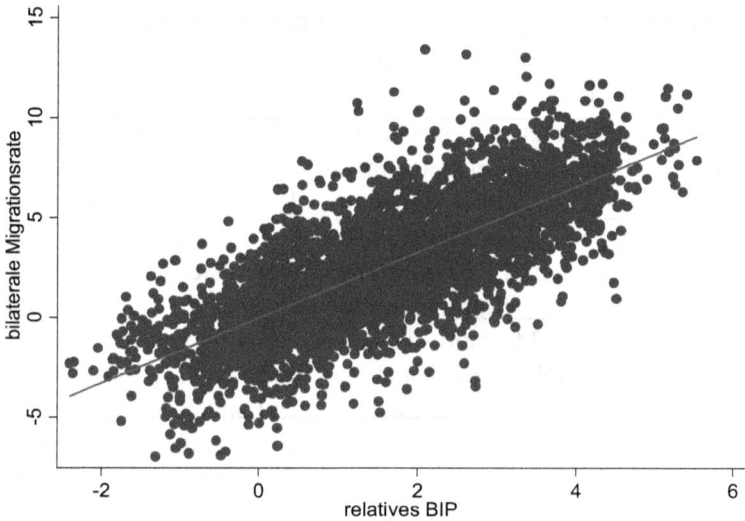

Bemerkungen: *Die einzelnen Punkte stellen Paare von Sender- und Empfängerländern dar. Diese Darstellung kontrolliert für die Effekte von gemeinsamer Sprache, kolonialer Vergangenheit, Distanz und fixen Faktoren für Senderländer auf die Migrationsrate. Somit stellt die Abbildung die Korrelation zwischen dem unerklärten Teil der Migrationsrate und Einkommensunterschieden zwischen Ländern dar.*

Die Migration von Hochqualifizierten ist von ähnlichen Faktoren beeinflusst wie die gesamte Migration (vgl. Grogger und Hanson 2011). Darüber hinaus führt eine relativ höhere Entlohnung für qualifizierte Arbeitskräfte im Empfängerland zu einem überproportionalen Anteil an höher ausgebildeten Migranten. Tendenziell reagieren also qualifizierte Arbeitnehmer etwas mehr auf Einkommensunterschiede zwischen Ländern als gering qualifizierte Arbeitnehmer.

In Abbildung 2 zeigen wir graphisch den Zusammenhang zwischen relativen Einkommensunterschieden und der Migration von hochqualifizierten Personen: Wir erklären dabei die Migrationsraten von hochqualifizierten Personen mit denselben Faktoren wie zuvor und zeigen dabei den Einfluss von relativem Einkommen spezifisch auf. Der Einfluss von relativem Einkommen ist abermals klar positiv und statistisch von sehr hoher Bedeutung.

Obgleich die angeführten Variablen bereits einen vergleichsweise beachtlichen Teil der internationalen Migration erklären, hat die Literatur eine Reihe zusätzlicher Faktoren der internationalen Migrationsbewegungen analysiert und die Schätzungen wurden stark verbessert und erweitert. Dabei werden verbesserte empirische Methoden angewendet und es wird für eine Reihe weiterer Faktoren kontrolliert, wie zum Beispiel für gemeinsame Grenzen oder die gemeinsame geographische Lage innerhalb eines Wirtschaftsraumes (vgl. Mayda 2005, Grogger und Hanson 2011 oder Grossmann und Stadelmann 2013). Gleichzeitig werden Interaktionen zwischen Migration und Handel analysiert und die Kausalität zwischen Migration und Einkommen wird genauer erforscht. Gemäß Beine et al. (2011) beeinflusst die Existenz von Netzwerken sowohl die Anzahl als auch die Zusammensetzung nach Bildungsniveaus von internationalen Migranten in den Empfängerländern. Die Berücksichtigung von Migrationsnetzwerken erhöht den Erklärungsgehalt der empirischen Modelle nochmals substantiell.

Abbildung 2: *Einkommensunterschiede erklären die Migration von hochqualifizierten Arbeitnehmern*

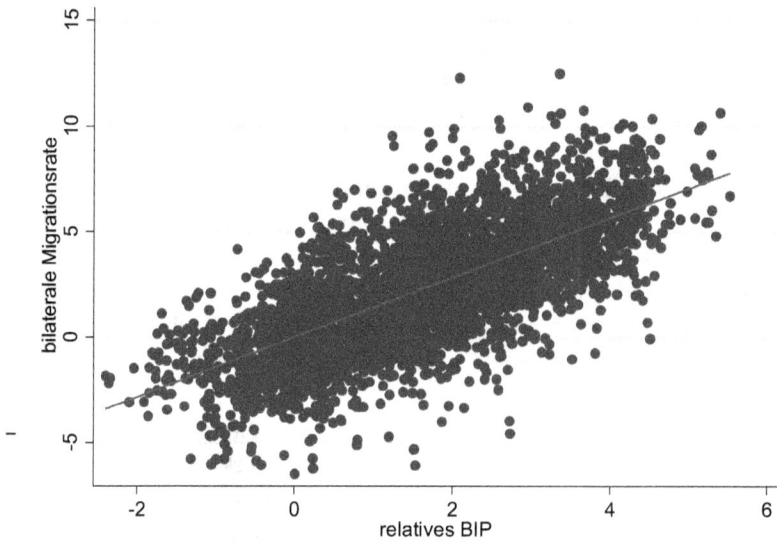

Bemerkungen: *Die einzelnen Punkte stellen Paare von Sender- und Empfängerländern dar. Diese Darstellung kontrolliert bereits für alle Effekte gemeinsamer Sprache, kolonialer Vergangenheit, Distanz und fixen Faktoren für
Senderländer auf die Migrationsrate Hochqualifizierter. Somit stellt die Abbildung die reine Korrelation zwischen dem unerklärten Teil der Migrationsrate von Hochqualifizierten und Einkommensunterschieden zwischen Ländern
dar.*

Dagegen spielen Unterschiede in den Sozialausgaben als Maß für die Bedeutung des Sozialsystems oder selbst die Zugehörigkeit zum Schengener Raum eine kleine und zu vernachlässigende Rolle. Migrationsnetzwerke führen zu einer systematischen Senkung von Migrationskosten. Damit vergrößert sich die Wahrscheinlichkeit der Zuwanderung. Gleichzeitig verringert sich die Selektion von qualifizierten Arbeitskräften. Somit erscheint die Präsenz eines Migrationsnetzwerkes eine weitere wichtige Determinante bei der Entscheidung, in ein bestimmtes Land auszuwandern.

Obgleich viele Faktoren die individuelle Migrationsentscheidung beeinflussen, reichen eine kleine Anzahl von Variablen auf Landesebene, um vergangene Migrationsflüsse zwischen Ländern vergleichsweise gut zu erklären. Insbesondere ist dabei anzumerken, dass sowohl die Migration insgesamt als auch die Migration von qualifizierten und geringer qualifizierten Personen durch ähnliche Faktoren beeinflusst werden.

3   Wirtschaftliche Konsequenzen der internationalen Mobilität

Welchen Effekt hat Migration auf die Wirtschaft einer Region oder eines Landes? Der Einfluss von Migration auf Sender- und Empfängerländer ist nicht einfach mit empirischen Modellen festzustellen, da internationale Migration unter anderem durch Einkommensunterschiede zwischen Ländern beeinflusst wird. Gleichzeitig ist zu erwarten, dass Migration einen Einfluss auf die Wirtschaft und damit das Einkommen sowohl im Sender- wie auch im Empfängerland hat. Wir gehen in diesem Essay kurz auf die Konsequenzen von Emigration für Senderländer ein und konzentrieren uns dann größtenteils auf Konsequenzen von Immigration in reichere Empfängerländer.

3.1 Wirtschaftliche Konsequenzen für Senderländer

Ein Teil der wirtschaftswissenschaftlichen Literatur zu Migration befasst sich mit den Konsequenzen von Emigration für die Senderländer. Diese Literatur untersucht vor allem die Effekte der Emigration von Hochqualifizierten. Schon vor über 40 Jahren argumentierten Bhagwati und Hamada (1974), dass die Emigration von besser qualifizierten Arbeitnehmern für die Zurückgebliebenen zu substanziellen Verlusten führt, da der positive Effekt von Humankapital auf die wirtschaftliche Entwicklung größer ist als das Grenzprodukt jedes einzelnen höher gebildeten Emigranten. Konkret bedeutet dies, dass die Abwanderung von Hochqualifizierten für die Senderländer einen Wohlfahrtsverlust darstellt. Damit erhöht sich durch die Emigration von höher Gebildeten auch die Wohlstandsungleichheit in der Welt. In diesem Zusammenhang kennzeichnet der Begriff „Brain Drain" die Emigration von höher gebildeten Menschen und somit den Abfluss von Humankapital. Wildasin (2000) sowie Haupt und Janeba (2009) zeigen, dass Auswanderung von höher qualifizierten Personen neben dem Wohlfahrtsverlust auch ein Risiko für die öffentlichen Finanzen der Senderländer darstellt.

Allerdings kann der Abgang von Hochqualifizierten zumindest theoretisch auch positive Effekte im Senderland haben. Gemäß Stark et al. (1997) oder Mountford (1997) könnte Emigration zu einem „Brain Gain" anstatt eines „Brain Drains" für das Senderland führen. Individuen, die die Option haben, in ein anderes Land zu migrieren, welches eine höhere Entlohnung ihres Humankapitals offeriert, haben auch einen höheren Anreiz, in ihre Ausbildung zu investieren. Die Möglichkeit der Migration stellt damit einen Anreiz dar, in Bildung zu investieren. Weitere positive Effekte für Senderländer könnten sich durch Geldsendungen sowie die Rückwanderung von ehemals Ausgewanderten ins Heimatland ergeben. Oft erwerben Auswanderer in den Empfängerländern auch eine Ausbildung, die den Senderländern zugutekommen kann. So zeigt beispielsweise Spilimbergo (2009) sehr eindrücklich, dass im Ausland ausgebildete Individuen in ihren Heimatländern dazu beitragen, die Demokratie systematisch zu stärken. Insgesamt ist allerdings eher damit zu rechnen, dass die Emigration von bereits ausgebildeten hochqualifizierten Arbeitnehmern negative Effekte auf das Senderland hat. Dies bestätigt auch eine Untersuchung von Grossmann und Stadelmann (2013). Sie analysieren, wie sich die Migration von hochqualifizierten Arbeitnehmern auf relative Einkommensunterschiede zwischen Empfänger- und Senderländern auswirkt. Die Ergebnisse zeigen klar, dass die Löhne in Senderländern im Vergleich zu Empfängerländern tendenziell sinken. Die Emigration von hochqualifizierten Personen senkt gleichzeitig die Produktivität im Senderland aufgrund von Humankapital-Externalitäten und könnte zu einer Reduktion der öffentlichen Investitionen führen (vgl. Grossmann und Stadelmann 2011, 2012).

3.2 Wirtschaftliche Konsequenzen für Empfängerländer

Die Rolle von Humankapital-Externalitäten spielt auch für die korrekte Einschätzung der wirtschaftlichen Konsequenzen für die Empfängerländer von Migranten eine zentrale Rolle. Humankapital-Externalitäten bedeuten, dass der individuelle Bildungsstand eines Arbeitnehmers in einem Unternehmen nicht nur für dessen eigene, individuelle Produktivität bestimmend ist. Vielmehr hat ein gut ausgebildeter Arbeitnehmer auch einen Einfluss auf die Produktivität anderer Arbeitnehmer im selben Unternehmen oder im selben geographischen Raum. Die Basisidee ist dabei gemäß dem Nobelpreisträger Arrow (1962), dass die Produktivität von Arbeitnehmern unter anderem auch davon abhängt, in welchem Maße sie mit anderen Arbeitnehmern durch direkte Kommunikation interagieren und dadurch produktivitätsrelevantes Wissen austauschen können. Es wird angenommen, dass sich höher gebildete Arbeitnehmer gegenseitig inspirieren und auch die Produktivität von geringer qualifizierten Arbeitnehmern bis zu einem gewissen Grad erhöhen können. Auch der Nobelpreisträger Lucas (1988) argumentiert für positive Externalitäten von Humankapital.

Obgleich die empirische Literatur zu Humankapital-Externalitäten keine eindeutigen Resultate liefert, tendiert sie eher zu einer Bestätigung der Existenz von positiven Effekten der Bildung. Acemoglu und

Angrist (2000) finden dabei tendenziell schwache Effekte von Human-kapital. In einer aktuellen Untersuchung zeigen Gennaioli et al. (2013) hingegen starke Evidenz für Humankapital-Externalitäten bei der Ana-lyse von 1.569 Regionen in 110 Ländern. Sie argumentieren, dass Hu-mankapital einer der Hauptfaktoren für regionale Entwicklung ist.

Aufgrund dieser Studien sind insbesondere für die Immigration von qualifizierten Personen mittel- und längerfristig positive Effekte auf das Wirtschaftswachstum und die Produktivität in den Empfängerlän-dern zu erwarten. Darüber hinaus zeigen Ergebnisse von Hunt und Gauthier-Loiselle (2010) für die Vereinigten Staaten, dass die Anzahl der Innovationen durch die Immigration von Hochqualifizierten steigt. Qualifizierte Immigranten in den Vereinigten Staaten weisen eine dop-pelt so hohe Patentrate auf wie die einheimische Bevölkerung. Dies liegt primär daran, dass zahlreiche hochqualifizierte Einwanderer in den Vereinigten Staaten über einen natur- oder ingenieurwissenschaft-lichen Abschluss verfügen. Nach den empirischen Untersuchungen von Hunt und Gauthier-Loiselle (2010) führt eine Erhöhung der quali-fizierten Immigrantenpopulation um 1 Prozent zu einer Erhöhung der Anzahl der Patente um bis zu 18 Prozent.

Obgleich sich die Anzahl der qualifizierten Migranten in den letzten Jahrzehnten erhöht hat und weiter erhöhen sollte, wandern natürlich auch weiterhin relativ gering qualifizierte Arbeitnehmer in reichere Empfängerländer ein. Während bei der Immigration von höher qualifi-zierten Arbeitnehmern im Regelfall von positiven wirtschaftlichen Ef-fekten für das Empfängerland auszugehen ist, sind die Effekte der Im-migration von weniger qualifizierten Arbeitnehmern schwieriger einzuschätzen.

Die meisten international beachteten Untersuchungen zu den wirt-schaftlichen Konsequenzen von Immigration für die Empfängerländer, arbeiten mit anspruchsvollen ökonometrischen und statistischen Mo-dellen, um den kausalen Effekt von Immigration auf Wirtschafts-wachstum, Arbeitslosigkeit oder das Lohnwachstum in einer Region oder einem Land zu messen (vgl. Card 1990, Friedberg 2001 oder Dustmann et al. 2005). Zahlreiche dieser Studien verfolgen eine sogenannte empirische „Difference-in-Difference"-Strategie. Es ist schwierig ein klares Gesamtbild dieser Studien abzugeben. Während einige Studien negative Effekte von Immigration geringer qualifizierter Arbeitnehmer auf das Lohnwachstum finden, weisen andere Untersuchungen auf positive Effekte für die einheimische Bevölkerung hin. Nach unserer Einschätzung der bestehenden wirtschaftswissenschaftlichen Literatur überwiegen tendenziell negative Lohneffekte auf gering qualifizierte Einheimische bei der Einwanderung unqualifizierter Personen, sofern diese auch nur beschränkte Arbeitsmöglichkeiten aufgrund staatlicher Restriktionen haben. Höher qualifizierte Einheimische profitieren tendenziell von der Einwanderung geringer qualifizierter Personen. Allerdings zeigt sich in den meisten Studien, dass der Gesamteffekt von Immigration und spezifisch von Immigration gering qualifizierter Personen auf die einheimische Bevölkerung sehr klein ist. Insbesondere ist dabei zu erwähnen, dass Immigration von gering qualifizierten Arbeitnehmern im Regelfall die Arbeitslosigkeit der Einheimischen nicht erhöht (einige Studien zeigen sogar eine Senkung der Arbeitslosigkeit; vgl. Card 1990). Geringer qualifizierte Migranten verdrängen also tendenziell nicht geringer qualifizierte Einheimische von ihren Arbeitsplätzen. Interessant ist dabei auch die Beobachtung, dass hochqualifizierte Einwanderer Komplemente zu geringer qualifizierten Einheimischen darstellen. Dies bedeutet, dass die Einwanderung von Hochqualifizierten dazu beitragen kann, dass sich die Löhne und die Erwerbstätigkeit von geringer qualifizierten Einheimischen erhöhen. Darüber hinaus kann eine zusätzliche Einwanderung auch zu höheren Kapitalzuflüssen und Direktinvestitionen führen. Die Einwanderung erlaubt nämlich den Ausgleich von relativen Knappheiten in der Wirtschaft. Dies macht wiederum Kapitalinvestitionen in einem offenen Land attraktiver. Insgesamt führt die Einwanderung dadurch zu einem höheren Wachstum der Gesamtwirtschaft. Dies kann ebenfalls dazu beitragen, das Wachstum der Steuereinnahmen zu erhöhen und damit den Schuldenabbau zu erleichtern oder öffentliche Investitionen zu finanzieren.

Trotz dieser tendenziell positiven Botschaften von Immigration insgesamt und der positiven Konsequenz für die wirtschaftliche Entwicklung bei Einwanderung von qualifizierten Personen befürchten große
Teile der Bevölkerung in reicheren Ländern negative Konsequenzen
für den Wohlfahrtsstaat und selbst gut gebildete Einheimische äußern
sich oft skeptisch gegenüber erhöhter Immigration (vgl. Grogger und
Hanson 2011). Dabei geht es unter anderem um die Einschätzung der
fiskalischen Konsequenzen der Migration für den Staatshaushalt, was
nicht nur für internationale Migration sondern auch für die intranatio-
nale Migration von Bedeutung ist (vgl. Conway und Rork 2012 sowie
Önder und Schlunk 2014). Für eine sinnvolle Analyse der Auswirkungen einer erhöhten Immigration müssen sowohl entrichtete Steuern als
auch genutzte Leistungen systematisch berücksichtigt und richtig
bewertet werden. Immigranten zahlen nämlich nicht nur Steuern, sondern benötigen natürlich auch öffentliche Leistungen und nutzen die
Infrastruktur im Empfängerland. Insbesondere ist bei der Einschätzung
von fiskalischen Effekten darauf zu achten, dass deren Messung dyna-
misch erfolgt. In der Praxis bedeutet dies, dass zur Bewertung der fiskalischen Effekte von Immigration eine Familienperspektive einge-
nommen werden muss. Obgleich es von Vorteil ist, wenn junge, gut
gebildete Migranten einwandern, so sind die fiskalischen Konsequenzen schwerer einzuschätzen, wenn diese mit Familie einwandern (vgl.
Lee and Miller 2000). Vereinfachend kann aber gesagt werden, dass
die fiskalischen Effekte stärker positiv sind, wenn Migranten möglichst
jung einwandern, aktiv erwerbstätig sind und wenn der Wohlfahrtsstaat
weniger stark ausgeprägt ist (vgl. Storesletten 2003). Diese Ergebnisse
erklären bis zu einem gewissen Grad die Diskussion zu Themen wie
Familiennachzug oder die Angst vor der Einwanderung in das Sozialsystem. Es ist allerdings nicht denkbar, systematisch eine Politik zur
Einwanderung von Hochqualifizierten zu betreiben, ohne diesen
gleichzeitig zu erlauben, ihre Familie in das Empfängerland mitzubrin-
gen. Einwanderung bringt vor allem dann wirtschaftliche Vorteile und
einen fiskalischen Überschuss, wenn die Menschen, die einwandern,

auch arbeiten, was im Regelfall auch das Ziel der Einwanderer ist. Insgesamt fördert Immigration das Wachstum der Gesamtwirtschaft (vgl. Borjas 1995).

4 Konsequenzen der Einwanderung für Deutschland

Obwohl sich zahlreiche Politikdebatten bezüglich Migration in der Vergangenheit auf die Einwanderung im Asylbereich, ins Sozialsystem sowie auf die Wanderung von relativ gering qualifizierten Personen konzentrierten, richtet sich der Fokus nun vermehrt auf Migration von qualifizierten Personen. Die oben angeführten Argumente und Studien deuten auf einen positiven Effekt der Immigration von qualifizierten Personen für die Empfängerländer hin und auch für die Einwanderung von geringer qualifizierten Arbeitnehmern sind keine eindeutigen und klaren negativen Effekte zu erwarten.

Langsam setzt sich auch in den politischen Diskussionen innerhalb von Deutschland und der Europäischen Union die Ansicht durch, dass qualifizierte Fachkräfte aus dem Ausland für die Wirtschaft notwendig sind. Eine Initiative, die in der Lage ist, die Einwanderung von qualifizierten Arbeitskräften aus Nicht-EU Länder zu fördern, ist die Einführung der „Blauen Karte EU". Am 1. August 2012 wurde das deutsche Aufenthaltsgesetz modifiziert, sodass Inhaber der Blauen Karte EU schneller eine Niederlassungserlaubnis in Deutschland bekommen können. Der zu erwartende Fachkräftemangel in Deutschland mag die Verabschiedung dieser Modifikation zum Deutschen Aufenthaltsgesetz beschleunigt haben.

Dabei ist bei politischen Diskussionen darauf hinzuweisen, dass die zurzeit vertretene und geforderte Öffnung für qualifizierte Migranten auch schnell in Skepsis und Abschottung umschlagen kann. In vielen Industrieländern zeigen Meinungsumfragen immer wieder, dass eine Mehrheit der Bürger insgesamt eine Reduktion der Anzahl der Immigranten wünscht. Für die Vereinigten Staaten deuten diverse Studien

(z. B. Hanson et al. 2009) sogar darauf hin, dass selbst hochqualifizierte Einheimische eine vergleichsweise hohe Tendenz dazu haben, Immigration im Allgemeinen und selbst die Immigration von anderen höher qualifizierten skeptisch zu betrachten. Untersuchungen von Müller und Tai (2010) zeigen ähnliche Ergebnisse. Selbst in Ländern, die als offen gelten, verhält es sich so, dass mehr Bürger eine Reduktion der Immigration fordern als eine Erhöhung dergleichen. Die Argumente, die dabei vorgebracht werden, sind breit und reichen von der Angst vor einem Lohndruck bis zur Überlastung der einheimischen Infrastruktur. So spiegelt auch die in 2014 angenommene „Masseneinwanderungsinitiative" in der Schweiz die Ängste und Gefühle breiterer Bevölkerungsschichten wider und dies obgleich die meisten Untersuchungen davon ausgehen, dass die Schweiz von der Einwanderung von Fachkräften insgesamt stark profitiert hat.

Internationale Mobilität und Einwanderung werden auch in Zukunft bedeutende Themen für wirtschaftliche und politische Debatten in den potentiellen Empfängerländern darstellen. Zu den Empfängerländern zählt auch Deutschland. Aus diesem Grund ist es besonders wichtig, die Folgen der Einwanderung offen und möglichst breit zu diskutieren. Dabei sollen und müssen auch Unsicherheiten und Ängste angesprochen werden und es muss über den Umgang mit einer knappen Infrastruktur nachgedacht werden. Es wäre auch falsch, Immigrationsskeptiker zu marginalisieren, solange die vorgebrachten Argumente auf Fakten basieren. Positive Lösungen lassen sich durch einen offenen Diskurs finden, denn Offenheit ist immer positiv. In der Diskussion sind aktuelle politische Maßnahmen in anderen Politikfeldern auch bezüglich ihres Einflusses auf die Einwanderung zu bewerten.

Die Prognosen für die zukünftige Entwicklung der Einwanderung in OECD Länder und insbesondere nach Deutschland sind aus unserer Sicht relativ eindeutig: Die Anzahl der Immigranten sollte zunehmen. Wir gehen davon aus, dass wirtschaftlich besonders erfolgreiche deutsche Städte, Regionen und Bundesländer eine erhöhte Zuwanderung sowohl von Fachkräften als auch von geringer qualifizierten Arbeitnehmern erfahren werden. Nachfolgend versuchen wir für Deutschland eine Einschätzung der Effekte der Einwanderung abzugeben. Einschätzungen für ein spezifisches Land zu treffen ist schwierig, denn selbst bei Berücksichtigung von bekannten Studien und empirischen Ergebnissen sind sie immer bis zu einem gewissen Grad spekulativ. Detailliertere quantitative Aussagen zu den Konsequenzen der Einwanderung für Deutschland würden auch den Rahmen dieses Essays sprengen und bedürften weiterer Forschung.

Unsere eigenen Untersuchungen und auch die internationale Literatur zeigen, dass neben den nicht veränderbaren geographischen Faktoren, die die Migrationskosten beeinflussen, ein weiterer bedeutender Faktor die Einwanderung treibt: der zu erwartende Lebensstandard im Empfängerland im Vergleich zu den Herkunftsländern der Migranten und anderen potentiellen Einwanderungsländern. Wir rechnen daher mit einer steigenden Einwanderung nach Deutschland. Der zu erwartende Lebensstandard setzt sich aus dem zu erwartenden Einkommen, der Verfügbarkeit von Arbeitsplätzen sowie einer Zahl weicherer Faktoren, wie funktionierender Infrastruktur, Sozialsysteme etc. zusammen. Bei einer stetigen Verbesserung der wirtschaftlichen und gesellschaftlichen Rahmenbedingungen sowie der Institutionen sollte Deutschland in absehbarer Zeit für seine Bürger, Einwohner und zukünftigen Immigranten aus anderen EU-Krisenländern aber auch Nicht-EU-Ländern mehr bieten als früher. Zwar sind die Staatsschulden während der Finanzkrise angestiegen, jedoch hat Deutschland im Vergleich zu anderen Ländern (auch im Vergleich zur USA) relativ gesunde Staatsfinanzen, relativ stabile Sozialwerke und eine gute Infrastruktur. Natürlich muss in allen Bereichen weitergearbeitet werden, um bestehende Probleme zu lösen. Wird dies gemacht, kann Deutschland mit einem stetigen Wachstum und bei guten unternehmerischen Rahmenbedingungen mit einer weiteren Erhöhung der Erwerbstätigkeit sowie einer Reduktion der Arbeitslosigkeit rechnen. Deutschland ist im internationalen Vergleich konkurrenzfähig. Dank dieser Eigenschaften und natürlich auch mit Glück ist Deutschland besser als viele andere europäischen Länder durch die Wirtschafts- und Finanzkrise gekommen.

4.1 Was bedeutet die internationale Mobilität von Personen für die deutsche Wirtschaft?

Die kurzfristigen Lohneffekte der Einwanderung hängen davon ab, ob die einwandernden Arbeitskräfte die einheimischen eher ersetzen oder ergänzen. Dabei ist mit Blick auf die internationale Literatur und die empirischen Resultate für andere Länder davon auszugehen, dass sich die neue und zu erwartende qualifizierte Zuwanderung tendenziell positiv auf die Löhne der gering und durchschnittlich qualifizierten einheimischen Arbeitnehmern auswirken wird. Qualifizierte Immigranten ersetzen nämlich gering qualifizierte Arbeitnehmer nicht, sondern ergänzen diese vielmehr auf verschiedenen Ebenen: So benötigt ein zugewanderter Arzt natürlich eine ganze Reihe von qualifizierten Arzthelfern und es bieten sich auch neue Arbeitsmöglichkeiten für geringer qualifizierte Servicekräfte. Gleichzeitig ist kurzfristig davon auszugehen, dass die Löhne einheimischer qualifizierter Arbeitskräfte bei einer erhöhten Einwanderung von Fachkräften tendenziell weniger schnell steigen. Produktivitätseffekte und positive Humankapital-Externalitäten können sich mittel- und längerfristig realisieren und damit mittelfristig zu einem schnelleren Lohnwachstum für hoch und gering qualifizierte Arbeitnehmer beitragen. Da die Einwanderung relative Knappheiten entschärft, wird sie der deutschen Wirtschaft insgesamt Vorteile bringen und die Konjunktur stützen.

Wenn mehr Menschen in einem Land arbeiten und konsumieren, wird auch mehr produziert. Ähnlich ist davon auszugehen, dass die gesamten Steuereinnahmen steigen. Es ist intuitiv verständlich, dass mehr Einwanderung damit zum Wachstum der gesamten Wirtschaft führt, sich das gesamte Bruttoinlandsprodukt erhöht und die Einwanderung dadurch auch einen Beitrag zur Stützung der Konjunktur leisten kann. Die entscheidende Frage ist aber nicht nur, wie sich eine erhöhte Einwanderung auf die gesamte Konjunktur auswirkt, sondern auch, wie sich das Pro-Kopf-Einkommen in Deutschland verändert.

Die Einwanderung von hoch und gering qualifizierten Arbeitnehmern beeinflusst die Knappheit des Produktionsfaktors Arbeit in Deutschland. Wird Arbeit weniger knapp, kann im Regelfall damit gerechnet werden, dass es Druck auf die Löhne geben kann. Daher kann davon ausgegangen werden, dass eine zusätzliche Einwanderung zumindest kurzfristig dazu führen kann, dass die Löhne der Einheimischen weniger schnell wachsen. Sofern wir insbesondere in der Zukunft eine Einwanderung von qualifizierten Arbeitnehmern beobachten, könnten aber geringer qualifizierte Arbeitnehmer davon profitieren, da sie den relativ knappen Faktor darstellen. Dies könnte sich positiv auf die Einkommensungleichheit auswirken. Gleichzeitig wird vorhandenes Kapital in Deutschland relativ knapper und es ist damit zu rechnen, dass die Kapitalrenditen kurzfristig steigen und wieder mehr Kapital nach Deutschland fließt bzw. mehr Kapital in Deutschland bleibt.

Darüber hinaus gibt es aber eine Vielfalt von längerfristigen Wirkungsmechanismen. Internationale Studien deuten darauf hin, dass die Einwanderung von hochqualifizierten Arbeitnehmern das Pro-Kopf-Einkommen längerfristig erhöhen sollte und die Einwanderung von geringer qualifizierten Arbeitnehmern keine großen negativen Konsequenzen auf die bestehenden Einkommen der Einheimischen hat. Einwanderung trägt dazu bei, dass der Fachkräftemangel entschärft wird und die Kosten der Unternehmungen tendenziell fallen. Die Einwanderung besonders qualifizierter Arbeitskräfte kann die Produktivität der einheimischen Arbeitskräfte allgemein steigern, weil sie die Innovations- und Anpassungsfähigkeit der Wirtschaft erhöht.

4.2 Höherer Lebensstandard aber politische Herausforderungen

Bei allen beschriebenen Mechanismen ist nicht damit zu rechnen, dass der Lebensstandard sinken wird. Vielmehr wird das Gegenteil der Fall sein und der Lebensstandard wird steigen, insbesondere wenn es Deutschland schafft, gezielt qualifizierte Arbeitnehmer anzuziehen und sich für diese offen zu zeigen.

Die zu erwartende beschleunigte Zuwanderung der mobilen Faktoren Arbeit und Kapital wird allerdings durch den immobilen und knappen Faktor Boden und die bestehende Infrastruktur begrenzt. Je mehr

Arbeit und Kapital in die deutschen Wirtschaftszentren und Städte flie-
ßen, desto knapper wird der Boden und desto mehr wird die bestehende
Infrastruktur belastet. Dadurch steigen die Immobilienpreise (vgl. Stadelmann 2010a und 2010b). Neue Investitionen in Infrastruktur werden
notwendig. Qualifizierte Einwanderer bringen dem Staat typischerweise mehr zusätzliche Steuereinnahmen als Ausgaben, also einen fiskalischen Überschuss. Dies gilt aber nicht notwendigerweise für geringer qualifizierte Arbeitnehmer oder Personen ohne Arbeit.

Die Kumulierung der verschiedenen diskutierten Effekte könnte
tendenziell höhere Löhne sowie höhere Immobilienpreise und Mieten
in attraktiven deutschen Wirtschaftszentren bewirken. Dabei hängt die
Steigerung der Mietpreise in attraktiven Regionen in Deutschland stark
davon ab, wie schnell sich Mieten der neuen Marktlage anpassen. Mieter von subventionierten Wohnungen oder in alten Mietverhältnissen
werden relativ wenig getroffen, wohingegen Personen, die erstmals
einen Haushalt gründen oder aufgrund von Arbeitschancen in Bal-
lungsgebiete umziehen müssen, stärker von den Preissteigerungen betroffen sind. In den nächsten Jahren könnte aufgrund der Einwanderung der Ruf ertönen, die Interessen der bisherigen Einwohner in
attraktiven Regionen mit Regulierungen verschiedenster Art zu schüt-
zen. Solchen Rufen sollte politisch nicht nachgegangen werden. Miet-
preisregulierungen machen die bisherigen Mieter immobil, weil sie bei
einem Umzug in eine neue Wohnung ihre Privilegien verlieren. Zudem
reduzieren sie den Anreiz der Besitzer der Wohnungen, diese gut zu
unterhalten. Falsche Regulierungen haben bereits in der Vergangenheit
zum Niedergang ganzer Stadtgebiete geführt (z. B. in den Vereinigten
Staaten). Vielmehr sollte versucht werden, Regulierungen im Bauwe-
sen abzubauen, damit neuer und attraktiver Wohn- und Arbeitsraum
einfacher geschaffen werden kann.

Ein wichtiger aber bislang nahezu völlig vernachlässigter Faktor in
wirtschaftspolitischen Diskussionen ist der Einfluss des Mindestlohnes
in Deutschland auf die Migration. Hierbei spielen vor allem die Höhe
des Mindestlohnes im Vergleich zum Ausland und die Anzahl der Aus-
nahmen eine maßgebende Rolle für die Abschätzung der zu erwarten-

den Effekte. Aufgrund des Mindestlohns sind insbesondere ostdeutsche Arbeitnehmer stark von einer potentiellen Arbeitsplatzkonkurrenz durch Migrationsdruck aus den Nachbarländern betroffen. Hierbei gilt es zu berücksichtigen, dass der staatlich verordnete deutsche Mindestlohn einen Migrationsanreiz darstellt, der am freien Markt nicht stattfinden würde.

Europa endet glücklicherweise nicht an der deutschen Ostgrenze. Die letzten Schranken für osteuropäische Arbeitnehmer in Deutschland sind bereits gefallen. Das ist auch gut so! Die EU-Personenfreizügigkeit fördert, ähnlich dem freien Warenverkehr, das wirtschaftliche Wachstum, den Wohlstand sowie die Angleichung der Lebensverhältnisse über die nationalen Grenzen hinweg. Wie oben gezeigt und von zahlreichen internationalen wissenschaftlichen Studien klar belegt, werden Migrationsbewegungen zwischen Ländern von relativen Lohnunterschieden, der Verfügbarkeit von Arbeitsplätzen sowie der Distanz getrieben, wenn gleichzeitig für andere Einflussfaktoren kontrolliert wird. Deutsche Bruttodurchschnittslöhne sind über doppelt so hoch wie Durchschnittslöhne der direkten östlichen Nachbarn Polen und Tschechien. Auch ist die Arbeitslosigkeit im gesamten Bundesgebiet unter jener der östlichen Nachbarn. Natürlich sind Löhne und Arbeitslosenraten in Deutschland regional stark unterschiedlich mit den bekannten Problemen im östlichen Bundesgebiet. Und genau das ist der entscheidende Punkt: Ein flächendeckender, hoher Mindestlohn garantiert einheitliche Löhne für geringer Qualifizierte überall in Deutschland und erhöht damit künstlich die Unterschiede gegenüber den anderen Ländern. Da der Mindestlohn nicht nur für deutsche Staatsbürger gilt, macht er Deutschland insbesondere für osteuropäische Arbeitnehmer viel attraktiver. Ein staatlich verordneter hoher Mindestlohn wirkt als Migrations- und Grenzgängermagnet für ausländische Arbeitskräfte in grenznahen Gebieten, also vor allem in den ostdeutschen Bundesländern. Gesetzliche Mindestlöhne pro Stunde liegen in Polen bei etwa nur einem Viertel der in Deutschland eingeführten Untergrenze. Der tschechische Mindestlohn ist ähnlich tief wie jener Polens und in anderen osteuropäischen Staaten liegen die Mindestlöhne bedeutend

tiefer. In Frankreich, Belgien und den Niederlanden sind die Mindestlöhne etwa vergleichbar mit den derzeitigen Löhnen der deutschen
Nachbarbundesländer. Holländer werden wegen des Mindestlohnes
also eher nicht nach Nordrhein-Westfalen und Niedersachsen pendeln.
Die Mindestlohndifferenz zu Polen und Tschechien könnte jedoch
Migrationsströme nach sich ziehen. Insbesondere in Ostdeutschland
werden Personen ohne Berufsausbildung oder Arbeitnehmer, die nicht
im gelernten Beruf tätig sind, den Arbeitsmarktdruck durch erhöhte
Einwanderung und Pendlerbewegungen über die Grenze zu spüren be
kommen.

Dagegen könnte argumentiert werden, dass deutsche Unternehmen
eher auf deutsche als auf ausländische Arbeitskräfte zurückgreifen
würden. Dies stimmt allerdings nur auf den ersten Blick. Zwar werden
viele Unternehmen bei einer strengen Durchsetzung wohl eher gering
qualifizierte Deutsche einstellen als gering qualifizierte Ausländer, jedoch können gut qualifizierte Facharbeiter aus dem Osten auch in
Deutschland problemlos Tätigkeiten ausüben, für die nur eine geringere Qualifikation notwendig ist. Für Unternehmen bietet dies sogar
ein Potential für die Zukunft, wenn Fachkräfte knapper werden sollten.
Viele osteuropäische Arbeitskräfte sind hervorragend ausgebildet. Ein
besonders hoher staatlich verordneter Mindestlohn wirkt stark markt-
verzerrend. Qualifizierte Einwanderer werden relativ gering qualifizierte Tätigkeiten in Deutschland ausüben und dabei gering qualifizierte Einwohner aus dem Markt drängen. Gleichzeitig könnten die
Nachbarländer unter der Emigration von qualifizierten Arbeitnehmern
aufgrund eines staatlich verordneten Mindestlohnes in Deutschland leiden. Ein zu hoher flächendeckender Mindestlohn erhöht nicht nur die
Arbeitslosigkeit, sondern sollte insbesondere in ostdeutschen Bundesländern auch zu erhöhtem Migrationsdruck führen, was die Arbeitslosigkeit deutscher Arbeitskräfte erhöhen könnte.

Die internationale Offenheit für Migration und auch die Personenfreizügigkeit in der Europäischen Union sind ein riesiger Erfolg. Dieser Erfolg soll nicht durch fehlerhafte Politiklösungen gefährdet werden. Schlechte Politiklösungen und ein falscher Umgang mit realen
Anpassungsschwierigkeiten, die die Globalisierung und die Mobilität

von Personen mit sich bringen, können zu einem Ruf nach Schutzmaßnahmen führen. Für Populisten ist es eine zu einfache und reizvolle Erklärung, ausländische Arbeitskräfte als Sündenböcke für alle Probleme abzustempeln. Möglicherweise gut gemeinte politische Interventionen am Arbeitsmarkt, bei Mieten, an der Personenfreizügigkeit insgesamt etc. können nicht nur zukünftige positive Beschäftigungschancen vereiteln und weiteres Wachstum erschweren, sondern über kurz oder lang auch unnötige und unerwünschte Diskussionen über Masseneinwanderung auslösen. Dies ist bei all den zu erwartenden wirtschaftlichen Vorteilen einer erhöhten internationalen Mobilität gewiss nicht notwendig.

Literatur

ACEMOGLU, Daron/ANGRIST, Joshua (2000): How Large Are Human-Capital Externalities? Evidence from Compulsory Schooling Laws. In: NBER Macroeconomics Annual Nr. 15, 9–59.

ARROW, Kenneth J. (1962): The Economic Implications of Learning by Doing. In: The Review of Economic Studies, 29. Jg., Nr. 3, 155–173.

BEINE, Michel/DOCQUIER, Frédéric/ÖZDEN, Çaglar (2011): Diasporas. In: Journal of Development Economics, 9. Jg., Nr. 1, 30–41.

BHAGWATI, Jagdish/HAMADA, Koichi (1974): The Brain Drain, International Integration of Markets for Professionals and Unemployment. A Theoretical Analysis. In: Journal of Development Economics, 1. Jg., Nr. 1, 19–42.

BORJAS, George J. (1995): The Economic Benefits from Immigration. In: Journal of Economic Perspectives, 9. Jg., Nr. 2, 3–22.

CARD, David (1990): The Impact of the Mariel Boatlift on the Miami Labor Market. In: Industrial and Labor Relations Review, 43. Jg., Nr. 2, 245–257.

CONWAY, Karen Smith/RORK, Jonathan C. (2012): No Country for Old Men (or Women). Do State Tax Policies Drive Away the Elderly? In: National Tax Journal, 65. Jg., Nr. 2, 313–356.

DOCQUIER, Frederic/MARFOUK, Abdeslam (2004): Measuring the international mobility of skilled workers (1990–2000). Release 1.0. Washington: World Bank. Online verfügbar unter: https://openknowledge.worldbank.com/handle/10986/14126.

180 David Stadelmann und Ali Sina Önder

DOCQUIER, Frederic/MARFOUK, Abdeslam/LOWELL, B. Lindsay (2008): A Gendered Assesment of the Brain Drain. Washington: World Bank.

DUSTMANN, Christian/FABBRI, Francesca/PRESTON, Ian (2005): The Impact of Immigration on the British Labour Market. In: The Economic Journal, 115. Jg., Nr. 507, F324–F341.

FRANKEL, Jeffery A./ROMER, David H. (1999): Does Trade Cause Growth? In: American Economic Review, 89. Jg., Nr. 3, 379–399.

FRIEDBERG, Rachel M. (2001): The Impact of Mass Migration on the Israeli Labor Market. In: The Quarterly Journal of Economics, 116. Jg., Nr. 4, 1373–1408.

GENNAIOLI, Nicola/LA PORTA, Rafael/LOPEZ-DE-SILANES, Florencio/SHLEIFER, Andrei (2013): Human Capital and Regional Development. In: The Quarterly Journal of Economics, 128. Jg., Nr. 1, 105–164.

GROGGER, Jeffrey/HANSON, Gordon H. (2011): Income Maximization and the Selection and Sorting of International Migrants. In: Journal of Development Economics, 95. Jg., Nr. 1, 42–57.

GROSSMANN, Volker/STADELMANN, David (2013): Wage Effects of High-Skilled Migration. International Evidence. In: The World Bank Economic Review, 27. Jg., Nr. 2, 297–319.

GROSSMANN, Volker/STADELMANN, David (2012): Does High-skilled Migration Affect Publicly Financed Investments? In: Review of International Economics, 20. Jg., Nr. 5, 944–959.

GROSSMANN, Volker/STADELMANN, David (2011): Does International Mobility of High-Skilled Workers Aggravate Between-Country Inequality? In: Journal of Development Economics, 95. Jg., Nr. 1, 88–94.

HANSON, Gordon H./SCHEVE, Kenneth F./SLAUGHTER, Matthew J. (2009): Individual Preferences over High-Skilled Immigration in the United States. In: BHAGWATI, Jagdish/HANSON, Gordon H. (Hrsg.): Skilled Immigration Today. Problems, Prospects, and Policies. Oxford University Press, 207–246.

HAUPT, Alexander/JANEBA, Eckhard (2009): Education, Redistribution, and the Threat of Brain Drain. In: International Tax and Public Finance, 16. Jg., Nr. 1, 1–24.

HUNT, Jennifer/GAUTHIER-LOISELLE, Marjolaine (2010): How Much Does Immigration Boost Innovation? In: American Economic Journal. Macroeconomics, 2. Jg., Nr. 2, 31–56.

LEE, Ronald/MILLER, Timothy (2000): Immigration, Social Security and Broader Fiscal Impacts. In: The American Economic Review, 90. Jg., Nr. 2, 350–354.

LUCAS, Robert E. (1988): On the Mechanics of Economic Development. In: Journal of Monetary Economics, 22. Jg., Nr. 1, 3–42.

MARFOUK, Abdeslam (2007): Brain Drain in Developing Countries. In: The World Bank Economic Review, 21. Jg., Nr. 2, 193–218.

MAYDA, Anna M. (2005): International Migration. A Panel Data Analysis of Economic and Non-Economic Determinants. Institute for the Study of Labor (IZA) Discussion Paper 1590. Bonn.

MOUNTFORD, Andrew (1997): Can a Brain Drain Be Good for Growth in the Source Economy? In: Journal of Development Economics, 53. Jg., Nr. 2, 287–303.

MÜLLER, Tobias/TAI, Silvio H. T. (2010): Individual Attitudes Towards Migration. A Reexamination of the Evidence. Online verfügbar unter: https://www.wto.org/english/res_e/reser_e/gtdw_e/wkshop10_e/tai_e.pdf (13.10.2014).

ÖNDER, Ali S./SCHLUNK, Herwig (2009): State Taxes, Tax Exemptions, and Elderly Migration. Journal of Regional Analysis and Policy, forthcoming.

SPILIMBERGO, Antonio (2009): Democracy and Foreign Education. In: American Economic Review, 99. Jg., Nr. 1, 528–543.

STADELMANN, David (2010a): Which Factors Capitalize into House Prices? A Bayesian Averaging Approach. In: Journal of Housing Economics, 19 Jg., Nr. 3, 180–204.

STADELMANN, David (2010b): Effects of Fiscal Policies on House Prices: New Evidence, Persistence, Consequences. Baden-Baden: Nomos Verlagsgesellschaft.

STARK, Oded/HELMENSTEIN, Christian/PRSKAWETZ, Alexia (1997): A Brain Gain with a Brain Drain. In: Economics Letters, 55. Jg., Nr. 2, 227–234.

STORESLETTEN, Kjetil (2003): Fiscal Implications of Immigration. A Net Present Value Calculation. In: The Scandinavian Journal of Economics, 105. Jg., Nr. 3, 487–506.

WILDASIN, David E. (2000): Labor Market Integration, Investment in Risky Human Capital, and Fiscal Competition. In: American Economic Review, 90. Jg., Nr. 1, 73–95.

Verschenkte Bildungsressourcen und ihre Ursachen – leistungsfremder sozialer Filter, tendenzielle Unterschichtung und unterentwickelte Förderkultur

Rainer Geißler

1. Schicht- und ethnienspezifische Bildungschancen

Die internationalen Bildungsvergleichsstudien innerhalb der OECD im letzten Jahrzehnt haben deutlich gemacht, dass die deutsche Altlast der Bildungsbenachteiligung von jungen Menschen aus bildungsfernen Familien, die bereits in den 1960er Jahren intensiv im Zusammenhang mit der „deutschen Bildungskatastrophe" (Picht 1964) diskutiert wurde,[1] auch heute noch fortlebt. Der Beitrag skizziert die Zusammenhänge der Schulleistungen mit sozialer und ethnischer Herkunft und die damit verbundenen Nachteile auf verschiedenen Stufen der Bildungslaufbahn. Im zweiten Teil werden die wichtigsten Ursachen dieser Defizite und Benachteiligungen dargestellt – der leistungsfremde soziale Filter im deutschen Schulsystem, die Unterschichtung der Sozialstruktur durch Migranten und die unterentwickelte Förderkultur in den Schulen.

2. Schulleistungen nach sozialer und ethnischer Herkunft

Obwohl die Schulleistungsdefizite der 15-Jährigen aus bildungsfernen Familien und mit Migrationshintergrund im letzten Jahrzehnt etwas zurückgegangen sind, gehört Deutschland weiterhin zu dem Viertel der

---

[1] Vgl. z. B. Dahrendorf 1965.

OECD-Länder, in denen die Kompetenzen der Jugendlichen am stärksten mit ihrer sozialen und ethnischen Herkunft zusammenhängen. 2012 belegte Deutschland im Hinblick auf die Größe der Kompetenzkluft nach sozialer Herkunft in Mathematik die Ränge 5 und 6 (je nach Maßstab für soziale Herkunft) von 34 Ländern und im Jahr 2009 im Lesen Rang 8 und in den Naturwissenschaften Rang 6.[2] Ganz ähnlich sieht es bei den Unterschieden zwischen den 15-Jährigen ohne und mit Migrationshintergrund aus. Letztere stammen aus Familien, bei denen mindestens ein Elternteil zugewandert ist. Bei PISA 2006 führt Deutschland die „Hitliste" der 15 wichtigsten OECD-Einwanderungsländer mit den größten Kompetenzdefiziten der Migrantenkinder im Bereich Naturwissenschaften an, im Lesen ist Deutschland 2009 auf Rang 5 von 22 Ländern platziert und in Mathematik im Jahr 2012 auf Rang 8 von 16 Ländern.[3]

2.1 Bildungslaufbahnen nach sozialer und ethnischer Herkunft

In den 1980er und 1990er Jahren haben sich die Zusammenhänge von Bildung und sozialer Herkunft nach dem sog. „Matthäus-Prinzip" – „denn wer da hat, dem wird geben" – entwickelt: die Chancenabstände zwischen privilegierten und benachteiligten Gruppen beim Run auf Gymnasien und Hochschulen haben sich vergrößert. Seit 2000 hat sich die Entwicklung im schulischen Bereich umgekehrt. Die Chancenunterschiede zwischen den Klassen, wie PISA es formuliert, sind weiterhin erheblich, aber die Jugendlichen aus den Arbeiterklassen haben etwas aufgeholt. Von den 15-Jährigen aus Akademikerfamilien besuchen 2012 58 Prozent ein Gymnasium; aus den Familien der un- und angelernten Arbeiter ist der Anteil der Gymnasiasten zwischen 2000 und 2012 von 11 Prozent auf 19 Prozent gestiegen und der Anteil aus Familien von Facharbeitern, Vorarbeitern und Meistern von 16 Prozent

---

[2] Vgl.Prenzel u. a. 2013, 259ff. (Mathematik); Klieme u. a. 2010, 35, 184 (Lesen, Naturwissenschaften).
[3] Vgl. Walter/Taskinen 2007, 359 (Naturwissenschaften); Stanat u. a. 2010, 212 (Lesen); Gebhardt u. a. 2013, 287 (Mathematik).

auf 27 Prozent (vgl. Müller/Ehmke 2013, 269). Allerdings macht diese
Entwicklung vor den Toren der Hochschulen halt. Unter den Studierenden an Universitäten und Fachhochschulen sind Kinder von Un-
und Angelernten mit maximal 1 Prozent vertreten. Die abnehmende
soziale Auslese im Schulsystem wird von einer zunehmenden sozialen
Auslese beim Zugang zu den Hochschulen begleitet.[4]

Auch die Migrantenkinder haben gravierende Probleme auf allen
Stufen ihrer Bildungslaufbahn. Obwohl gerade die Kinder aus zugewanderten Familien von einem möglichst frühen Kindergartenbesuch
profitieren, besuchen diese im Alter von drei bis fünf Jahren deutlich
seltener Kindertageseinrichtungen als Einheimische. Bei der Einschulung werden sie doppelt so häufig zurückgestellt, in den ersten bis dritten Klassen bleiben sie viermal so häufig sitzen, in den vierten bis
sechsten Klassen doppelt so häufig. Und das Risiko, auf eine Sonder-
schule für Lernbehinderte überwiesen zu werden, ist mehr als doppelt
so hoch.[5] Abb. 1 erfasst von den Migranten lediglich die Ausländer,
obwohl in Deutschland mehr Deutsche mit Migrationshintergrund
leben als Ausländer. Leider sind einige offizielle Statistiken – darunter
auch die Schulstatistiken – bis heute Ausländerstatistiken geblieben. In
der Abbildung wird deutlich, dass sich die Schulabschlüsse der ausländischen Schülerinnen und Schüler im letzten Jahrzehnt – nach einem
Stillstand der Entwicklung in den 1990er Jahren – deutlich verbessert
haben. Dennoch verlassen 2012 noch etwa doppelt so viele Ausländer
wie Deutsche das Schulsystem ohne Hauptschulabschluss sowie mit
Hauptabschluss und weniger als halb so viele mit Hochschulreife.

---

[4] Einzelheiten dieser Entwicklungen bei Geißler 2014, 348–362.
[5] Vgl. Becker/Tremel 2006, 414 (Kindertageseinrichtungen); Kratzmann/Schneider
2008, 24f. (Einschulung); Krohne u. a. 2004, 385 (Sitzenbleiben); Diefenbach 2010,
68 (Überweisung auf Sonderschulen).

186   Rainer Geißler

Abbildung 1: Schulabschlüsse von jungen Ausländern 1983–2012 (in Prozent)

	ohne Haupt- schul- ab- schluss	Haupt- schul- ab- schluss	Real- schul- ab- schluss	Fach- hoch- schul- reife	allg. Hoch- schulreife	alle Ab- schlüsse
Ausländer						
1983	31	44	19	2	4	100
1993	19	39	29	4	9	100
2003	17	36	32	7	9	100
2012	11	33	38	2	16	100
Deutsche						
2012	5	17	40	2	37	101

Quelle: berechnet und zusammengestellt nach Angaben des Statistischen Bundesamtes.

Bemerkung: 1983 früheres Bundesgebiet, ab 1993 Deutschland

Zwischen den verschiedenen Nationalitäten bestehen erhebliche Unterschiede beim Besuch der verschiedenen Schulformen der Sekundarstufe. Von den Schülern der ehemaligen Anwerbeländer gehen im Schuljahr 2012/13 die Slowenen, Kroaten und Spanier am häufigsten auf ein Gymnasium. Bosnier, Griechen und Tunesier liegen im Mittelfeld, während Italiener und Türken zusammen mit den Serben, Marokkanern und Mazedoniern die Schlusslichter bilden. Nicht alle Ausländer sind benachteiligt. So besuchen junge Menschen aus einigen Flüchtlingsländern – aus Vietnam, dem Iran sowie aus Russland und der Ukraine (unter letzteren machen jüdische Einwanderer große

Anteile aus) fast so häufig ein Gymnasium wie Deutsche oder sogar häufiger.[6]

Diese Benachteiligung der Ausländer setzt sich an den Hochschulen fort. 2008 haben 17 Prozent der Studierenden einen Migrationshintergrund. Von den 20- bis 30-Jährigen ohne Migrationshintergrund studieren 19 Prozent im Vergleich zu 12 Prozent dieser Altersgruppe mit Migrationshintergrund. Während von den im Ausland geborenen Ausländern lediglich 7 Prozent studieren, sind die Studienchancen der Eingebürgerten mit 17 Prozent fast so gut wie die der Einheimischen.[7]

Alarmierend sind die Probleme der jungen Migranten in der beruflichen Ausbildung (Abb. 2). In den letzten Jahren hat sich ihre Situation zwar etwas verbessert, aber 2010 stehen immer noch 38 Prozent der ausländischen 25- bis 34-Jährigen sowie ein Drittel der Eingewanderten aus dieser Jahrgangsgruppe mit Migrationshintergrund ohne beruflichen Abschluss da. Bei der in Deutschland geborenen zweiten Generation mit Migrationshintergrund sind die Defizite nicht ganz so dramatisch, aber auch bei dieser ist der Anteil ohne abgeschlossene Berufsausbildung mit 25 Prozent fast dreimal so hoch wie unter den Einheimischen mit 9 Prozent. Für viele junge Migranten ist damit der Weg in die Arbeitslosigkeit und Randständigkeit, für einige auch in die Kriminalität vorprogrammiert. Die Situation, die der erste Integrationsbeauftragte der Bundesregierung, Heinz Kühn, bereits vor 35 Jahren diagnostizierte und kritisierte, hat sich bis heute nicht entscheidend verändert.

---

[6] Eigene Berechnungen nach Daten des Statistischen Bundesamtes.
[7] Autorengruppe Bildungsberichterstattung 2010, 294.

Abbildung 2: 25- bis 34-Jährige Migranten ohne beruflichen Abschluss und ohne (Fach-)Hochschulreife (2005 und 2010)

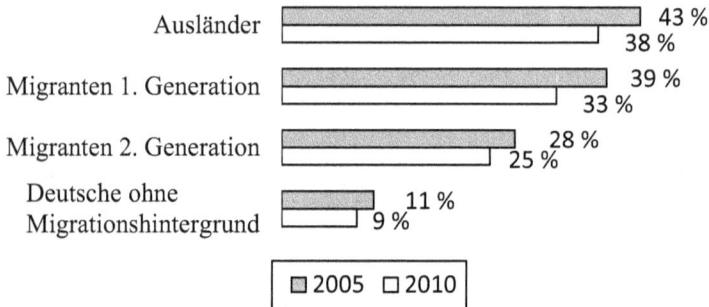

Quelle: eigene Grafik nach Daten aus: Die Beauftragte der Bundesregierung für Migration, Flüchtlinge und Integration (Hrsg.): Zweiter Integrationsindikatorenbericht. Paderborn 2011, 47.

3. Ursachen der ungleichen Bildungschancen

Wo liegen die Ursachen für das Beharrungsvermögen der hohen sozialen und ethnischen Selektivität im deutschen Bildungssystem? Das sehr komplexe Ursachengeflecht ist bisher nur bruchstückhaft empirisch-theoretisch ausgeleuchtet. Die folgende Skizze von drei besonders wichtigen Ursachenkomplexen orientiert sich an empirisch gut nachgewiesenen Sachverhalten.

3.1 Der leistungsfremde soziale Filter – die Enthüllung der meritokratischen Illusion

In der Öffentlichkeit war insbesondere vor den PISA-Studien eine simple meritokratische Erklärung für die vertikale Bildungsungleichheit verbreitet. Sie geht davon aus, dass die hohe soziale Auslese durch Leistung bedingt sei. Wer tüchtig und leistungsfähig ist, setze sich durch. Diese Erklärung ist bequem und beruhigt das soziale Gewissen.

Aber bereits in den 1960er Jahren haben Bildungssoziologie und Sozialisationsforschung herausgearbeitet, dass dieses Erklärungsmuster einseitig und unvollständig ist. Es übersieht vor allem, dass bei der Auslese im deutschen Bildungssystem die Kompetenzen der Jugendlichen aus bildungsfernen Schichten nicht angemessen ausgeschöpft werden.

Die PISA-Studien haben das Illusionäre an der meritokratischen Erklärung erneut eindrucksvoll empirisch belegt. So sind z. B. die Chancen der 15-Jährigen aus der Oberen Dienstklasse – wie Akademikerfamilien bei PISA bezeichnet werden – , ein Gymnasium zu besuchen, um das sechsfache größer als bei Jugendlichen aus Facharbeiterfamilien; aber auch bei gleichen kognitiven Grundfähigkeiten und gleicher Leseleistung besuchen die statushöheren Jugendlichen noch dreimal häufiger ein Gymnasium (vgl. Baumert u. a. 2001, 167ff.). Die späteren PISA-Studien kommen zu ähnlichen Ergebnissen (vgl. PISA-Konsortium Deutschland 2007, 330). Die meritokratische Erklärung ist also nur die „halbe Wahrheit", die andere Hälfte hat mit der Leistung nichts zu tun. Oder anders ausgedrückt: Im deutschen Schulsystem existiert ein leistungsfremder sozialer Filter, etwa die Hälfte der Auslese erfolgt nach leistungsfremden sozialen Kriterien. Wer diesen Filter ignoriert oder unterschätzt, unterliegt einer meritokratischen Illusion.[8]

Die Wurzeln des leistungsfremden sozialen Filters liegen sowohl in den Familien als auch in den Schulen. Sozial schwache Familien schicken ihre Töchter und Söhne auch bei guten Leistungen und entsprechenden Lehrerempfehlungen häufig nicht auf ein Gymnasium. Eltern aus oberen Schichten verhalten sich genau umgekehrt: Auch bei mäßigen Leistungen und entgegen den Lehrerempfehlungen ziehen sie häufig eine höhere Bildungseinrichtung vor.[9] Ähnliches gilt auch für die Entscheidungen der Studienberechtigten beim Übergang in die Hochschulen (vgl. Müller/Pollak 2010, 337f.). Der Widerstand der oberen Schichten gegen den sozialen Abstieg ist erheblich stärker ausgeprägt als der Wille der unteren Schichten zum sozialen Aufstieg.

---

[8] Die Studie von Müller-Benedikt 2007, 623 und 626, bringt diesen Filter sehr anschaulich zum Ausdruck. Vgl. dazu auch Geißler 2012.

[9] Vgl. Ditton 2010, 64; Neugebauer 2010; Merkens/Wessel 2002, 189ff.

Als Ursachen für die schichttypischen Bildungsentscheidungen von Eltern lassen sich eine Vielzahl von Faktoren heranziehen. Bildungsentscheidungen im frühen Alter von zehn Jahren bergen hohe Risiken. Nach vier Jahren Schulzeit sind Prognosen über die Leistungsentwicklung der Kinder in den folgenden sechs oder neun Jahren schwierig. Dies ist insbesondere in den bildungsfernen Schichten der Fall, die in der Regel über keinerlei Erfahrungen mit längeren Bildungswegen auf den höheren oder auch mittleren Ebenen des hierarchischen Bildungssystems verfügen. Dazu kommt der Mangel an Ressourcen für außerschulische Hilfen, z. B. bei den Hausaufgaben, sowie die schlechte Ausstattung mit ökonomischen Ressourcen. Im Gegensatz zu den oberen Schichten spielen die finanziellen Kosten bei den Bildungsentscheidungen der unteren Schichten eine Rolle (vgl. Becker/Lauterbach 2010, 18f.).

Der leistungsfremde soziale Filter ist beim Übergang in die Hochschulen erneut wirksam. Kinder aus der Oberen Dienstklasse entscheiden sich quasi „automatisch" für ein Studium, weil ihre Familien mit einer akademischen Ausbildung vertraut sind, die Erfolgsaussichten gut einschätzen und kaum akzeptable Alternativen zu einem Studium wahrnehmen. Die Kosten des Studiums und die Situation am Arbeitsmarkt beeinflussen ihre Entscheidungen nicht. Die Abiturienten aus Arbeiterfamilien lassen sich dagegen häufiger von einem Studium „ablenken", weil sie im Hinblick auf ihren Studienerfolg und ihre Arbeitsmarktchancen unsicherer und pessimistischer sind und weil auch die erwarteten finanziellen Belastungen in ihrem Kosten-Nutzen-Kalkül eine Rolle spielen (vgl. Becker/Hecken 2008).

Die Schule ist nicht in der Lage, die leistungsfremden Filtereffekte in den Familien zu kompensieren. Im Gegenteil: Die Verstöße gegen das meritokratische Prinzip werden in deutschen Schulen nochmals erheblich verstärkt. Es ist wiederholt belegt worden, dass Bewertungen durch Lehrerinnen und Lehrer – die Notengebung und die Empfehlungen am Ende der Grundschulzeit für den weiteren Bildungsweg – auch von leistungsfremden sozialen Kriterien beeinflusst sind, die zu Lasten der Kinder aus sozial schwachen Familien gehen (vgl. dazu Geißler

2014, 365f.). Dramatischer als die Benotung und für die Bildungskarriere wichtiger sind die Auswirkungen der Lehrerempfehlungen am Ende der Grundschulzeit. Die wichtige Weichenstellung beim Übergang in die Sekundarstufe beeinflusst die Bildungskarrieren entscheidend, weil die eingeschlagenen Bildungswege nur schwer korrigierbar sind (vgl. Bellenberg/im Brahm 2010).

Der starke Einfluss leistungsfremder Kriterien auf die Grundschulempfehlungen zu Lasten der Kinder aus unteren Schichten wurde wiederholt empirische nachgewiesen.[10] Besonders eindrucksvolle Daten förderte dazu die sog. LAU-Studie an 13.000 Hamburger Fünftklässlern zutage. Grundschullehrerinnen legen bei Kindern aus bildungsfernen Familien erheblich strengere Leistungsmaßstäbe bei der Empfehlung für das Gymnasium an als bei Kindern aus bildungsnahen Familien. Die Leistungsanforderungen nehmen mit der Bildungsferne der Familien kontinuierlich zu. Damit eine Gymnasialempfehlung wahrscheinlich wird, reichen bei Kindern von Vätern mit Abitur 65 Punkte in einem Schulleistungstest; Kinder von Vätern ohne Hauptschulabschluss müssen dagegen 98 Punkte – also 50 Prozent mehr! – erreichen (vgl. Lehmann/Peek 1997, 89). Die IGLU-Studien belegen, dass sich an dieser Situation nichts verändert hat, zwischen 2001 und 2006 hat der Einfluss leistungsfremder Merkmale sogar noch etwas zugenommen. Abb. 3 zeigt, dass die Anforderungen an die Leseleistung für eine Gymnasialempfehlung umso höher sind, je niedriger der sozioökonomische Status ist. Bei Kindern der Oberen Dienstklasse reicht eine unterdurchschnittliche Leseleistung aus, die Kinder der Facharbeiter (einschl. Arbeiterelite) müssen dagegen um 55 Punkte und die Kinder der Un- und Angelernten sogar um 77 Punkte besser lesen können als die Kinder aus der bildungsnahen Klasse. Das entspricht einem Lernfortschritt von mehr als einem Jahr bzw. eineinhalb Jahren.

---

[10] Belege bei Geißler 2014, 365f.

Abbildung 3: *Gymnasialpräferenz der Grundschullehrkräfte nach Leseleistung und Klassenzugehörigkeit (2006)*

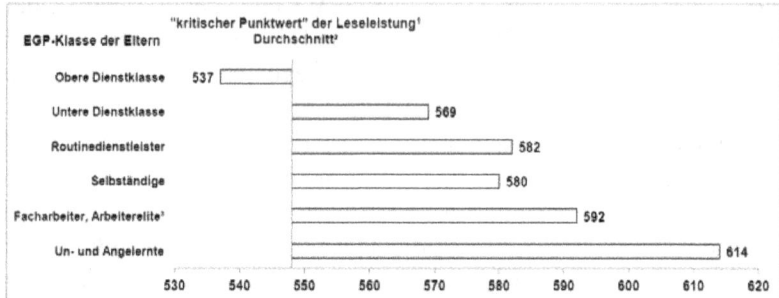

Quelle: eigene Grafik nach Daten bei Bos u. a. 2007, 114, 288.

Bemerkungen: [1] *Punktwert, bei dem im Durchschnitt das Gymnasium als geeignete Schulform von den Lehrkräften bei den verschiedenen Klassen angesehen wird.*
[2] *548 Punkte – durchschnittlicher Punktwert der Leseleistung aller Kinder der vierten Klasse. Der Unterschied der durchschnittlichen Leseleistung in der dritten und vierten Klasse beträgt 49 Punkte.*
[3] *Arbeiter mit Leitungsfunktion (Meister, Vorarbeiter, Techniker in manuellen Arbeitsprozessen).*

Bisher fehlt eine genauere Analyse zu den Motiven dieser Entscheidungen. Eine Rolle spielen dürften – wie bei der Notengebung – gute Umgangsformen und positives Sozialverhalten, aber auch vermutete Defizite an häuslicher Unterstützung in bildungsfernen Familien (Hilfe bei Hausaufgaben, Nachhilfe, Kontakte zu Lehrern, Durchhaltevermögen bei schulischen Krisen). Offensichtlich handelt es sich nicht um eine bewusste und gezielte Diskriminierung, sondern manchmal auch um einen gut gemeinten Schutz vor antizipierten Misserfolgen, in der Literatur wird dafür ab und zu der Begriff der „wohlwollenden Diskriminierung" benutzt.

Die Folgen des leistungsfremden Filters werden durch ungleiche Lernmilieus an den Schultypen verstärkt. Es ist belegt, dass Leistungsstarke und Leistungsschwache aus allen Schichten in Gymnasien mehr als in Realschulen lernen und in Realschulen mehr als in Hauptschulen, die häufig zu „ Restschulen" mit verarmten Lernmilieus verkümmert sind (vgl. Baumert u. a. 2003, 287). Da die Schulformen schichttypisch besucht werden, haben die ungleichen Lernmilieus fatale Folgen: Je höher der Status der Jugendlichen ist, umso häufiger profitieren diese von den guten Lernmilieus in den Gymnasien, und je niedriger ihr Status ist, umso häufiger müssen sie mit schwächeren Lernmilieus vorlieb nehmen. Die schichttypischen Leistungsunterschiede nehmen weiter zu.

3.2 Tendenzielle Unterschichtung

Die Ursachen für die Bildungsprobleme der jungen Menschen mit Migrationshintergrund lassen sich zu zwei Strängen bündeln: in den migrationsspezifischen und in den schichtspezifischen Strang. Der migrationsspezifische Strang weist auf Probleme hin, die bei der Wanderung in eine fremde Kultur mit einer anderen Verkehrs- und Unterrichtsprache, einem anderen Bildungssystem und teilweise anderen Werten und Normen entstehen. Die Sprachprobleme spielen dabei eine Schlüsselrolle (dazu insbes. Esser 2006).

Der schichtspezifische Strang geht darauf zurück, dass die deutsche Gesellschaft tendenziell durch Migranten unterschichtet ist. Das heißt: Junge Migranten stammen häufiger als Einheimische aus statusniedrigeren Familien und seltener aus statushöheren Familien (Einzelheiten dazu bei Geißler 2014, 288ff.). Das Gewicht der beiden Stränge variiert in etwa zwischen einem und zwei Drittel – je nachdem, welche Leistungen und Aspekte der Bildungsbenachteiligung untersucht werden.

Im folgenden Beispiel sind beide Stränge gleich stark beteiligt: 15-jährige Einheimische schneiden beim Lesen um 96 PISA-Punkte und in Mathematik um 93 Punkte besser ab, als die in Deutschland geborene zweite Generation aus zugewanderten Familien. Diese Abstände sind erheblich; sie entsprechen dem Lernfortschritt von mehr als zwei Jahren. Vergleicht man dann Einheimische und Angehörige der zweiten Generation mit gleichem sozioökonomischem Status, dann halbiert sich die Kluft auf 48 beziehungsweise 45 Punkte, also auf gut ein Jahr Lernfortschritt (OECD 2007, 257).

Das zweite Beispiel bezieht sich auf die Bildungsbeteiligung. Die Chancen von westdeutschen Einheimischen, eine weiterführende Schule (Realschule, Gymnasium) statt einer Hauptschule zu besuchen, sind um das 2,5-fache höher als die Chancen der jugendlichen Migranten. Kontrolliert man deren Schichtzugehörigkeit, dann reduzieren sich die Vorteile der Einheimischen um zwei Drittel auf das 1,5-fache (vgl. Baumert/Schümer 2002, 198).

Die Unterschichtungseffekte sind in Deutschland aus zwei Gründen besonders verhängnisvoll: Die tendenzielle Unterschichtung ist besonders stark ausgeprägt: Luxemburg und Deutschland sind 2012 die beiden Gesellschaften unter den 16 wichtigen Einwanderungsländern der OECD, in denen die Unterschiede im sozioökonomischen Status zwischen Migranten und Einheimischen am größten sind (Abb. 4).[11] Bei den Nachbarn Belgien, Frankreich, Niederlande, Dänemark, Schweiz und Österreich ist diese Kluft um ein Drittel bis um die Hälfte kleiner. Die starke tendenzielle Unterschichtung und ihre negativen Folgen für die Bildungschancen der Migrantenkinder sind eine Hypothek, die uns die Gastarbeiterpolitik, das lange Fehlen einer zukunftsorientierten Migrationspolitik und die damit zusammenhängenden Integrationsversäumnisse hinterlassen haben.

Deutschland gehört, wie eingangs bereits erwähnt, zu denjenigen OECD-Gesellschaften, wo die schichttypischen Schulleistungsunterschiede am weitesten auseinanderklaffen. Zwei für junge Migranten besonders ungünstige Problemzonen treffen also aufeinander und kumulieren in ihren negativen Begleiterscheinungen. Die besonders starke tendenzielle Unterschichtung hat im deutschen Bildungssystem mit besonders stark ausgeprägten schichttypischen Schulleistungen besonders schlimme Benachteiligungen zur Folge.

---

[11] 2006 führte Deutschland diese Tabelle knapp vor Luxemburg an (vgl. Geißler/Weber-Menges 2008, 19).

Abbildung 4: *Unterschichtung durch Migration im internationalen Vergleich 2012.*

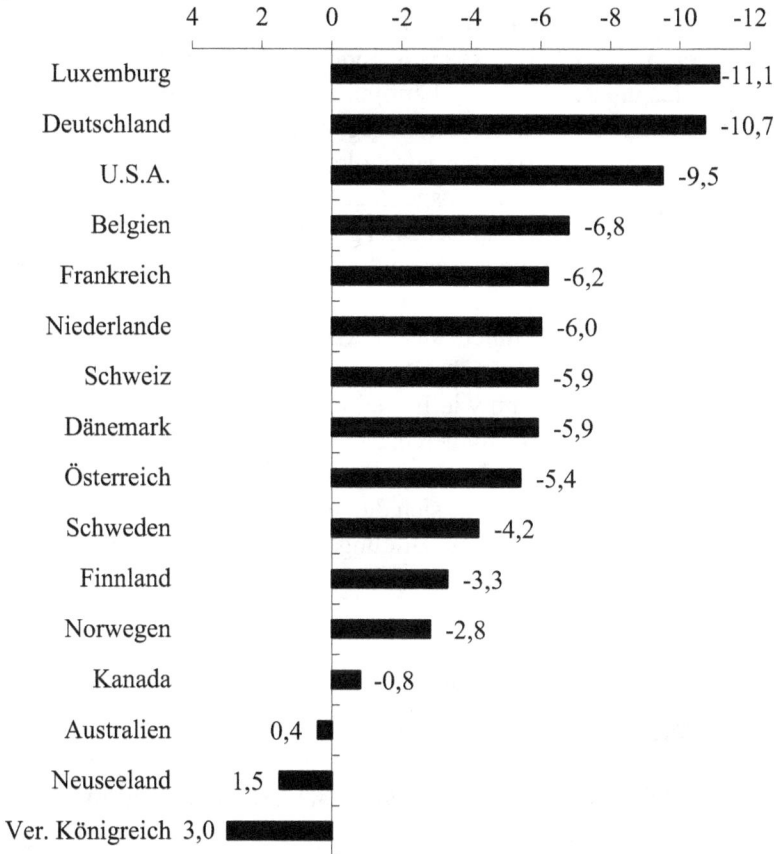

Quelle: Eigene Grafik nach Daten bei Prenzel, M. u. a. 2013, 285.

Bemerkungen: *Unterschiede im sozioökonomischen Status[1] zwischen Familien von 15-Jährigen ohne und mit Migrationshintergrund[2] in Einwanderungsländern der OECD.[1] Sozioökonomischer Status: gemessen mit dem Highest International Socio-Economic Index of Occupational Status (HISEI).[2] Mit Migrationshintergrund: mindestens ein Elternteil zugewandert*

Umstritten ist die These von der „institutionellen Diskriminierung"
der jungen Migranten (vgl. Gomolla/Radtke 2002). Quantitative Studien bestätigen Diskriminierungen in der Grundschule. Migrantenkinder bleiben bei gleichen Leseleistungen und gleichem sozioökonomischem Status um das 1,6-fache häufiger sitzen (vgl. Krohne u. a. 2004,
388). Bei IGLU 2001 war die leistungswidrige Diskriminierung von
jungen Migranten bei den Grundschulempfehlungen für die weitere
Bildungslaufbahn noch stark ausgeprägt (vgl. Bos u. a. 2004, 211), fünf
Jahre später erhalten Einheimische bei gleichen kognitiven Fähigkeiten
und gleichen Leseleistungen nur noch um das 1,2-fache häufiger eine
Empfehlung für das Gymnasium (vgl. Arnold u. a. 2007, 289). 2007
wechseln GrundschülerInnen aus türkischstämmigen und russland-
deutschen Familien bei gleichem sozioökonomischem Status fast so
häufig auf ein Gymnasium wie Einheimische, und Türkischstämmige
besuchen bei gleichen Leistungen in den Fächern Deutsch, Mathematik
und Sachkunde sogar häufiger ein Gymnasium (vgl. Gresch/Becker
2010). Es sieht so aus, als habe sich die institutionelle Diskriminierung
durch die Diskussionen um die Bildungsbenachteiligung der Migrantenkinder abgeschwächt.

3.3 Eine stark unterentwickelte Kultur des Förderns

PISA ermittelt das Gefühl der Schüler, von ihren Lehrern beim Lernen
unterstützt zu werden, mit einem „Index Lehrerunterstützung".
Deutschland schneidet dabei sehr schlecht ab. In allen OECD-Ländern
fühlen sich die Schüler im Jahr 2000 besser von ihren Lehrern unterstützt als in Deutschland. Bei PISA 2003 liegt Deutschland diesbezüglich unter den 29 OECD-Ländern auf Rang 26.[12]
　　Einseitige Schuldzuweisungen an die Lehrerschaft sind hier fehl am
Platz. Viele Lehrerinnen und Lehrer bemühen sich motiviert und engagiert – bisweilen über ihre Kräfte hinausgehend – um Förderung und

---

[12] Vgl. BMBF 2003, 91 (2000); Senkbeil u. a. 2004, 300 (2003).

Unterstützung. Die Gründe liegen eher in den institutionellen Rahmenbedingungen des Lehrerdaseins. So mangelt es in Deutschland erheblich an zusätzlichem schulischem Förderpersonal. Diese Defizite macht ein Vergleich mit Kanada deutlich, dessen Schulsystem effizienter und gleichzeitig inklusiver ist als das deutsche; die Leistungsstarken sind besser als in Deutschland und die Kompetenzunterschiede zu den Leistungsschwachen erheblich kleiner als in Deutschland. In Kanada werden alle Schüler von den Lernbehinderten bis zu den Hochbegabten neun bis zehn Jahre lang in sehr leistungsheterogenen Klassen gemeinsam unterrichtet. An jeder Schule gibt es sog. „Förderzentren" mit Lehrerassistenten, Sonderpädagogen, Schulpsychologen, Schulsozialarbeitern, Schulmedizinern und Logopäden. Sie helfen bei der Förderung, die für vier Gruppen institutionalisiert ist: für Lernbehinderte und Hochbegabte, für Migranten in der Landessprache sowie für Leistungsschwache. Klassenwiederholungen sind generell verboten.[13]

Obwohl die Sprachprobleme bei der schulischen Integration der Migranten eine zentrale Rolle spielen, wird in Deutschland nur an 30 Prozent der Schulen zusätzlicher Förderunterricht in der Landessprache angeboten. Deutschland liegt damit bei den wichtigsten 21 Einwanderungsländern der OECD, wo der Förderunterricht im Durchschnitt an 57 Prozent der Schulen existiert, auf dem letzten Platz.[14]

4. Resümee – verschenkte Ressourcen

Deutschland gehört zu denjenigen Ländern der OECD, wo die Schulleistungsunterschiede nach sozialer und ethnischer Herkunft besonders groß sind. Entsprechend hoch ist die soziale und ethnische Selektivität des deutschen Bildungssystems. Die Ursachenanalyse zu den Bildungsnachteilen der jungen Menschen aus sozial schwachen Schichten sowie mit Migrationshintergrund macht deutlich, dass ihre Leistungspotentiale – in den 1960er Jahren hätte man dazu „Begabungsreserven"

---

[13] Genaueres zum Vergleich Kanada–Deutschland bei Geißler/Weber-Menges 2010, 569ff.

[14] Vgl. Ergebnisse von PISA 2009 bei Hertel u. a. 2010, 127.

gesagt – weder im Schul- und Hochschulbereich noch in der beruflichen Ausbildung angemessen entwickelt wurden und werden. Diese ungenutzten Potentiale verstoßen nicht nur gegen das Prinzip der meritokratischen Chancengleichheit, sondern sie sind angesichts des derzeitigen Fachkräftemangels auch ökonomisch schmerzlich. Es sind verschenkte Ressourcen, die dringend benötigt werden. Die erforderlichen Maßnahmen, um sie besser zu entfalten – dazu gehört insbesondere der Ausbau der unterentwickelten Förderkultur – kosten allerdings Geld.[15] Auch bei der Finanzierung seiner Bildung ist Deutschland sparsamer als die meisten der OECD-Länder. 2009 lagen seine Bildungsausgaben in Prozent des Bruttoinlandsprodukts pro Kopf nur bei 85 Prozent des OECD-Durchschnitts, nur 5 der 35 Länder ließen sich die Bildung ihres Nachwuchses noch weniger kosten. Etwas günstiger sieht es aus, wenn man die Zahl der Schüler und Studierenden berücksichtigt. Dann liegt Deutschland bei 93 Prozent des OECD-Durchschnitts, in den wichtigen Bereichen von Primarstufe und Sekundarstufe I allerdings nur bei 78 Prozent bzw. 88 Prozent (vgl. OECD 2012, 293). Erinnert sei in diesem Zusammenhang an eine Einsicht von J. F. Kennedy:

There is only one thing in the long run more expensive than education – no education.

Literatur

ARNOLD, Karl-Heinz/BOS, Wilfried/RICHERT, Peggy/STUBBE, Tobias C. (2007): Schullaufbahnpräferenzen am Ende der vierten Klassenstufe. In: BOS, Wilfried et al. (Hrsg.): IGLU 2006. Münster: Waxmann, 271–297.

AUTORENGRUPPE BILDUNGSBERICHTERSTATTUNG (Hrsg.) (2010): Bildung in Deutschland 2010. Ein indikatorengestützter Bericht mit einer Analyse zu Perspektiven des Bildungswesens im demografischen Wandel. Bielefeld: Bertelsmann.

---

[15] Weitere Überlegungen zum Abbau der Bildungsungleichheit durch institutionelle Reformen bei Geißler/Weber-Menges 2010.

BAUMERT, Jürgen/KLIEME, Eckhard/NEUBRAND, Michael/PRENZEL, Manfred/SCHIEFELE, Ulrich/SCHNEIDER, Wolfgang/STANAT, Petra/TILLMANN, Klaus-Jürgen/WEIß, Manfred (Hrsg.) (2001): PISA 2000. Basiskompetenzen von Schülerinnen und Schülern im internationalen Vergleich. Opladen: Leske + Budrich.

BAUMERT, Jürgen/TRAUTWEIN, Ulrich/ARTELT, Cordula (2003): Schulumwelten. Institutionelle Bedingungen des Lehrens und Lernens. In: Deutsches PISA-Konsortium (Hrsg.): PISA 2000. Ein differenzierter Blick auf die Länder der Bundesrepublik Deutschland. Opladen: Leske + Budrich, 261–331.

BAUMERT, Jürgen/SCHÜMER, Gundel (2002): Familiäre Lebensverhältnisse, Bildungsbeteiligung und Kompetenzerwerb im nationalen Vergleich. In: BAUMERT, Jürgen et al. (Hrsg.): PISA 2000. Die Länder der Bundesrepublik Deutschland im Vergleich. Opladen: Leske + Budrich, 159–202.

BECKER, Rolf/HECKEN, Anna Etta (2008): Warum werden Arbeiterkinder vom Studieren an Universitäten abgelenkt? In: Kölner Zeitschrift für Soziologie und Sozialpsychologie 60, 3–29.

BECKER, Rolf/LAUTERBACH, Wolfgang (Hrsg.) (2010): Bildung als Privileg. Erklärungen und Befunde zu den Ursachen der Bildungsungleichheit. 4. Auflage, Wiesbaden: VS Verlag.

BECKER, Rolf/TREMEL, Patricia (2006): Auswirkungen vorschulischer Kinderbetreuung auf die Bildungschancen von Migrantenkindern. In: Soziale Welt 57, 397–418.

BELLENBERG, Gabriele/BRAHM, Grit im (2010): Reduzierung von Selektion und Übergangsschwellen. In: QUENZEL, Gudrun/HURRELMANN, Klaus (Hrsg.): Bildungsverlierer. Neue Ungleichheiten. Wiesbaden: VS Verlag, 517–535.

BMBF (Bundesministerium für Bildung und Forschung, Hrsg.) (2003): Vertiefender Vergleich der Schulsysteme ausgewählter PISA-Staaten. Bonn.

BOS, Wilfried/HORNBERG, Sabine/ARNOLD, Karl-Heinz/FAUST, Gabriele/LANKES, Eva-Maria/SCHWIPPERT, Knut/VALTIN, Renate (Hrsg.) (2004): IGLU 2006. Münster: Waxmann.

DAHRENDORF, Ralf (1965): Arbeiterkinder an deutschen Universitäten. Tübingen: Mohr.

DIEFENBACH, Heike (2010): Kinder und Jugendliche aus Migrantenfamilien im deutschen Bildungssystem. 3. Auflage, Wiesbaden: VS Verlag.

DITTON, Hartmut (2010): Selektion und Exklusion im Bildungssystem. In: QUENZEL, Gudrun/HURRELMANN, Klaus (Hrsg.): Bildungsverlierer. Neue Ungleichheiten. Wiesbaden: VS Verlag, 53–71.

ESSER, Hartmut (2006): Sprache und Integration. Die sozialen Bedingungen und Folgen des Spracherwerbs von Migranten. Frankfurt/New York: Campus.

GEBHARDT, Markus/RAUCH, Dominique/MANG, Julia/SÄLZER, Christine/STANAT, Petra (2013): Mathematische Kompetenz von Schülerinnen und Schülern mit Zuwanderungshintergrund. In: PRENZEL, Manfred et al. (Hrsg.): PISA 2012. Fortschritte und Herausforderungen in Deutschland. Münster: Waxmann, 275–308.

GEIßLER, Rainer (2012): Die meritokratische Illusion – oder warum Reformen beim Bildungssystem ansetzen müssen. In: HALLER, Michael/NIGGESCHMIDT, Martin (Hrsg.): Der Mythos vom Niedergang der Intelligenz. Von Galton zu Sarrazin: Die Denkmuster und Denkfehler der Eugenik. Wiesbaden: VS Verlag, 193–210.

GEIßLER, Rainer (2014): Die Sozialstruktur Deutschlands. 7. Auflage, Wiesbaden: VS Verlag.

GEIßLER, Rainer/WEBER-MENGES, Sonja (2008): Migrantenkinder im Bildungssystem. Doppelt benachteiligt. In: Aus Politik und Zeitgeschichte 49, 14–22.

GEIßLER, Rainer/WEBER-MENGES, Sonja (2010): Überlegungen zu einer behutsamen Perestroika des deutschen Bildungssystems. In: QUENZEL, Gudrun/HURRELMANN, Klaus (Hrsg.): Bildungsverlierer. Neue Ungleichheiten. Wiesbaden: VS Verlag, 557–584.

GRESCH, Cornelia/BECKER, Michael (2010): Sozial- und leistungsbedingte Disparitäten im Übergangsverhalten bei türkischstämmigen Kindern und Kindern aus (Spät-)Aussiedlerfamilien. In: MAAZ, Kai et al. (Hrsg.): Der Übergang von der Grundschule in die weiterführende Schule. Bonn: BMBF, 181–200.

GOMOLLA, Mechthild/RADTKE, Frank-Olaf (2002): Institutionelle Diskriminierung. Die Herstellung ethnischer Differenz in der Schule. Opladen: Leske + Budrich.

HERTEL, Silke/HOCHWEBER, Jan/STEINERT, Brigitte/KLIEME, Eckhard (2010): Schulische Rahmenbedingungen und Lerngelegenheiten im Deutschunterricht. In: KLIEME, Eckhard et al. (Hrsg.): PISA 2009. Bilanz nach einem Jahrzehnt. Münster: Waxmann, 113–151.

KLIEME, Eckhard/ARTELT, Cordula/HARTIG, Johannes/JUDE, Nina/KÖLLER, Olaf/PRENZEL, Manfred/SCHNEIDER, Wolfgang/STANAT, Petra (Hrsg.) (2010): PISA 2009. Bilanz nach einem Jahrzehnt. Münster: Waxmann.

KRATZMANN, Jens/SCHNEIDER, Thorsten (2008): Soziale Ungleichheit beim Schulstart. Berlin (DIW SOEP papers 100).

KROHNE, Julia A./MEIER, Ulrich/TILLMANN, Klaus-Jürgen (2004): Sitzenbleiben, Geschlecht und Migration. Klassenwiederholungen im Spiegel der PISA-Daten. In: Zeitschrift für Pädagogik 50, 373–390.

LEHMANN, Rainer H./PEEK, Rainer (1997): Aspekte der Lernausgangslage von Schülerinnen und Schülern der fünften Klassen an Hamburger Schulen. Hamburg.

MERKENS, Hans/WESSEL, Anne (2002): Zur Genese von Bildungsentscheidungen. Baltmannsweiler: Hohengehren.

MÜLLER, Katharina/EHMKE, Timo (2013): Soziale Herkunft als Bedingung der Kompetenzentwicklung. In: PRENZEL, Manfred et al. (Hrsg.): PISA 2012. Fortschritte und Herausforderungen in Deutschland. Münster: Waxmann, 245–274.

MÜLLER, Walter/POLLAK, Reinhard (2010): Weshalb gibt es so wenige Arbeiterkinder in Deutschlands Universitäten? In: BECKER, Rolf/LAUTERBACH, Wolfgang (Hrsg.): Bildung als Privileg. Erklärungen und Befunde zu den Ursachen der Bildungsungleichheit. Wiesbaden: VS Verlag, 305–344.

MÜLLER-BENEDIKT, Volker (2007): Wodurch kann die soziale Ungleichheit des Schulerfolgs am stärksten verringert werden? In: Kölner Zeitschrift für Soziologie und Sozialpsychologie, 59. Jg., Nr. 4, 615–639.

NEUGEBAUER, Martin (2010): Bildungsungleichheit und Grundschulempfehlung beim Übergang auf das Gymnasium. Eine Dekomposition primärer und sekundärer Herkunftseffekte. In: Zeitschrift für Soziologie, 39. Jg., Nr. 3, 202–214.

OECD (2007): Die OECD in Zahlen und Fakten 2007. Paris: OECD Publishing.

OECD (2012): Bildung auf einen Blick 2012. Paris: OECD Publishing.

PICHT, Georg (1964): Die deutsche Bildungskatastrophe. Olten/Freiburg: Walter-Verlag.

PISA-Konsortium Deutschland (Hrsg.) (2007): PISA '06. Münster: Waxmann.

PRENZEL, Manfred/SÄLZER, Christine/KLIEME, Eckhard/KÖLLER, Olaf (Hrsg.) (2013): PISA 2012. Fortschritte und Herausforderungen in Deutschland. Münster: Waxmann.

QUENZEL, Gudrun/HURRELMANN, Klaus (Hrsg.) (2010): Bildungsverlierer. Neue Ungleichheiten. Wiesbaden: VS Verlag.

SENKBEIL, Martin/DRECHSEL, Barbara/ROLFF, Hans-Günter/BONSEN, Martin/ZIMMER, Karin/LEHMANN, Rainer H./NEUMANN, Astrid (2004): Merkmale und Wahrnehmungen von Schule und Unterricht. In: PISA-Konsortium Deutschland (Hrsg.): PISA 2003. München: Waxmann, 296–313.

WALTER, Oliver/TASKINEN, Paivi (2007): Kompetenzen und bildungsrelevante Einstellungen von Jugendlichen mit Migrationshintergrund in Deutschland. In: PISA-Konsortium Deutschland (Hrsg.): PISA 2006. Die Ergebnisse der dritten internationalen Vergleichsstudie. Münster: Waxmann, 337–366.

Willkommenskultur statt Behördenstress? Fühlen sich ausländische Fachkräfte in Deutschland erwünscht?

Plädoyer für eine Willkommens- und Anerkennungskultur

Manfred Schmidt

1. Einleitung

Der Begriff der Willkommenskultur ist mittlerweile in aller Munde. Man könnte fast sagen – er wird inflationär gebraucht. Besonders oft hören wir ihn, wenn von der Anwerbung, Gewinnung und Zuwanderung von Fachkräften die Rede ist. Aber was meinen wir eigentlich, wenn wir von Willkommenskultur sprechen, wie kann dieser Begriff konkret mit Leben gefüllt werden? Der folgende Beitrag will dies versuchen.

Dabei soll der Bogen in doppelter Hinsicht etwas weiter gespannt werden: Denn zum einen können wir das Thema Willkommenskultur nicht ohne das Thema der Anerkennungskultur diskutieren – beide gehören zusammen. Zum anderen darf es bei dieser, für die Zukunftsfähigkeit unserer Gesellschaft so wichtigen Fragestellung nicht allein um Fachkräfte gehen.

2. Das Bundesamt für Migration und Flüchtlinge und Willkommens- und Anerkennungskultur?

Das Bundesamt für Migration und Flüchtlinge ist die zentrale Migrations- und Integrationsbehörde des Bundes. Es wurde 1953 gegründet, hat heute über 2.000 Mitarbeiterinnen und Mitarbeiter und ist neben der Zentrale in Nürnberg mit derzeit 23 Außenstellen im ganzen Bundesgebiet vertreten.

Bis Anfang der 2000er Jahre bestand die Hauptaufgabe des Bundesamts in der Durchführung von Asylverfahren. Asyl und Flüchtlingsschutz sind auch heute wichtige Pfeiler seiner Arbeit und werden es auch künftig bleiben – seit 2008 und insbesondere 2013 und 2014 hat die Zahl der Menschen, die in Deutschland Asyl beantragen, stark zugenommen.

Mittlerweile ist der zweite zentrale Aufgabenbereich des Bundesamts die Förderung der Integration und des sozialen Zusammenhalts. Mit dem Zuwanderungsgesetz[1] wurde im Jahr 2005 Integration als Aufgabe des Staates erstmalig gesetzlich verankert. Ein großer Teil der Integrationsaufgaben des Bundes wurde beim Bundesamt für Migration und Flüchtlinge gebündelt, weitere sind seitdem hinzugekommen.

In den ersten Jahren lag der Fokus des Bundesamts darauf, Angebote für Migrantinnen und Migranten zu entwickeln bzw. zu fördern. Das entsprach der damaligen Philosophie im Bereich der Integration. Hierzu gehören insbesondere

- der Integrationskurs – das zentrale Angebot des Bundes zur Deutschförderung, an dem mittlerweile über eine Millionen Menschen teilgenommen haben;
- die berufsbezogene Sprachförderung im Rahmen des so genannten ESF-BAMF-Programms, mit über 120.000 Teilnehmenden;
- die Migrationsberatung, die im Jahr 2013 in ihren 600 Beratungseinrichtungen rund 240.000 Personen beraten hat;
- der Bereich der Projektförderung, der durch jährlich rund 300 geförderte Projekte den gesellschaftlichen Dialog unterstützt;
- oder die Mittel aus den europäischen Fonds, mit denen das Bundesamt zwischen 2007 und 2013 rund 1.500 Projekte in Bereichen wie Integration, interkulturelle Öffnung oder auch Flüchtlingsarbeit finanziert hat.

---

[1] Gesetz über den Aufenthalt, die Erwerbstätigkeit und die Integration von Ausländern im Bundesgebiet.

Solche Angebote sind wichtig und werden es auch bleiben, aber: Wenn es um Integration, um gleichberechtigte Teilhabe und gesellschaftlichen Zusammenhalt gehen soll, reichen sie allein jedoch nicht aus.

Es steht außer Zweifel: Sprache ist ein besonders wichtiger Baustein der Integration. Aber Deutschkenntnisse allein haben nicht zwangsläufig gleichberechtigte Teilhabe und eine erfolgreiche Integration zur Folge. Hierfür braucht es mehr als Angebote für Migrantinnen und Migranten – hierzu braucht es die ganze Gesellschaft.

Das Bundesamt hat daher den Fokus seiner Arbeit in den letzten Jahren zunehmend auch auf die Gesellschaft als Ganzes gelegt. Dabei haben wir uns die Frage gestellt, wie eine Behörde wie das Bundesamt für Migration und Flüchtlinge gesellschaftliche Veränderungsprozesse, die Entwicklung einer Willkommens- und Anerkennungskultur unterstützen kann.

Staatlich finanzierte Angebote für Migrantinnen und Migranten sind an sich bereits Teil und Ausdruck einer Willkommenskultur. Sie sind dazu da, das Ankommen und sich Willkommen-Fühlen in Deutschland zu erleichtern. Aber eine Willkommens- und Anerkennungskultur geht darüber hinaus.

3. Einwanderungsland Deutschland... oder: Warum brauchen wir eine Willkommens- und Anerkennungskultur?

Das Bundesamt hat das Begriffspaar „Willkommens- und Anerkennungskultur" ganz bewusst in die Diskussion um Integration und gesellschaftlichen Zusammenhalt eingebracht. Man könnte kritisch fragen: Wozu brauchen wir das? Ist das nicht ein Modewort? Sollten wir nicht lieber ganz praktisch an unserem Miteinander arbeiten, als uns über Begriffe zu unterhalten? Sind wir nicht sowieso schon seit Jahren offen für andere Kulturen?

Sicherlich – Migration ist kein neues Phänomen für Deutschland. Denken wir an die Hugenotten, wenn wir weit zurückgehen wollen.

Oder an die Zuwanderung aus Polen in das Ruhrgebiet Ende des 19. Jahrhunderts. Insbesondere die Zeit seit Ende des Zweiten Weltkriegs ist in Deutschland von Migration geprägt.

Tatsache ist: Unsere Gesellschaft wird immer vielfältiger: Von den rund 82 Millionen Einwohnern in Deutschland haben rund 16 Millionen einen Migrationshintergrund. Mehr als die Hälfte davon hat die deutsche Staatsbürgerschaft. Während die Bevölkerungszahl insgesamt sinkt, steigt der Anteil der Migrantinnen und Migranten. Jedes dritte Kind unter fünf Jahren hat andere kulturelle Wurzeln.

Vielfalt und Diversität sind in Deutschland somit zwar gesellschaftliche Realität, aber noch keine weithin akzeptierte Normalität. Zu oft noch bedeutet ein nicht-deutsch-klingender Name Nachteile bei der Suche nach einem Ausbildungs- bzw. Arbeitsplatz oder einer Wohnung. Das müssen wir ändern. Das Schlüsselwort hierzu ist die Willkommens- und Anerkennungskultur. Dabei geht es weniger um gesetzliche Regelungen als darum, wie wir die Gesellschaft gemeinsam gestalten wollen.

4. Fachkräftegewinnung aus dem Ausland: Willkommens- und Anerkennungskultur als Standortfaktor

Unsere Gesellschaft wird künftig wahrscheinlich noch stärker von Vielfalt geprägt sein als jetzt, denn Deutschland will Fachkräfte aus dem Ausland anwerben. Warum?

In den nächsten 15 Jahren wird die Bevölkerung von rund 82 Millionen auf 77 bis 79 Millionen sinken (vgl. Grünheid/Fiedler 2013: 9.). Damit ebenfalls sinken wird die Zahl der Erwerbspersonen (Erwerbstätige und Erwerbslose) – sie wird im Jahr 2030 voraussichtlich bei rund 41 Millionen liegen (vgl.Bundesministerium für Arbeit und Soziales 2013: 4). Der Rückgang der Erwerbsbevölkerung wird zudem begleitet von ihrer zunehmenden Alterung.

Angesichts der wachsenden Vielfalt unserer Gesellschaft und des demografischen Wandels müssen wir und also zwei Fragen stellen:

1. Wie kann es gelingen, das Potenzial der Menschen, die bereits in Deutschland leben, noch stärker zu erschließen und zu fördern?

2. Was können wir tun, um Fachkräfte aus dem Ausland für Deutschland zu begeistern und sie langfristig nach Deutschland zu holen?

Der zweite Aspekt steht im Fokus dieses Beitrags. Wir dürfen jedoch bei aller berechtigten Diskussion über Fachkräftemigration und der Notwendigkeit, Deutschland für Fachkräfte attraktiver zu machen, nicht vergessen, dass hier bereits viele Menschen leben, die ihr Potenzial gegenwärtig noch nicht in vollem Umfang in den Arbeitsmarkt einbringen können.

Das betrifft besonders junge Menschen mit Migrationshintergrund, die überproportional häufig nur einen Hauptschulabschluss oder gar keinen Schulabschluss haben und sich schwerer tun, eine Ausbildung zu finden, als ihre Altersgenossen ohne Migrationshintergrund: Unter den Schulabgängern des Jahres 2012 hatten 33 Prozent der Jugendlichen mit ausländischem Pass einen Hauptschulabschluss, gut 11 Prozent keinen Schulabschluss. Bei den Jugendlichen mit deutscher Staatsangehörigkeit lag der Anteil bei 18 bzw. 5,5 Prozent (vgl. Statistisches Bundesamt 2013). Auch die Studienbeteiligung von jungen Menschen mit ausländischen Wurzeln, die hier aufgewachsen und zur Schule gegangen sind, ist gering. Dies sind Bereiche, an denen wir arbeiten müssen, auch sie haben mit Anerkennungskultur zu tun. Das Bundesamt engagiert sich daher, zusammen mit anderen Akteuren, u. a. auch zum Thema interkulturelle Öffnung der Hochschulen.

Im Fokus dieses Beitrags steht jedoch die zweite der beiden oben aufgeworfenen Fragen. Und in diesem Zusammenhang wird durchaus kritisch und kontrovers diskutiert, ob es in Deutschland tatsächlich einen Fachkräftemangel gibt, etwa in Bezug auf die für den Bereich des Ingenieurswesens prognostizierten Zahlen.

Ich bin kein Wirtschaftswissenschaftler, aber mit Blick darauf, dass im Jahr 2015 175.000 Ärzte und Pfleger (vgl. Roland Berger Strategy Consultants 2013) fehlen werden und bereits jetzt viele Unternehmen in unterschiedlichen Regionen und Branchen – gerade im Mittelstand – über Schwierigkeiten klagen, offene Stellen zu besetzen, sieht es für mich so aus, als ob zumindest für einzelne Berufsfelder bzw. Branchen und Regionen ein Fachkräftemangel besteht.

Selbst bei einer zurückhaltenden Einschätzung des Fachkräftemangels stellt sich aus meiner Sicht daher die Frage, wie wir ausländische Fachkräfte gewinnen können, wie wir sie für Deutschland als neuen Lebensmittelpunkt begeistern und sie – mit ihren Familien – langfristig hier binden können.

Lange Zeit waren wir, so kommt es mir vor, von dem Gedanken getragen, Millionen qualifizierter Menschen würden nur darauf warten, nach Deutschland zu kommen. So haben etwa viele vor dem In-Kraft-Treten der vollen Arbeitnehmer-Freizügigkeit für Polen im Jahr 2011 damit gerechnet, eine große Zahl von Polen würde nach Deutschland ziehen. Tatsächlich waren die meisten von ihnen schon lange durch Deutschland durchgezogen, auf dem Weg nach Irland oder nach Großbritannien. Es scheint also mehr dazu zu gehören, qualifizierte Menschen nach Deutschland zu ziehen, als nur offene Grenzen.

Eine Reihe von Faktoren spielt dabei eine Rolle: Die rechtlichen Rahmenbedingungen der Arbeitsmigration nach Deutschland; die Angebote für das erste Eingewöhnen in Deutschland und der Ablauf der ersten Schritte im neuen Umfeld; die Rahmenbedingungen und Angebote für die Familie sowie das allgemeine gesellschaftliche Klima Menschen aus anderen Kulturen gegenüber bzw. die Akzeptanz gesellschaftlicher Vielfalt.

4.1 Rechtliche Rahmenbedingungen

Bei den rechtlichen Rahmenbedingungen der Arbeitsmarktmigration hat sich in Deutschland in den letzten Jahren viel getan. Zuletzt hat eine Anfang 2013 veröffentlichte Studie der OECD unterstrichen, dass die gesetzlichen Zuwanderungsbestimmungen für ausländische Fachkräfte im internationalen Vergleich in Deutschland vergleichsweise offen sind.

Beispielhaft sei der im August 2012 neu eingeführte § 18c des Aufenthaltsgesetzes genannt, der einen Paradigmenwechsel in den rechtlichen Rahmenbedingungen der Arbeitsmigration nach Deutschland darstellt: Erstmalig ist es möglich, ohne ein festes Arbeitsplatzangebot zeitlich befristet zur Arbeitsplatzsuche nach Deutschland zu kommen. Wir haben mit der Umsetzung der Blue-Card-Regelung der EU einen großen Erfolg zu verzeichnen: Über 17.000 Personen haben seit der Einführung ebenfalls im August 2012 eine Blue Card erhalten, 43 Prozent hiervon wurden neu erteilt. In den anderen Fällen sind Ausländer mit anderen Aufenthaltstiteln gewechselt, darunter beispielsweise ausländische Absolventen deutscher Hochschulen, die sich längerfristig ein Leben in der Bundesrepublik vorstellen können.

Trotz dieser guten Entwicklungen – die Zuwanderung von Fachkräften nach Deutschland ist im internationalen Vergleich nach wie vor jedoch eher gering. Und gerade die innovative Regelung des § 18 c im Aufenthaltsgesetz (eine Regelung, die Anklänge an das kanadische System hat), der vielen Menschen einen legalen Migrationskanal nach Deutschland eröffnen könnte, wird nur wenig genutzt. Arbeitgeber in Deutschland rekrutieren noch selten Personal aus dem Ausland. Selbst Unternehmen, die damit rechnen, dass ihnen zukünftig Fachkräfte fehlen werden, ziehen die Möglichkeit kaum in Betracht.

Woran liegt das? Ist Deutschland nicht attraktiv? Sind andere Länder schlichtweg besser bei der Fachkräfteanwerbung? Machen wir die Möglichkeiten zur Arbeitsmarktzuwanderung, die es gibt, vielleicht einfach zu wenig bekannt?

Wahrscheinlich trifft alles zu. Zum einen ist die Sprache Deutsch ein Standortnachteil. Zum anderen sind uns andere Länder um Jahre voraus bei der systematischen Anwerbung von Fachkräften aus dem Ausland.

Sicher ist: Die Bedeutung des Themas ist mittlerweile erkannt. Gerade in den letzten zwei, drei Jahren hat sich sehr viel getan:

Mit dem Berufsqualifikationsfeststellungsgesetz gibt es seit April 2012 ein Gesetz zur Anerkennung ausländischer Abschlüsse. Auch dies ist ein Paradigmenwechsel: Mit diesem Gesetz fragen wir erstmalig nicht danach, woher jemand kommt, sondern was jemand kann.

Begleitend wurde ein bundesweites Netzwerk von Beratungsstellen eingerichtet, das von April 2012 bis September 2013 über 15.000 Personen aus 150 Ländern zur Anerkennung ihrer Abschlüsse beraten hat. Die beim Bundesamt angesiedelte Hotline zum Thema Anerkennung ausländischer Abschlüsse hat seit ihrer Einrichtung im April 2012 rund 20.000 Beratungen zu über 300 Referenzberufen durchgeführt.

Und dennoch kein Run auf Deutschland? Es gilt also weiter aufzuklären, zu werben und zu informieren und das „Image" Deutschlands insgesamt attraktiver zu machen.

4.2 Angebote der Erstintegration

Eine wichtige Rolle bei der Frage der Attraktivität Deutschlands spielt die Unterstützung, die neu zugewanderte Fachkräfte bei ihrer Eingewöhnung hier erhalten. Das reicht von Sprachkursangeboten und einem aufgeschlossenen Wohnungsmarkt bis zu der Art und Weise, wie unkompliziert die erforderlichen Behördengänge erledigt werden können.

Zuwandernde, die ihr Leben in Deutschland neu organisieren müssen, sind auf unterschiedlichste Behördenkontakte angewiesen, die Ausländerbehörde ist dabei meist erste Anlaufstelle. Dabei kann man sehr unterschiedliche Erlebnisse machen.

Ausländerbehörden stehen in einem Spannungsverhältnis zwischen ihrem ordnungspolitischen Auftrag einerseits und ihrer Funktion als „Gesicht Deutschlands" gegenüber Neuzuwanderern und Anfragenden andererseits. Eine Ordnungsbehörde tut sich mit der Umsetzung interkultureller Öffnung und einer Willkommenskultur nicht unbedingt leicht, denn ihr gesetzlicher Auftrag umfasst auch Aspekte, die einer solchen Philosophie eher entgehen zu stehen scheinen.

Aber es gibt eine wachsende Zahl von Beispielen, wie das gut gelingen kann, wie eine Behörde ihr Selbstverständnis von ihrer Aufgabe und dem Umgang mit ihrer Klientel verändert, sich zunehmend als Dienstleister versteht. Von diesen Beispielen können und werden wir lernen: Das Bundesamt hat hierfür in Kooperation mit zehn Bun-

desländern im Herbst 2013 ein Modellprojekt gestartet, das Ausländerbehörden unterstützt, sich interkulturell zu öffnen und sich zu
„Willkommensbehörden" zu entwickeln. „Willkommensbehörde"
steht dabei für eine Servicebehörde, die durch die Vernetzung mit anderen Institutionen adressatenorientierte Beratung aus „einer Hand"
anbietet und grundsätzlich eine positive Haltung Deutschlands gegenüber Zuwandernden vermittelt. Hierzu sollen im Verlauf des Modell-
projekts Musterprozesse ermittelt und praxisorientierte Anleitungen
entwickelt werden, die es Behörden in Deutschland insgesamt ermöglichen, die Entwicklung zu einer „Willkommensbehörde" selbst anzu-
stoßen und/ oder umzusetzen.

Diese Initiative des Bundesamtes geht auf eine Empfehlung des
Runden Tisches „Aufnahmegesellschaft" zurück, dessen Abschlussbe-
richt im März 2013 veröffentlicht wurde. Mit der Einrichtung des Run-
den Tisches, an dem Praktiker aus Ausländerbehörden, Kommunalen
Einrichtungen, politischen Stiftungen, privaten Stiftungen und gesell-
schaftlichen Organisationen vertreten waren, wollte das Bundesamt ein
Forum bieten, um konkrete Vorschläge zu einer Willkommens- und
Anerkennungskultur zu entwickeln.

Das große Interesse an diesem Projekt zeigt, dass an einem eigentlich in Länderzuständigkeit liegenden Arbeitsbereich auch ein Bundes-
interesse besteht und eine intensive Zusammenarbeit über die föderalen
len Grenzen hinweg – zwischen Bund, Ländern und den beteiligten
Kommunen bei diesem Thema für alle Beteiligten ein Gewinn ist.
Deutschlands Attraktivität als Lebens- und Arbeitsstandort langfristig
zu sichern, ist gemeinsames Interesse von Bund, Ländern und Kommunen.

Es ist jedoch dabei nicht Ziel des Projektes, Verbesserungen nur für
Fachkräfte zu schaffen, sondern alle Drittstaatsangehörigen in den
Blick zu nehmen. Willkommens- und Anerkennungskultur kann als
Strategie nur erfolgreich sein, wenn sie sich nicht auf bestimmte Ziel-
gruppen beschränkt.

Damit setzt das Projekt auf zwei Ebenen an: Zum einen werden im
Sinne einer Willkommenskultur strukturelle Rahmenbedingungen in

den Blick genommen, etwa Vernetzung der Ausländerbehörde mit anderen Diensten der sozialen Beratung oder Hochschulen. Zum anderen geht es darum, im Rahmen der individuellen Fallbearbeitung Kunden/Antragstellern anerkennend und wertschätzend gegenüber zu treten („auf Augenhöhe"), also Anerkennungskultur im Behördenalltag zu verankern.

4.3 Integrationsangebote für die Familie

Eines dürfen wir in der Debatte um Fachkräftegewinnung aus dem Ausland nicht vergessen: Fachkräfte kommen meistens nicht allein. Sie haben oft eine Familie, die ganz maßgeblich darüber entscheidet, ob Deutschland als langfristiger Lebensmittelpunkt in Frage kommt.

Das heißt, wenn wir attraktiv sein wollen für Fachkräfte, müssen wir auch mit bedenken, welche Rahmenbedingungen und Angebote ihre Familien brauchen. Aus der Arbeit der Forschungsgruppe des Bundesamts wissen wir: Ganz wichtig für die Bleibeabsichten sind die beruflichen Perspektiven der Partner und die Bildungsmöglichkeiten für die Kinder. Bei der Unterstützung der Integration der mitgereisten Ehegatten und Kinder brauchen insbesondere kleine und mittelständische Unternehmen Rat, wenn sie Fachkräfte gewinnen wollen. In einem Projekt haben wir dazu so genannte Fachkräfteberater erprobt, die gerade kleine und mittlere Unternehmen bei diesem Prozess unterstützen. Damit haben wir gute Erfahrungen gemacht.

4.4 Offenheit der Gesellschaft

Last but not least – der wichtigste Punkt: Das gesellschaftliche Klima und die Akzeptanz gesellschaftlicher Vielfalt sind – obwohl „weiche Faktoren" – aus meiner Sicht nicht zu unterschätzen. Strukturelle Veränderungen bewirken wenig, wenn sich die Gesellschaft nicht öffnet. In einer regelmäßigen Umfrage des German Marshall Funds sehen 38 Prozent der Menschen in Deutschland in Zuwanderung ein Problem und nicht eine Chance (vgl. German Marshall Fund 2013). Das ist im internationalen Vergleich zwar ein eher niedriger Wert. Er gibt aber dennoch Anlass zur Sorge, denn das Klima gegenüber Zuwanderung hat Auswirkungen darauf, ob Menschen, die nach Deutschland ziehen, sich hier wohlfühlen oder nicht.

Allerdings hat sich auch viel getan in den letzten Jahren: So wäre es etwa vor 15 Jahren undenkbar gewesen, dass in Deutschland öffentliche Lehrstühle für islamische Theologie an deutschen Hochschulen eingerichtet werden. Und dies ist nur eines von vielen Beispielen die zeigen, wie sich unsere Debatte um Integration und Vielfalt, aber auch die Praxis der Integration, des Umgangs mit Vielfalt geändert hat.

Anlass für eine veränderte öffentliche Debatte waren insbesondere das 2010 veröffentlichte Buch von Thilo Sarazin, das sich 1,5 Millionen Mal verkauft hat, und die sich anschließende öffentliche Diskussion. Diese hat verdeutlicht, was etwa die Arbeiten von Heitmeyer et al. zur gruppenbezogenen Menschenfeindlichkeit seit Jahren sagen: Ressentiments gegen Menschen, die als anders wahrgenommen werden als die Mehrheit der Menschen in Deutschland, sind kein Phänomen des rechten Rands, sondern der Mitte unserer Gesellschaft.

Die Forschung bestätigt, was Gespräche mit Freunden mit Migrationshintergrund bereits aufscheinen lassen: Menschen mit Migrationshintergrund nehmen, dem Integrationsbarometer 2014 des Sachverständigenrats deutscher Stiftungen für Integration und Migration zur Folge, im Alltag unterschiedliche Formen von Diskriminierung wahr, etwa in den Bereichen Bildung oder Arbeitsmarkt (vgl. Sachverständigenrat 2014: 24). Besonders alarmierend ist diese Entwicklung, weil Diskriminierungserfahrungen von Migrantinnen und Migranten sowohl ihre subjektive Integrationsbereitschaft als auch ihre tatsächliche Integration bzw. Teilhabe negativ beeinflussen können (vgl. Uslucan/Yalcin 2013).

Die zweite und dritte Generation der in Deutschland lebenden Zuwanderinnen und Zuwanderer stellt völlig zu Recht den Anspruch, mitzugestalten, mitzureden und ein selbstverständlicher Teil der Gesellschaft zu sein. Die Realität ist aber oft noch eine andere: Es kommt noch immer zu häufig zu der Situation, dass jemand mit einem ausländisch klingenden Namen erklären muss, warum er oder sie gut Deutsch spricht und was er oder sie an fachlichen Kompetenzen mitbringt.

Erst wenn Name und Herkunft im Miteinander keine Rolle mehr spielen, fühlen sich Zugewanderte und deren Nachkommen anerkannt und willkommen. Daran müssen wir arbeiten. Das ist auch eine Voraussetzung dafür, Deutschland als Lebensmittelpunkt auch für neue Zuwanderinnen und Zuwanderer attraktiv zu machen.

5. Exkurs: Interkulturelle Öffnung des öffentlichen Dienstes

Je vielfältiger wir sind, desto erfolgreicher sind wir. Das gilt für Unternehmen ebenso wie für Behörden und natürlich auch für die zentrale Migrations- und Integrationsbehörde des Bundes. Der Anteil der Beschäftigten mit Migrationshintergrund beträgt im Bundesamt nach einer anonymisierten Umfrage, an der nahezu 60 Prozent der Beschäftigten teilgenommen haben, 16 Prozent. Bei den Auszubildenden des Bundesamtes sind es rund 50 Prozent. Darauf sind wir durchaus stolz, aber darauf können wir uns nicht ausruhen.

Die Vielfalt unserer Gesellschaft muss sich in allen Bereichen widerspiegeln. Wir können auf den Beitrag von Menschen mit Zuwanderungsgeschichte nicht verzichten. Dies gilt auch für den öffentlichen Dienst. Unsere Gesellschaft braucht mehr Menschen mit Migrationshintergrund als Lehrer, Feuerwehrleute, Polizisten, Verwaltungsangestellte und Beamte.

Um den Anteil von Menschen mit Zuwanderungsgeschichte im öffentlichen Dienst zu erhöhen, hat das Bundesministerium des Inneren im Januar 2012 die im Bundesamt für Migration und Flüchtlinge entwickelte Internetseite www.wir-sind-bund.de eingerichtet, die sich an Jugendliche mit Migrationshintergrund als potenzielle Auszubildende und ihre Eltern richtet und über rund 130 verschiedene Ausbildungsberufe in der Bundesverwaltung informiert.

6. Ausblick

Wenn wir Deutschland langfristig als Lebensstandort für Menschen aus anderen Ländern attraktiv machen und halten wollen, müssen wir in allen Phasen der Zuwanderung mit Elementen einer Willkommens- und Anerkennungskultur ansetzen:

In der Phase der Formierung der Entscheidung, ins Ausland zu gehen, müssen wir systematisch und einfach zugänglich über Deutschland, Migrationsmöglichkeiten und den Arbeitsmarkt informieren. Es gibt viele Ansätze, die dazu im Gespräch sind, z. B. „Migrationsberater", die in den Auslandsvertretungen oder den Außenhandelskammern angesiedelt sein könnten.

In der Phase der Erstorientierung in Deutschland, dem Zurechtfinden und Eingewöhnen müssen wir Neuzuwanderer „willkommen heißen", ihnen bedarfsorientierte Angebote unterbreiten sowohl für Fachkräfte als auch für ihre Familien. Und wir müssen einen Philosophiewechsel in den Behörden erreichen, die mit Zuwanderung befasst sind. Wir müssen Vielfalt als gesellschaftliches Leitbild verankern. Manchmal hat man den Eindruck, Deutschland ist Exportweltmeister, will aber mit dem Rest der Welt nichts zu tun haben.

Für die Phase der langfristigen „Etablierung in Deutschland" spielen die Bildungschancen der Kinder aber auch das gesellschaftliche Klima, die Offenheit der Gesellschaft und die Anerkennung von Vielfalt eine wichtige Rolle. Anerkennungskultur meint dabei die gesellschaftliche Anerkennung aller in Deutschland lebenden Personen mit Migrationshintergrund – wir dürfen die Diskussion nicht nur auf Fachkräfte verkürzen, die Formen der Migration nach Deutschland sind vielfältig.

Das kann ein Bundesamt für Migration und Flüchtlinge natürlich nicht verordnen. Ich glaube aber, die Bereitschaft und das Engagement sind vorhanden, in Deutschland Vielfalt als gesellschaftliches Leitbild zu verankern und hierzu attraktive Rahmenbedingungen für alle Menschen – egal welcher Herkunft – herzustellen.

Aber letztlich: Damit Integration gelingt, müssen wir eine Gesellschaft schaffen, in der sich jeder, der hier auf Dauer lebt, auch zu Hause fühlt: Diejenigen, die neu zu uns kommen, müssen sich willkommen, diejenigen, die schon immer oder lange bei und mit uns leben, anerkannt fühlen.

Anlässlich des sechzigjährigen Jubiläums des Bundesamts hat Bundeskanzlerin Merkel gesagt: „Zuwanderung […] ist […] kein vorübergehendes Phänomen, […] sondern eine dauerhafte Realität. Deshalb […] wollen wir ein Integrationsland werden […] Deshalb darf es keine Frage der Herkunft sein, sondern es muss für jeden klar sein: Jeder, der sich mit seinem jeweiligen kulturellen Hintergrund, mit seinen Interessen, Kenntnissen, Erfahrungen in Wirtschaft, Gesellschaft und Politik in unserem Land einbringt, ist ein Gewinn für unser Land."

Und damit sind wir wieder bei Willkommens- und Anerkennungskultur. Im Kern geht es dabei um die Frage, was unsere gemeinsame Idee von unserer Gesellschaft ist und wie wir sicherstellen können, dass alle Menschen, die hier dauerhaft leben, sie mitgestalten können.

In einer so pluralen Gesellschaft wie der unseren kann und wird es dabei auch zu Auseinandersetzungen und Konflikten kommen. Schwierigkeiten, die es gibt, muss man ehrlich benennen, das ist wichtig und auch das gehört dazu. Aber wenn wir auf die enorme Integrationsleistung schauen, die unsere Gesellschaft in den letzten Jahrzehnten vollbracht hat, können wir zuversichtlich sein, dass es uns gelingen wird, eine lebendige Willkommens- und Anerkennungskultur zu entwickeln. Dabei geht es durchaus nicht um eine Wohlfühlgesellschaft. Es geht – ganz pragmatisch – um die Zukunft und die Zukunftsfähigkeit unserer Gesellschaft. Denn: Wir sind auf Vielfalt angewiesen.

Literatur

BUNDESMINISTERIUM FÜR ARBEIT UND SOZIALES (2013): Arbeitsmarktprognose 2030. Bonn.

GERMAN MARSHALL FUND OF THE UNITED STATES (2013): Transatlantic Trends. Key Findings 2013. Online verfügbar unter: http://trends.gmfus.org/files/2013/09/TTrends-2013-Key-Findings-Report.pdf (15.10.2014).

GRÜNHEID, Evelyn/FIEDLER, Christian (2013): Bevölkerungsentwicklung 2013. Daten, Fakten, Trends zum demografischen Wandel. Wiesbaden: Bundesinstitut für Bevölkerungsforschung.

ROLAND BERGER STRATEGY CONSULTANTS (2013): Fachkräftemangel im Gesundheitswesen. Berlin.

SACHVERSTÄNDIGENRAT DEUTSCHER STIFTUNGEN FÜR INTEGRATION UND MIGRATION (2014): Deutschlands Wandel zum modernen Einwanderungsland. Jahresgutachten 2014 mit Integrationsbarometer. Berlin.

USLUCAN, Haci-Halil/YALCIN, Cem Serkan (2013): Wechselwirkung zwischen Diskriminierung und Integration. Analyse bestehender Forschungsbestände. Berlin/Essen: Antidiskriminierungsstelle des Bundes.

STATISTISCHES BUNDESAMT (2013): Allgemeinbildende und berufliche Schulen. Absolventen/Abgänger nach Abschlussarten insgesamt. Online verfügbar unter: https://www.destatis.de/DE/ZahlenFakten/GesellschaftStaat/BildungForschungKultur/Schulen/Tabellen/AllgemeinBildendeBeruflicheSchulenAbschlussartInsgesamt.html (15.08.2014).

Berufliche Orientierung Jugendlicher - Empirische Hinweise für ein zielgruppenoptimiertes Ausbildungsmarketing

Christoph Schleer und Marc Calmbach

1. Einleitung

Unternehmen haben immer größere Probleme, ihre Arbeitsplätze mit geeigneten Bewerbern zu besetzen. Gründe hierfür sind sinkende Schulabgängerzahlen, unklare Berufsvorstellungen, Vorurteile gegenüber bestimmten Berufen und eine mangelnde Qualifikation vieler Bewerber. Wie aktuelle Studien zeigen, wird sich diese Situation in den kommenden Jahren weiter verschärfen (vgl. DIHK 2014). Um dem Fachkräftemangel frühzeitig zu begegnen, müssen und wollen Unternehmen sich verstärkt aktiv um Nachwuchs bemühen. Grundlegend ist hier die Frage, welche Bewerber zum Unternehmen passen. Dafür braucht es Kriterien, die es ermöglichen, passende Bewerbergruppen zu identifizieren. Vor allem demografische (Alter, Geschlecht, Familienstand etc.) und sozioökonomische Kriterien (Bildungsniveau, Berufserfahrung, aktuelle Position etc.) werden in der Praxis angewandt. Unbestritten sind das bedeutsame Kriterien, die aber keine ausreichenden Anhaltspunkte bieten, um die soziokulturelle Vielfalt potentieller Mitarbeiter abzubilden (Thomas 2013). Notwendig sind zusätzliche Kriterien, die neben der sozialen Lage auch den Lebensstil und die normative Grundorientierung in den Blick nehmen.

Vor diesem Hintergrund hat das SINUS-Institut im Auftrag des Baden-Württembergischen Industrie- und Handelskammertages

(BWIHK) eine regionale Zielgruppenstudie über die berufliche Orientierung Jugendlicher durchgeführt.[1] Die Studie basiert auf einer 20-minütigen Online-Befragung (CAWI) von 1.002 BadenWürttembergerInnen im Alter von 14 bis 24 Jahren. Die Daten der Panel-Befragung wurden an die Strukturdaten der amtlichen Statistik von Baden-Württemberg angewichtet. 49 Prozent der Befragten sind Frauen, 51 Prozent sind Männer. 30 Prozent der Befragten gehen noch zur Schule. Eine niedrige formale Bildung haben 22 Prozent der Befragten (kein Abschluss oder Hauptschulabschluss), 18 Prozent besitzen eine mittlere formale Bildung (Werkrealschulabschluss/Realschulabschluss) und 30 Prozent eine hohe formale Bildung (Fachhochschulreife/Abitur oder Fachhochschulabschluss/Hochschulabschluss). 36 Prozent der Befragten haben einen Migrationshintergrund.

Folgende Themenkomplexe waren Gegenstand der Befragung:

- Zukunftspläne der SchülerInnen
- Optimismus in Bezug auf den beruflichen Werdegang
- Wahrnehmung von Anforderungsdruck
- Bewertung der Ausbildung im Vergleich zum Studium
- Erwartungen an den Beruf und an Unternehmen
- Wichtige Standortkriterien
- Interesse an Branchen
- Informationsbedarf bei der beruflichen Orientierung
- Hilfreiche Informationsmöglichkeiten bei der beruflichen Orientierung
- Ungerechtigkeit auf dem Arbeitsmarkt
- Bindung an die Region/Wunsch nach Arbeit im Ausland

Alle Untersuchungsfragen wurden im Abschlussbericht für den BWIHK Baden-Württemberg nach demografischen und sozioökonomischen Unterschieden beleuchtet. Differenziert wurde auch zwischen Jugendlichen mit und ohne Migrationshintergrund (allerdings ohne

---

[1] Wir danken Herrn Dr. Martin Frädrich, Geschäftsführer der Abteilung Beruf und Qualifikation der federführenden IHK Region Stuttgart, dass wir die milieuspezifischen Befunde in diesem Artikel veröffentlichen dürfen.

weitere ethnische Differenzierung). Im Mittelpunkt der Analyse stand aber die Unterscheidung zwischen verschiedenen sozialen Milieus, denn das Ziel der Studie bestand darin, aus den empirischen Befunden zielgruppenspezifische Kommunikationshinweise für das Ausbildungsmarketing abzuleiten. Hierfür wurde das Gesellschafts- und Zielgruppenmodell der SINUS-Jugendmilieus in das Forschungsdesign integriert. Im Folgenden führen wir zunächst in diesen soziokulturellen Ansatz ein. Dabei stellen wir auch die verschiedenen Lebenswelten Jugendlicher vor, wie sie das SINUS-Institut im Rahmen einer qualitativen Pilotstudie (vgl. Calmbach et al. 2012) entwickelt und in einem zweiten Schritt repräsentativ quantifiziert und validiert hat (vgl. Behrens et al. 2014). Daran anschließend gehen wir auf einige ausgewählte milieuspezifische Befunde der für den BWIHK durchgeführten Studie ein (demografische und sozioökonomische Analysen bleiben in unserem Artikel weitgehend unbeachtet). Vorgestellt werden die Befunde zu den Themen *Erwartungen an den Beruf* und *Erwartungen an Unternehmen*. Mit konkreten Kommunikationshinweisen, die wir (exemplarisch) für eine Zielgruppe aufbereiten, schließen wir unseren Beitrag. Das Beispiel veranschaulicht die Praxisnähe des Milieuansatzes und macht deutlich: Wer Jugendliche über Marketingmaßnahmen erreichen und bewegen möchte, muss verstehen, was Jugendliche bewegt, welche Werte ihnen wichtig sind und welche (bild-)sprachlichen Präferenzen sie haben.

2. Das Zielgruppenmodell der SINUS-Jugendmilieus

2.1 Was sind SINUS-Milieus?

Das SINUS-Institut ist in verschiedenen qualitativen Grundlagenstudien der Frage nachgegangen, welche sozialen Milieus es in Deutschland gibt und wie die Menschen in diesen verschiedenen Welten ihren Alltag (er)leben. Neben der Erforschung der Werthaltungen wurden verschiedenste Aspekte des täglichen Lebens in den Blick genommen, um ein möglichst umfassendes Bild der Alltagswirklichkeiten der

Menschen unterschiedlicher Milieus zu erhalten: u. a. Freizeit, Familie, Schule, Freundeskreise, Medien und Berufsorientierung. Diejenigen Menschen, die sich in ihrer Lebensauffassung und Lebensweise ähneln, wurden zu „Gruppen Gleichgesinnter" zusammengefasst. Ziel des Milieu-Ansatzes ist es, die soziokulturelle Vielfalt modellhaft zu verdichten. Dieses umfassende Verständnis ist wichtig, da die Unterschiedlichkeit von Lebensstilen für die Alltagswirklichkeit von Menschen vielfach bedeutsamer ist als die Unterschiedlichkeit sozioökonomischer Lebensbedingungen. Der SINUS-Milieuansatz vernachlässigt die demografische Analyse nicht, sondern verfeinert sie. Er bietet somit bessere Entscheidungshilfen als herkömmliche Zielgruppenansätze, die Segmentierungen v. a. auf Basis soziodemografischer Merkmale vornehmen. Im Unterschied zu Lifestyle-Typologien, die vergleichsweise rasch sich ändernde Oberflächenphänomene klassifizieren, erfasst das Milieumodell des SINUS-Instituts die Tiefenstrukturen sozialer Differenzierung. Die Grenzen zwischen den SINUS-Milieus sind dabei fließend. Es liegt in der Natur der sozialen Wirklichkeit, dass Lebenswelten nicht so (scheinbar) exakt – etwa nach Einkommen oder Schulabschluss – eingrenzbar sind wie soziale Schichten. Wir nennen das die Unschärferelation der Alltagswirklichkeit. Dabei handelt es sich um einen grundlegenden Bestandteil des Milieu-Konzepts: Zwischen den verschiedenen Milieus gibt es Berührungspunkte und Übergänge.

Das SINUS-Institut hat in den letzten rund 30 Jahren Milieumodelle für die deutsche Gesamtbevölkerung, die Teilpopulationen der Jugendlichen und Migranten sowie internationale Modelle für 18 Länder entwickelt. Die methodische Herangehensweise bei der Modellierung wird im Folgenden skizziert.

2.2 Wie werden die SINUS-Milieus methodisch entwickelt?

Erkenntnistheoretische Prämisse der Lebenswelt- und Milieuforschung des SINUS-Instituts ist die Überzeugung, dass eine Rekonstruktion der sozialen Wirklichkeit – die sich nicht objektiv messen lässt – nur über eine Erfassung des Alltagsbewusstseins der Menschen gelingen kann. Forschungsgegenstand ist damit die Lebenswelt, d. h. die Gesamtheit subjektiver Wirklichkeit eines Individuums.

Methodologisch setzt SINUS dies durch den Rückgriff auf Erhebungsverfahren um, die der Ethnologie entlehnt sind. So kommt beispielsweise das narrative Interview zum Einsatz – denn die für ein Individuum bedeutsamen Erlebnisbereiche (Arbeit, Familie, Freizeit etc.) und gelebten Alltagskontexte, seine Einstellungen, Werthaltungen, Wünsche, Ängste und Träume werden am ehesten in einer offenen Interviewsituation transparent. Methodische Königsdisziplin der SINUS-Milieuforschung ist deshalb die non-direktiv angelegte Lebensweltexploration, bei der die Interviewpartner in ihrer eigenen Sprache alle aus ihrer Sicht relevanten Lebensbereiche darstellen. Ergänzt werden die Interviews um fotografische Dokumentationen der Wohnwelten der Befragten.

SINUS-Milieumodelle werden in einem ersten Forschungsschritt immer auf der Basis qualitativer Lebenswelt-Interviews (im jeweiligen Land) entwickelt, die die wichtigsten soziodemografischen Segmente (nach Geschlecht, Alter, Bildung, Einkommen, Region etc.) abdecken. Das aus dem differenzierten Erzählmaterial im Sinne fallübergreifender Kategorien resultierende hypothetische Milieumodell fasst dann Menschen zusammen, die sich in ihren Werten und ihrer grundsätzlichen Lebenseinstellung und Lebensweise ähnlich sind. Erst im Anschluss folgen die quantitative Überprüfung und die repräsentative Verallgemeinerung des Modells – im Wechselschritt zwischen Theorie und Empirie:

1. Das hypothetische Ausgangsmodell wird quantitativ nachmodelliert.
2. Inkonsistenzen zwischen Theorie und Empirie führen zu einer Überarbeitung des hypothetischen Modells.
3. Das überarbeitete Modell wird wieder quantitativ nachmodelliert, usw.
4. Dieser iterative Prozess wird so lange durchgeführt, bis sich das theoretische Modell in ausreichendem Maß quantitativ verifizieren lässt.

Die Nachmodellierung des qualitativen Milieu-Modells erfolgt dabei über ein standardisiertes Instrument zur Diagnose der Lebensweltzugehörigkeit – den sogenannten SINUS-Milieuindikator. Dieses Tool beinhaltet Statements, die die typischen Werthaltungen der einzelnen Lebenswelten repräsentieren und damit auch die Grenzen zwischen den Gruppen rekonstruierbar machen. Dabei haben sich Aussagen am besten bewährt, die Grundüberzeugungen der Befragten erfassen oder alltäglich wirksame Motive diagnostizieren. Kriterium für die Auswahl solcher Statements ist ihre Differenzierungskraft, d. h. ihre Eignung, die verschiedenen Lebenswelten optimal zu trennen. Auf dieser Basis werden die Befragten anhand eines Wahrscheinlichkeitsmodells mit Hilfe einer speziell adaptierten Form der Clusteranalyse den Lebenswelten zugeordnet. Dies geschieht, indem für jede Gruppe eine spezifische Verteilung von Antwortwahrscheinlichkeiten über alle Indikator-Items bestimmt wird (Normprofile). Die Lebensweltklassifikation von neuen Fällen erfolgt dann nach Ähnlichkeit der individuellen Antwortmuster mit dem Wahrscheinlichkeitsmodell, entsprechend der Logik des Profilvergleichs.

2.3 Das SINUS-Modell für jugendliche Lebenswelten

Die Grafik (s. u.) positioniert die „Gruppen gleichgesinnter Jugendlicher" in einem zweidimensionalen Achsensystem, in dem die vertikale Achse den Bildungsgrad und die horizontale Achse die normative Grundorientierung abbildet. Die Grafik illustriert auf einen Blick, dass die soziokulturelle jugendliche Landschaft in Deutschland äußerst vielfältig ist. Im Folgenden werden die Grundzüge der einzelnen SINUS-Jugendmilieus in Kurzprofilen dargestellt. Dabei werden auch die Milieugrößen für die untersuchte Alterskohorte der 14- bis 24-Jährigen in Baden-Württemberg ausgewiesen. Zudem werden einzelne Statements aus der Befragung für den BWIHK angeführt, bei denen die Milieuangehörigen stark über- oder unterdurchschnittlich zustimmen – die also milieutypisch sind.

Abbildung 1:

Jugendliche Lebenswelten in Deutschland

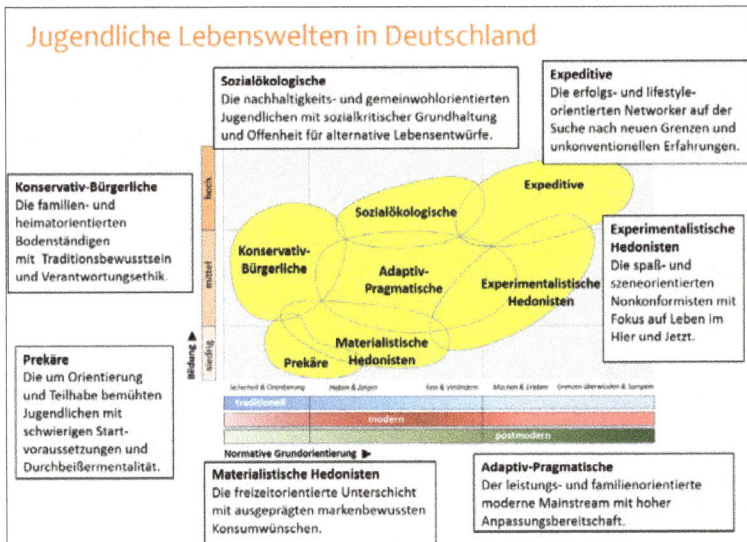

2.4 Die SINUS-Jugendmilieus im Überblick[2]

Konservativ-Bürgerliche (15 Prozent)

Konservativ-Bürgerlichen sind im Vergleich der Lebenswelten Anpassungs- und Ordnungswerte sowie Kollektivwerte (z. B. Gemeinschaft, Zusammenhalt) und auch religiös geprägte Tugenden (Glaube, Hoffnung, Demut, Mäßigung, Rechtschaffenheit) am wichtigsten. Sie betonen eher Selbstdisziplinierung als Selbstentfaltung. Ihre Lifestyle-

Vereinbarkeit Job/Privates ist zentral

72%
Index 124

... geben bei den wichtigsten Gründen für die Berufswahl an, dass sich der Job gut mit Privatleben und Familie vereinbaren lassen muss.

Affinität und Konsumneigung ist eher gering, entsprechend auch das

---

[2] 3 Prozent ohne Milieuverortung.

Interesse, sich über Äußerlichkeiten zu profilieren. Diese Jugendlichen bezeichnen sich selbst als unauffällig, sozial, häuslich, heimatnah, gesellig und ruhig. Häufig empfinden sie sich als für das eigene Alter bereits sehr erwachsen und vernünftig. Konservativ-Bürgerliche stellen die Erwachsenenwelt nicht in Frage, sondern versuchen, möglichst schnell einen sicheren und anerkannten Platz darin zu finden. Sie zeichnen sich durch den Wunsch aus, an der bewährten gesellschaftlichen Ordnung festzuhalten. Sie wünschen sich für die Zukunft eine plan- und berechenbare „Normalbiografie" (Schule, Ausbildung, Beruf, Ehe, Kinder) und erachten Ehe und Familie als Grundpfeiler der Gesellschaft.

Materialistische Hedonisten (13 Prozent)

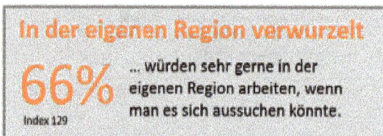

In der eigenen Region verwurzelt

66%
Index 129

... würden sehr gerne in der eigenen Region arbeiten, wenn man es sich aussuchen könnte.

Materialistische Hedonisten legen großen Wert auf die Repräsentation von (angestrebtem) Status: Konsum kommt klar vor Sparsamkeit. Bescheidenheit liegt ihnen fern. Der Umgang mit Geld ist überwiegend unkontrolliert. Kurzfristige Konsumziele haben einen hohen Stellenwert – neue, moderne Kleidung und Schuhe sowie Modeschmuck sind ihnen äußerst wichtig. Mit Äußerlichkeiten Eindruck zu hinterlassen, bezeichnen sie als eigene Stärke. Wichtige Werte sind für diese Jugendlichen Harmonie, Zusammenhalt, Treue, Hilfsbereitschaft, Ehrlichkeit und Anstand. Kontroll- und Autoritätswerte werden abgelehnt. Materialistische Hedonisten wollen Spaß und ein „gechilltes Leben"; Shoppen, Party und Urlaub gelten als die coolsten Sachen der Welt. Vandalismus, Aggressivität, illegale Drogen, sinnloses Saufen u. Ä. werden zwar einerseits abgelehnt, andererseits wird das Recht auf exzessives Feiern als Teil eines freiheitlichen Lebensstils eingefordert. Hochkulturellem stehen Materialistische Hedonisten sehr distanziert gegenüber. In der Regel haben sie damit kaum Berührungspunkte. Vielmehr orientieren sie sich am Mainstream.

Unsicherheit im Hinblick auf die Anforderungen im Unternehmen	
47% Index 135	... würde es absolut oder eher stören, allein für viele Arbeiten verantwortlich zu sein.
65% Index 131	... haben Angst vor dem Leistungsdruck in der Arbeitswelt.

Wunsch nach Berücksichtigung von außerschulisch erworbenen Kompetenzen	
79% Index 119	... finden, dass im Bewerbungsverfahren zu viel Wert auf gute Zeugnisse gelegt wird.
Soziale Netzwerke wichtig	
59% Index 168	... finden Social Media hilfreich, um sich über berufliche Möglichkeiten zu informieren.

Adaptiv-Pragmatische (18 Prozent)

Adaptiv-pragmatische Jugendliche kombinieren die bürgerlichen Grundwerte und Tugenden wie Ehrlichkeit, Respekt, Vertrauen, Pünktlichkeit und Fleiß mit modernen und hedonistischen Werten wie Freiheit, Offenheit, Unvoreingenommenheit, Spaß und Humor. Anpassungs- und Kompromissbereitschaft sowie Realismus bezeichnen sie als ihre Stärken. Sie orientieren sich am Machbaren und versuchen, ihren Platz in der Mitte der Gesellschaft zu finden. Diese Jugendlichen sehen sich als verantwortungsbewusste Bürgerinnen und Bürger, die dem Staat später nicht auf der Tasche liegen wollen. Von Menschen mit einer geringen Leistungsbereitschaft grenzen sie sich demonstrativ ab. Sie selbst möchten im Leben viel erreichen, sich Ziele setzen und diese konsequent, fleißig und selbständig verfolgen. Es ist ihnen wichtig, vorausschauende und sinnvolle Entscheidungen zu treffen. Sie streben nach einer bürgerlichen „Normalbiografie" und Wohlstand, jedoch nicht nach übertriebenem Luxus. Adaptiv-Pragmatische haben ein ausgeprägtes Konsuminteresse, jedoch mit „rationaler Regulation". Mit Kultur verbinden sie in erster Linie Unterhaltungs-, Erlebnis- sowie Entspannungsansprüche und orientieren sich am populären Mainstream.

hoher Karriereanspruch	
62% Index 131	... geben bei den wichtigsten Gründen für die Berufswahl an, dass der Beruf gute Karrierechancen eröffnen muss.

hohe Weiterbildungsbereitschaft	
44% Index 142	... halten es für äußerst wichtig, dass das Unternehmen ihnen den Erwerb von Zusatzqualifikationen ermöglicht.

Sozialökologische (9 Prozent)

Sozialökologische Jugendliche betonen Demokratie, Gerechtigkeit, Umweltschutz und Nachhaltigkeit als zentrale Pfeiler ihres Wertegerüsts. Sie sind altruistisch motiviert und am Gemeinwohl orientiert. Andere von den eigenen Ansichten überzeugen zu können, ist ihnen wichtig („Sendungsbewusstsein"). Sie haben einen hohen normativen Anspruch an ihren Freundeskreis; suchen Freunde mit „Niveau und Tiefe". Von materialistischen Werten distanzieren sie sich deutlich. Sie sind aufgeschlossen für andere Kulturen und empfinden Abscheu, wenn Menschen wegen ihres Aussehens nicht akzeptiert werden und „ein Keil zwischen die Menschen getrieben" wird. Ganz eindeutig ist ihre Ablehnung von Rassismus sowie Arroganz und „aufgesetzten Szeneleuten". Sie halten Verzicht nicht für einen Zwang, sondern für ein Gebot und kritisieren die Überflussgesellschaft. Ihre Freizeitinteressen sind vielfältig. Vor allem kulturell sind diese Jugendlichen sehr interessiert – explizit auch an Hochkultur – und finden dabei v. a. Kunst und Kultur mit einer sozialkritischen Message spannend.

CSR des Betriebs wichtig	Sensibel für Geschlechterungerechtigkeit
81% Index 118 ... finden es wichtig, dass sich Unternehmen sozial engagieren und gesellschaftliche Verantwortung übernehmen.	**35%** Index 143 ... stimmen voll und ganz zu, dass es Frauen trotz gleicher Leistung auf dem Arbeitsmarkt schwerer haben als Männer.

Experimentalistische Hedonisten (15 Prozent)

eher geringer Zukunftsoptimismus

48%
Index 71

... sind sich sehr sicher/eher sicher, dass die beruflichen Wünsche in Erfüllung gehen.

Selbstverwirklichung ist zentral

58%
Index 121

... geben bei den wichtigsten Gründen für die Berufswahl an, dass der Job einem die Möglichkeit geben muss, sich selbst verwirklichen zu können.

Kein Plan, wie es weitergeht

71%
Index 154

... fühlen sich über Optionen nach der Schule nicht ausreichend informiert.

Freiheit, Selbstverwirklichung, Spontanität, Kreativität, Risikobereitschaft, Spaß, Genuss und Abenteuer sind Ankerwerte der Experimentalistischen Hedonisten. Sie wollen das Leben in vollen Zügen genießen, das eigene Ding machen und Grenzen austesten. Selbstdisziplin und Selbstkontrolle von sich einzufordern, liegt Experimentalistischen Hedonisten oft fern. Dass sie für „aufsässig" gehalten werden, zeigt ihnen, dass sie auf dem richtigen Weg sind. Sie legen großen Wert auf kreative Gestaltungsmöglichkeiten und sind oft phantasievoll, originell und provokant. Routinen finden sie langweilig. Sie möchten anecken, „aus der Masse hervorstechen", sich vom Mainstream distanzieren. Sie lieben das Subkulturelle und „Undergroundige" und haben entsprechend eine große Affinität zu Jugendszenen. Sie lieben die (urbane) Club-, Konzert- und Festivalkultur und distanzieren sich von der klassischen Hochkultur. Sie bemühen sich bereits früh, immer mehr Freiräume von den Eltern zu „erkämpfen", um ihre Freizeit unabhängig gestalten zu können.

Expeditive (22 Prozent)

Typisch für Expeditive ist ein buntes Wertepatchwork. Sie legen großen Wert auf eine Balance zwischen Selbstverwirklichung, Selbstentfaltung, Selbständigkeit sowie Hedonismus einerseits und Pflicht- und

Hohe Mobilität und Flexibilität

37%
Index 123

... würde es überhaupt nicht stören, regelmäßig mehrere Tage beruflich auf Reisen zu sein.

Ausgeprägte Leistungsbereitschaft

61%
Index 110

... würde es überhaupt nicht oder eher nicht stören, sehr hohen Ansprüchen gerecht werden zu müssen.

Leistungswerten wie Streben nach Karriere und Erfolg, Zielstrebigkeit, Ehrgeiz und Fleiß andererseits. Von allen Jugendlichen sind sie mit die flexibelsten, mobilsten, pragmatischsten und innovativsten. Den eigenen Erfahrungshorizont ständig zu erweitern, ist ihnen eine wichtige Lebensmaxime. Sie möchten nicht an-, sondern weiterkommen: Ein erwachsenes Leben ohne Aufbrüche halten sie (noch) für unvorstellbar. Sie sehen sich selbst als urbane, kosmopolitische Elite unter den Jugendlichen. Man bezeichnet sich als interessant, einzigartig, eloquent und stilsicher. Wichtig ist ihnen, sich von der „grauen Masse abzuheben". Sie haben bereits ein ausgeprägtes Marken- und Trendbewusstsein. Typisch ist, sich auf der Suche nach vielfältigen Erfahrungsräumen zu befinden, z. B. modernes Theater, Kunst und Malerei. Expeditive zieht es in den öffentlichen Raum und die angesagten Locations, dorthin – wo die Musik spielt, wo die Leute spannend und anders sind.

Prekäre (5 Prozent)

Jugendliche aus der Prekären Lebenswelt haben von allen Jugendlichen die schwierigsten Startvoraussetzungen. Viele sind sich ihrer sozialen Benachteiligung bewusst und bemüht, die eigene Situation zu verbessern, sich nicht (weiter) zurückzuziehen und entmutigen zu lassen. Das Gefühl, dass Chancen strukturell verbaut sind, dass man sie sich aber auch selbst verbaut, und die daraus resultierende Angst vor geringen Teilhabemöglichkeiten sind in dieser Lebenswelt dominant. Ihre Biografie weist schon früh erste Brüche auf (z. B. Schulverweis, problematische Familienverhältnisse). Während viele Anzeichen dafür sprechen, dass die meisten dieser Jugendlichen sich dauerhaft in der Prekären Lebenswelt bewegen werden, weil sich bei ihnen verschiedene Risikolagen verschränken, ist bei manchen aber auch vorstellbar,

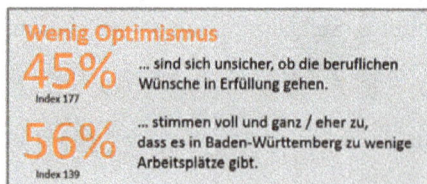

Wenig Optimismus
45% ... sind sich unsicher, ob die beruflichen Wünsche in Erfüllung gehen.
Index 177

56% ... stimmen voll und ganz / eher zu, dass es in Baden-Württemberg zu wenige Arbeitsplätze gibt.
Index 139

dass es sich nur um eine krisenhafte Durchgangsphase handelt, insbesondere wenn die feste Absicht besteht, „alles zu tun, um hier raus zu kommen". Familie nimmt im Werteprofil der Prekären Jugendlichen eine zentrale Stellung ein. Dass es sich um eine idealisierte Vorstellung von Familie handelt, die oft kaum etwas mit dem zu tun hat, was die Jugendlichen tatsächlich erleben, ist bezeichnend. Die Affinität zum Lifestyle-Markt ist bei diesen Jugendlichen eher gering. Sehr deutlich äußern sie den Wunsch nach Zugehörigkeit und Anerkennung, danach „auch mal etwas richtig gut zu schaffen". Sie nehmen allerdings wahr, dass das nur schwer gelingt. Die Gesellschaft, in der sie leben, nehmen sie als unfair und ungerecht wahr. Die eigenen Aufstiegsperspektiven werden als gering eingeschätzt, was bei einigen in dem Gefühl resultiert, dass sich Leistung nicht lohnt.

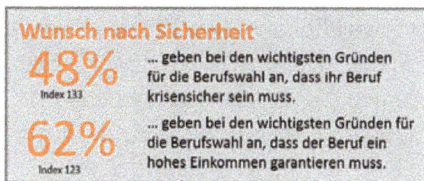

Wunsch nach Sicherheit

48%
Index 133
... geben bei den wichtigsten Gründen für die Berufswahl an, dass ihr Beruf krisensicher sein muss.

62%
Index 123
... geben bei den wichtigsten Gründen für die Berufswahl an, dass der Beruf ein hohes Einkommen garantieren muss.

3. Unterschiede bei der beruflichen Orientierung zwischen Jugendlichen verschiedener Milieus

3.1 Erwartungen an den Beruf

Die jungen Baden-WürttembergerInnen wurden gefragt, was für sie bei der Berufswahl am wichtigsten ist. Um die wirklich zentralen Aspekte herauszufinden, mussten die Befragten aus einer Liste von 13 Kriterien die fünf für sie am wichtigsten benennen. Folgende Befunde seien hier hervorgehoben:

- Die Berufswahl wird bei den meisten Jugendlichen und jungen Erwachsenen maßgeblich durch intrinsische Motivationen gesteuert: Dass der Beruf Spaß machen muss, wird von allen

Kriterien der Berufswahl am häufigsten unter die Top 5 gewählt. Für 85 Prozent der Jugendlichen ist der Faktor Spaß besonders wichtig. Weiterhin offenbaren die Befunde, dass es der überwiegenden Mehrheit sehr wichtig ist, dass der Beruf den eigenen Neigungen und Fähigkeiten entspricht. Bei zwei Dritteln gehört dies zu den Top 5 der wichtigsten Berufskriterien. Dabei zeigt sich, dass das Einbringen der eigenen Stärken von Jugendlichen ohne Migrationshintergrund etwas häufiger in die Top 5 gewählt wird als von Jugendlichen mit Migrationshintergrund (69 Prozent versus 58 Prozent).

- Auch der Wunsch nach einer guten Vereinbarkeit von Beruf und Privatleben/Familie ist unter Jugendlichen weit verbreitet. 58 Prozent zählen die Work-Life-Balance zu den Top 5 der wichtigsten Berufskriterien.

- Die Möglichkeit zur Selbstverwirklichung (48 Prozent) wird ähnlich häufig in die Top 5 der wichtigsten Berufskriterien gewählt wie ein hohes Einkommen (51 Prozent) und gute Karrierechancen (47 Prozent). Interessant ist der Befund, dass die Gruppe der Migranten gute Karrierechancen häufiger als die Gruppe der Nicht-Migranten in die Top 5 der wichtigsten Berufskriterien wählt (53 Prozent versus 44 Prozent), die Möglichkeit zur Selbstverwirklichung hingegen weniger häufig (43 Prozent versus 51 Prozent).

- Die zugeschriebene Relevanz der fachlichen Weiterentwicklung ist indes deutlich abhängig vom Alter. Sind es bei den 14- bis 17-Jährigen 36 Prozent, die die fachliche Weiterentwicklung zu ihren Top 5 der wichtigsten Berufskriterien zählen, sagen das von den 21- bis 24-Jährigen 44 Prozent.

- Weitgehend unabhängig von Geschlecht, Alter und formaler Bildung wird das Kriterium der Krisensicherheit immerhin von jedem dritten Jugendlichen und jungen Erwachsenen unter die Top 5 der wichtigsten Berufskriterien gewählt.

- Hingegen möchte nur eine klare Minderheit der Jugend sich bewusst für einen Beruf entscheiden, der die Möglichkeit bietet, auf der ganzen Welt Arbeit zu finden (23 Prozent) und/oder möglichst viel zu reisen (15 Prozent).

Auch die Milieubetrachtung zeigt, dass der Faktor Spaß über alle Lebenswelten hinweg für mindestens vier von fünf Jugendlichen zentral bei der beruflichen Orientierung ist. Allerdings offenbaren die Befunde auch, dass Jugendliche unterschiedlicher Milieus über teilweise sehr differenzierte Vorstellungen darüber verfügen, wie ihr künftiger Arbeitsplatz auszusehen hat (vgl. Abb. 2):

• In keinem anderen Milieu wird die Vereinbarkeit von Beruf und Privatleben/Familie häufiger in die Top 5 der wichtigsten Berufskriterien gewählt als im Milieu der **Sozialökologischen**. Gerade für junge Frauen, die in dieser Lebenswelt überrepräsentiert sind (69 Prozent versus 31 Prozent), ist die Vereinbarkeit von Beruf und Privatleben ein wichtiges Merkmal eines modernen, gleichgestellten Lebensstils. Von besonderer Wichtigkeit ist den Sozialökologischen auch, dass der Beruf den eigenen Neigungen und Fähigkeiten entspricht und die Möglichkeit zur Selbstverwirklichung bietet. Wie aus qualitativen SINUS-Studien bekannt, steht dahinter der Wunsch, positive gesellschaftliche Veränderungen vorantreiben zu können. Gesellschaftspolitische Themen aufzugreifen und sich für andere Menschen einzusetzen, ist typisch für das Sozialökologische Milieu.

Abbildung 2: Milieuspezifische Berufswahlmotive

„Was ist für Dich bei der Berufswahl am wichtigsten? Bitte wähle die **fünf** für Dich wichtigsten Aussagen aus."

Angaben in %	Gesamt	Konservativ-Bürgerliche (n=146)	Sozial-ökologische (n=89)	Adaptiv-Pragmatische (n=178)	Expeditive (n=222)	Experimentalistische Hedonisten (n=149)	Materialistische Hedonisten (n=132)	Prekäre (n=51)
Der Beruf muss mir Spaß machen	85	89	89	82	85	92	82	84
Der Beruf muss meinen Neigungen und Fähigkeiten entsprechen	65	71	78	57	70	77	49	55
Der Beruf muss sich gut mit Privatleben und Familie vereinbaren lassen	58	72	77	60	55	56	39	54
Der Beruf muss ein hohes Einkommen garantieren	51	49	35	59	46	48	56	62
Der Beruf muss mir die Möglichkeit geben, mich selbst verwirklichen zu können	48	48	61	39	49	58	43	33
Der Beruf muss gute Karrierechancen eröffnen	47	44	37	62	49	39	47	37
Der Beruf muss mir die Möglichkeit garantieren, mich fachlich weiterentwickeln zu können	40	43	48	39	38	33	45	37
Der Beruf muss krisensicher sein	36	43	41	33	40	30	26	48
Der Beruf muss es mir ermöglichen, auf der ganzen Welt Arbeit zu finden	23	14	16	19	24	27	32	23
Der Beruf muss mir ermöglichen, möglichst viel zu reisen und die Welt zu sehen	15	7	6	14	19	17	24	15
Der Beruf muss in der Gesellschaft angesehen sein	13	10	7	16	12	8	21	11
Der Beruf muss in meinem Freundeskreis gut angesehen sein	8	4	4	10	6	4	17	13
Der Beruf muss meinen Eltern gefallen	5	7	1	8	2	0	7	19
Weiß nicht	1	0	0	0	1	3	2	2

Basis: 1.002 Fälle   ■ Überdurchschnittlich   ■ unterdurchschnittlich

- Auch für die **Konservativ-Bürgerlichen** ist die Vereinbarkeit von Beruf und Privatleben/Familie überdurchschnittlich wichtig. Das liegt an ihrer starken Familienorientierung: Ehe und Familie sehen sie als Grundpfeiler der Gesellschaft. Im Unterschied zu vielen anderen Jugendlichen verbringen sie gerne Zeit mit der Familie – das hat für diese Gruppe überhaupt nichts „Uncooles". Im Gegenteil, sie beschreiben sich selbst als häuslich, gesellig und harmoniebedürftig.
- Dass der Beruf den eigenen Neigungen und Fähigkeiten entspricht und die Möglichkeit zur Selbstverwirklichung bietet, ist für **Adaptiv-Pragmatische** vergleichsweise wenig wichtig. Ein hohes Einkommen und insbesondere gute Karrierechancen hingegen sind in diesem Milieu wesentlich wichtiger als in den

meisten anderen. Dies überrascht nicht, denn Adaptiv-Pragmatische möchten zu den Menschen gehören, die im Leben etwas erreichen, sich greifbare Ziele setzen und diese konsequent verfolgen. Aufgrund des milieutypischen Kosten-Nutzen-Denkens sind materielle Gratifikationen oft näher liegend als immaterielle Benefits.

- Bei den **Materialistischen Hedonisten** fällt auf, dass die Kriterien der Vereinbarkeit von Beruf und Privatleben/Familie und des Einbringens der eigenen Neigungen und Fähigkeiten eher selten in die Top 5 Berufskriterien gewählt werden. Auf der ganzen Welt Arbeit finden zu können, beruflich möglichst viel zu reisen sowie das mit dem Beruf verbundene Ansehen (in der Gesellschaft und im Freundeskreis) ist ihnen allerdings deutlich wichtiger als allen anderen Milieus. Materialistische Hedonisten achten nicht nur im Hinblick auf Lifestyle/Mode darauf, was andere (insbesondere ihre Freunde) von ihnen denken, sondern auch im Hinblick auf ihren Beruf. Womöglich möchte man hier die Anerkennung erlangen, die einem in der Schule oft verwehrt worden ist. Sicherlich wird der Beruf auch als Ausweg aus den eigenen beschränkten Verhältnissen gesehen („es einmal besser haben als die Eltern", „es anderen zeigen können"). Vor diesem Hintergrund – sowie den ausgeprägten Konsumwünschen – ist es plausibel, dass Materialistischen Hedonisten auch ein hohes Einkommen im Milieuvergleich mit am wichtigsten ist.
- Im Milieu der **Experimentalistischen Hedonisten** wird der Spaß am Beruf noch häufiger unter die Top 5 der wichtigsten Berufskriterien gewählt (92 Prozent) als in den anderen Milieus. Dieser Befund lässt sich damit erklären, dass man vor allem in dieser Lebenswelt darum bemüht ist, das Leben in vollen Zügen zu genießen und – wenn irgend möglich – sich dem Ernst des Lebens möglichst lange zu verweigern. Kein Wunder also, dass die Angehörigen dieses Milieus darauf Wert legen, dass der Beruf den eigenen Neigungen und Fähigkeiten entspricht und ihnen die Chance zur Selbstverwirklichung bietet. Im Gegensatz

dazu sind ihnen gute Karrierechancen und fachliche Weiterentwicklung weniger wichtig. Denn: Experimentalistische Hedonisten planen nicht gerne. Sie wollen sich keinen Kopf um die
Zukunft machen. Lieber lassen sie sich treiben und leben im Hier
und Jetzt.

- Im Milieuvergleich legen die Jugendlichen aus der **Prekären
  Lebenswelt** am häufigsten Wert auf ein hohes Einkommen. Das
  ist auf die oft finanziell unsicheren Verhältnisse in den Her-
  kunftsfamilien zurückzuführen. Einen Beruf zu wählen, der die
  Möglichkeit bietet, sich selbst verwirklichen zu können, ist diesen Jugendlichen weniger wichtig. Realistischer Weise gehen
  sie davon aus, dass dies bei den schlechten Startvoraussetzungen, die sie mitbringen, ohnehin nicht möglich sein wird.

3.1 Erwartungen an Unternehmen

Um neben den Erwartungen an den Beruf auch zu erfahren, welche
Erwartungen die Jugendlichen an Unternehmen haben, wurde ihnen
folgende Frage gestellt:

*Wie wichtig sind Dir bestimmte Eigenschaften bei einem Unterneh-
men? Wenn Du die Wahl hättest, für ein bestimmtes Unternehmen zu
arbeiten, welche Aspekte wären Dir wichtig?*

Die Befunde offenbaren, dass bei den meisten Jugendlichen weniger die materiellen als vielmehr die immateriellen Anreize die Arbeitgeberattraktivität bestimmen:

- Am wichtigsten ist den Befragten, dass das Verhältnis zwischen
  den MitarbeiterInnen und ihren Vorgesetzten sowie die Stimmung unter den KollegInnen sehr gut ist („äußerst wichtig": 53
  Prozent respektive 51 Prozent). Danach rangieren gute Karrierechancen (50 Prozent) und abwechslungsreiche Aufgaben (45
  Prozent).
- Eine überdurchschnittlich gute Bezahlung halten hingegen „nur"
  38 Prozent für „äußerst wichtig". Damit ist das Gehalt nicht
  wichtiger als ein fester Ansprechpartner, an den man sich bei

Fragen und Problemen wenden kann (ebenfalls 38 Prozent „äußerst wichtig"). Allerdings ist hier zu berücksichtigen, dass das Kriterium „gute Karrierechancen" aus Sicht der Befragten mit einem guten Gehalt einhergehen kann. Hinzu kommt, dass sich drei von vier Jugendlichen mehr Informationen über die Verdienstmöglichkeiten in bestimmten Berufen wünschen. Daran lässt sich erkennen, dass eine gute Bezahlung erwartungsgemäß ein keineswegs zu vernachlässigendes Kriterium darstellt. Aber: Offensichtlich sind viele Jugendliche dazu bereit – innerhalb von selbst abgesteckten Grenzen –, zwischen einem hohen Gehalt und einem attraktiven Arbeitsumfeld abzuwägen. Vergleicht man die Gruppe der Migranten mit der Gruppe der Nicht-Migranten, so fällt auf, dass Jugendliche mit Migrationshintergrund wesentlich häufiger angeben, dass eine überdurchschnittlich gute Bezahlung äußerst wichtig ist (49 Prozent versus 32 Prozent).

- Wie im vorherigen Kapitel aufgezeigt, gehört die Vereinbarkeit von Beruf und Privatleben für mindestens die Hälfte der Baden-WürttembergerInnen unter die Top fünf der wichtigsten Berufskriterien. Von daher ist es plausibel, dass betriebliche Rahmenbedingungen, die eine bessere Vereinbarkeit von Beruf und Privatleben prinzipiell begünstigen, sich auch unter den wichtigen Erwartungen an Unternehmen wiederfinden.

- Zu den zehn wichtigsten Erwartungen an ein Unternehmen zählt auch eine regelmäßige Leistungsbewertung („äußerst wichtig": 30 Prozent) und die Möglichkeit zum Erwerb von Zusatzqualifikationen („äußerst wichtig": 31 Prozent).

- Dass das Unternehmen einen guten Ruf in der Region genießt („äußerst wichtig": 30 Prozent) und Produkte bzw. Leistungen verkauft, mit denen man sich voll identifizieren kann („äußerst wichtig": 29 Prozent), ist Jugendlichen und jungen Erwachsenen nur unwesentlich wichtiger als die gesellschaftliche Verantwortung von Unternehmen („äußerst wichtig": 27 Prozent). Die Corporate Social Responsibility (CSR) ist also ein ernst zu nehmendes Kriterium der Arbeitgeberattraktivität.

- Weitere Befunde lassen die Vermutung zu, dass Jugendliche und junge Erwachsene der globalisierten Arbeitswelt in Teilen skeptisch oder zumindest zurückhaltend gegenüberstehen und versuchen, ein allzu starkes kompetitives Wettbewerbsumfeld zu meiden. Denn in einem internationalen Konzern zu arbeiten, ist nur 15 Prozent der befragten Jugendlichen „äußerst wichtig". Noch am ehesten legen Jugendliche mit Migrationshintergrund Wert darauf, für ein international agierendes Unternehmen zu arbeiten („äußerst wichtig": 21 Prozent).
- Ebenso wenig wie Internationalität erwarten die jungen Baden-Württemberger „Multikulti" in Unternehmen. Nur 14 Prozent halten einen ethnisch und kulturell vielfältigen Mitarbeiterstamm für „äußerst wichtig". Wiederum sind es Jugendliche mit Migrationshintergrund, die noch am ehesten darauf Wert legen, dass Unternehmen Mitarbeiter aus vielen unterschiedlichen Religionen, Kulturen und Nationalitäten beschäftigen („äußerst wichtig": 20 Prozent).

Auch bei den Erwartungen an Unternehmen bestehen Unterschiede zwischen den verschiedenen Milieus (vgl. Abb. 3):

- **Konservativ-Bürgerliche** legen im Milieuvergleich den größten Wert auf feste Ansprechpartner und Rückmeldungen zur eigenen Arbeit (Lob und Kritik). Das ist plausibel, weil diese Gruppe Hierarchien akzeptiert, gute Führung wünscht und Aufgaben klar erklärt bekommen möchte. Die Konservativ-Bürgerlichen sind das am stärkste heimat- und familienverbundene Milieu. Folgerichtig ist ihnen im Milieuvergleich auch die Wohnortnähe mit am wichtigsten. Eine vergleichsweise sehr geringe Affinität haben sie zur Mitarbeit in einem internationalen Konzern oder kulturell/ethnisch vielfältigen Unternehmen. Tendenziell ist man lieber „unter sich", und man tut sich schwer, sich auf andere Kulturen einzulassen.
- Den postmateriell orientierten **Sozialökologischen** sind gute Karriereaussichten und eine überdurchschnittliche Bezahlung im Milieuvergleich am wenigsten wichtig. Es ist kein statusge-

triebenes Milieu. Zum einen ist man durch den familiären Hintergrund oft gut abgesichert, zum anderen will man den Beruf gerne als Berufung verstehen.

Abbildung 3: *Milieuspezifische Erwartungen an Unternehmen*

„Wie wichtig sind Dir bestimmte Eigenschaften bei einem Unternehmen? Wenn Du die Wahl hättest, für ein bestimmtes Unternehmen zu arbeiten, welche Aspekte wären Dir wichtig?" *äußerst wichtig"" auf 4er-Skala von „völlig unwichtig" bis „äußerst wichtig"*

Angaben in %	Gesamt	Konservativ-Bürgerliche (n=146)	Sozial-ökologische (n=89)	Adaptiv-Pragmatische (n=178)	Expeditive (n=222)	Experimentalistische-Hedonisten (n=149)	Materialistische Hedonisten (n=132)	Prekäre (n=51)
Ist dafür bekannt, dass das Verhältnis zwischen Mitarbeitern und Ihren Vorgesetzten sehr gut ist	53	56	57	59	50	66	34	46
Ist dafür bekannt, dass die Stimmung unter den Kollegen sehr gut ist	51	48	47	59	49	64	44	43
Bietet gute Karriereaussichten	50	53	32	69	51	44	48	41
Bietet abwechslungsreiche Aufgaben	45	50	51	55	46	42	32	40
Bietet allen Mitarbeitern einen festen Ansprechpartner, an den sie sich bei Fragen und Problemen wenden können	38	47	42	45	28	43	32	36
Liegt in der Nähe meines Wohnortes	38	46	44	42	29	48	24	42
Zahlt überdurchschnittlich gut	38	39	27	48	34	37	43	37
Ermöglicht flexible Arbeitszeiten (z.B. Gleitzeit)	33	36	24	38	34	35	25	35
Ermöglicht seinen Mitarbeitern den Erwerb von Zusatzqualifikationen (z.B. Fremdsprachen, spezielle Computerkurse etc.)	31	34	32	44	36	24	17	18
Bewertet regelmäßig die Leistungen des Einzelnen und gibt Lob bzw. Kritik	30	37	23	36	28	25	33	21
Hat einen guten Ruf in der Region	30	34	23	40	26	25	30	36
Verkauft Produkte bzw. Leistungen, mit denen ich mich voll identifizieren kann	29	30	31	34	32	28	18	27
Übernimmt gesellschaftliche Verantwortung und engagiert sich sozial	27	25	33	27	29	26	26	20
Ist ein internationaler Konzern	15	11	10	17	18	10	18	26
Bietet die Möglichkeit, von zu Hause aus zu arbeiten (Homeoffice)	14	10	11	14	17	13	15	15
Hat Mitarbeiter aus vielen unterschiedlichen Religionen, Kulturen und Nationalitäten	14	9	13	18	15	13	12	16
Hat eine flache Hierarchie	12	10	4	14	11	10	16	24
Ist dafür bekannt, dass es viele Auszubildende hat	12	9	8	11	11	9	20	21

Basis: 1.002 Fälle   überdurchschnittlich   unterdurchschnittlich

- Die **Adaptiv-Pragmatischen** sind ein Milieu mit anspruchsvollen Erwartungen. Im Vergleich der Lebenswelten sind ihnen Karriereaussichten, ein guter Ruf des Arbeitgebers, abwechslungsreiche Aufgaben, eine überdurchschnittlich gute Bezahlung sowie Zusatzqualifikationen am wichtigsten. Ihre stark ausgeprägte Leistungs- und Erfolgsorientierung wird hier deutlich. Ihr Credo lautet: Von nichts kommt nichts. Entsprechend fällt die Erwartung, dass man vom Unternehmen weitergebildet wird, in diesem Milieu am stärksten aus. Überdurchschnittlich großen

Wert legen die Adaptiv-Pragmatischen zudem auf ein gutes Verhältnis zwischen MitarbeiterInnen und Vorgesetzten, auf die
Stimmung unter den KollegInnen, auf feste Ansprechpartner
und Rückmeldungen zur eigenen Arbeit.

- Viele **Expeditive** sind Freigeister, die sich ausprobieren möchten und eigene Gedanken und Lösungen verfolgen. Entsprechend ist es ihnen im Milieuvergleich am wenigsten wichtig,
  einen festen Ansprechpartner im Unternehmen zu haben. Sie
  vermuten hier auch autoritäre Strukturen, mit denen sie in der
  Regel Probleme haben. Auf einen Wohnort in der Nähe legt dieses hochmobile Milieu ebenfalls am wenigsten Wert. Viele versprechen sich vom Beruf die Möglichkeit, neue Städte und interessante Menschen kennen zu lernen.

- Kein anderes Milieu legt mehr Wert auf das Verhältnis zwischen
  MitarbeiterInnen und Vorgesetzten, auf eine gute Stimmung
  unter den KollegInnen und auf die Wohnortnähe des Betriebs als
  die **Experimentalistischen Hedonisten**. Viele Milieuangehö-
  rige sind darauf gepolt, nicht nur im Privaten, sondern auch bei
  der Arbeit „eine gute Zeit" haben zu wollen. Da dieses Milieu
  äußerst freizeitorientiert ist, möchte man nahe am Wohnort
  arbeiten, um möglichst bequem und schnell wieder bei den
  Freunden und den Hobbys zu sein und nicht viel Zeit auf dem
  Weg zur Arbeit zu vergeuden.

- Bei den **Materialistischen Hedonisten** fällt auf, dass sie im
  Milieuvergleich die geringsten Erwartungen an Unternehmen
  stellen. Beispielsweise ist ihnen das Verhältnis zwischen MitarbeiterInnen und Vorgesetzten, abwechslungsreiche Aufgaben
  sowie die Wohnortnähe weniger wichtig als anderen. Das deutet
  darauf hin, dass viele froh sind, wenn sie überhaupt einen Job
  finden. Abwechslung im Berufsalltag zu haben, gilt wohl schon
  als eine „Luxusforderung". Man arbeitet, um zu leben und nicht
  umgekehrt. Bildung ist für dieses Milieu Anstrengung und oft
  mit Scheitern verbunden (v. a. aufgrund schlechter Schulerfah-
  rungen). Daher legen sie im Milieuvergleich auch am wenigsten
  Wert auf den Erwerb von Zusatzqualifikationen. Sie haben eher

die Hoffnung darauf, dass mit dem Berufsleben das Lernen auf-
hört. Gleiches gilt für das **Prekäre Milieu**.

4. Kommunikationshinweise am Beispiel eines Milieus

Abschließend wird illustriert, wie sich das Ausbildungsmarketing mit
milieuspezifischen Informationen zielgruppengerecht gestalten lässt.
Es werden...

- thematische Brücken und Barrieren für die Kommunikation
  abgeleitet,
- typische Touch Points ausgewiesen (Orte, wo man das Milieu
  typischerweise antreffen kann) und
- (bild)sprachliche Hinweise für die Kampagnengestaltung gegeben.

Diese Informationen (inklusive Praxisbeispiel) werden exemplarisch für das Adaptiv-Pragmatische Milieu angeführt.

Abbildung 4: Adaptiv-Pragmatische

Kommt im Milieu gut an	Kommt im Milieu nicht gut an
<ul><li>Gute Karrierechancen</li><li>Hohes Einkommen</li><li>Guter Ruf des Arbeitgebers</li><li>Abwechslungsreiche Aufgaben</li><li>Weiterbildungen/Möglichkeit zur Zusatzqualifikation</li><li>Regelmäßige Leistungsbewertung (Lob und Kritik)</li><li>Sicherheit und Planbarkeit des Lebenswegs</li><li>Erfolgreiche, aktive Unternehmen „mit Power", Visionen und zukunftsträchtigen Ideen</li></ul>	<ul><li>Wenig Mitbestimmung im Unternehmen</li><li>Wenige Informationen, um sich beruflich zu orientieren</li></ul>

Touch Points

- Fußgängerzone, Shopping-Meile
- Mainstream-Läden (H&M, New Yorker)
- Großraumdisko
- (Mainstream-)Cocktail-Bars
- Fitness-Studio
- Einkaufszentrum, Shopping-Erlebnis-Welt
- Vereinsheime
- Fast-Food-Filialen (Burger King, McDonald's)
- Musikzentrum, Musikschule
- Mainstream MusikFestivals
- Stadtfeste
- Musikschule, Musikzentrum
- LAN-Party, Game-Messe
- Multiplex-Blockbuster-Kino
- Yoga-Center
- Bowling-Center

(Bild)sprachliche Hinweise

- Sachliche, klare und schnörkellose Sprache, sprachliche Effizienz anstatt episch-blumige Abhandlungen
- Mittelmaß zwischen intellektueller und einfacher Kommunikation
- Den Inhalt sachlich in den Vordergrund stellen, kein spiritueller oder esoterischer Zungenschlag
- Langfristige Möglichkeiten präsentieren
- Tonalität: Freundlich und formal-höflich, seriös, respektvoll aber durchaus geradlinig und selbstbewusst
- Sprache sollte nicht zu provokant sein, sondern sich eher an der „political correctness" orientieren; durchaus kritisch, aber dennoch unter Einhaltung der gesellschaftlichen (sprachlichen) Konventionen
- Bildsprache: Wohlstand kommt gut an (Luxus weniger), kraftvolle, aktive, dynamische und moderne Darstellung

Abbildung 5: *Kommunikationsbeispiel Adaptiv-Pragmatisches Milieu*

Adaptiv-Pragmatische
Kommunikationsbeispiel

MISSION AUSBILDUNG

Bankkaufmann/-frau
In der Hauptrolle: Sie!

- Nennung zielgruppenspezifischer Anforderungen an den Beruf
- Hinweis auf prestigeträchtige Weiterbildungsmöglichkeiten

- Aktive, moderne Darstellung
- Es werden zwar Anzüge getragen, aber der Spaß kommt dennoch nicht zu kurz
- Verkörperung eines jungen, sympathischen, dynamischen Teams

- Auf Individualität wird Rücksicht genommen
- Keine jugendliche Anbiederung („siezen")

- „81 Filialen", „150 Azubis"
- → Hinweise auf großes Unternehmen

Die Kampagnen greifen **milieutypische Ankerwerte auf:**
- Zielstrebigkeit, Dynamik
- Individualität
- Anpassungsbereitschaft
- Sicherheit
- Ehrgeiz
- Spaß
- Erfolg
- Gemeinschaft
- Wohlstand
- Leistung, Erfolg
- Professionalität

Erscheinungsbild: Professionelle Blockbuster-Ästhetik

Literatur

BEHRENS, Peter/CALMBACH, Marc/SCHLEER, Christoph/KLINGLER, Walter/RATHGEB, Thomas (2014): Mediennutzung und Medienkompetenz in jungen Lebenswelten. In: Media Perspektiven Nr. 04/2014, 195–218.

CALMBACH, Marc/THOMAS, Peter Martin/BORCHARD, Inga/FLAIG, Bodo (2012): Wie ticken Jugendliche? Lebenswelten von Jugendlichen im Alter von 14 bis 17 Jahren in Deutschland. Düsseldorf: Altenberg.

DIHK (2014): Ausbildung 2014. Ergebnisse einer DIHK-Online-Unternehmensbefragung. Berlin.

THOMAS, Peter Martin (2013): Jugendliche Lebenswelten, berufliche Orientierung und soziale Wertschätzung. In: Talente. Zeitschrift für Bildung, Berufsorientierung und Personalentwicklung, 9. Jg., Nr. 20, 6–22.

Über die Autoren

*Prof. Dr. **Heiner Barz*** leitet die Abteilung für Bildungsforschung und Bildungsmanagement an der Heinrich-Heine-Universität Düsseldorf. Er ist Vorstandsvorsitzender des Instituts für Internationale Kommunikation e. V. (IIK), Düsseldorf und Berlin.

*Prof. Dr. **Ricarda Bauschke-Hartung*** ist Prorektorin für Studienqualität und Gleichstellung und Lehrstuhlinhaberin für Germanistische Mediävistik an der Heinrich-Heine-Universität Düsseldorf.

*Alicia **Benke*** ist wissenschaftliche Mitarbeiterin (DaF) mit Schwerpunkt Testentwicklung an der Freiburg International Academy am Universitätsklinikum Freiburg im Breisgau.

*Florinda **Brands*** arbeitet im Forschungsbereich beim Sachverständigenrat deutscher Stiftungen für Integration und Migration Berlin, am Projekt „Zugangstor Bildung".

*Karl **Brenke*** ist Volkswirt und arbeitet als wissenschaftlicher Referent im Deutschen Institut für Wirtschaftsforschung (DIW), Berlin.

*Dr. **Marc Calmbach*** ist Direktor der Abteilung Sozialforschung am SINUS-Institut, Berlin und Heidelberg. Er leitet gemeinsam mit Peter Martin Thomas die SINUS:akademie.

*Menderes **Candan**, M.A.,* ist Doktorand am Institut für Politikwissenschaft an der Westfälischen Wilhelms-Universität Münster und wissenschaftlicher Mitarbeiter am Forschungskolleg „Zukunft menschlich gestalten" an der Universität Siegen.

*Theresa **Crysmann*** ist Studentin im Masterprogramm "Global Migration" am University College London.

Sonja Domes ist wissenschaftliche Mitarbeiterin (DaF) mit Schwerpunkt Testentwicklung an der Freiburg International Academy am Universitätsklinikum Freiburg im Breisgau.

Prof. Dr. Rainer Geißler ist emeritierter Lehrstuhlinhaber für Soziologie an der Universität Siegen.

Dr. med. Birgit Hibbeler ist Redakteurin für Gesundheits- und Sozialpolitik beim Deutschen Ärzteblatt.

Privatdozent Dr. Uwe Hunger arbeitet am Institut für Politikwissenschaft der Westfälischen Wilhelms-Universität Münster und als Fellow am Forschungskolleg „Zukunft menschlich gestalten" der Universität Siegen.

Dr. Matthias Jung ist Vorsitzender des Fachverbands für Deutsch als Fremd- und Zweitsprache e.V. (FaDaF), Göttingen, und Geschäftsführer des Instituts für Internationale Kommunikation e.V. (IIK), Düsseldorf und Berlin.

Dr. Oliver Koppel ist Volkswirt und arbeitet als Senior Economist für Humankapital und Innovationsökonomik am Institut der deutschen Wirtschaft Köln (IW).

Svenja Mangold, M.Sc., ist wissenschaftliche Mitarbeiterin am Lehrstuhl für Betriebswirtschaftslehre, insbesondere Finanzierung und Investition, an der Heinrich-Heine-Universität Düsseldorf.

Simon Morris-Lange ist stellvertretender Leiter des Forschungsbereichs beim Sachverständigenrat deutscher Stiftungen für Integration und Migration, Berlin.

Dr. Ali Sina Önder ist wissenschaftlicher Mitarbeiter am Lehrstuhl für Volkswirtschaftslehre, Schwerpunkt Entwicklungsökonomik, an der Universität Bayreuth.

Dr. Dorothea Rüland ist Generalsekretärin des Deutschen Akademischen Austauschdienstes (DAAD), Bonn.

Prof. Dr. Raimund Schirmeister ist Lehrstuhlinhaber für Betriebswirtschaftslehre, insbesondere Finanzierung und Investition, an der Heinrich-Heine-Universität Düsseldorf.

Aiste Schiwy ist Mitarbeiterin im Projekt „Make it in Germany" beim Institut der deutschen Wirtschaft Köln (IW).

Dr. Christoph Schleer ist Volkswirt und seit Januar 2014 Studienleiter am SINUS-Institut in der Abteilung Sozialforschung (Standort Berlin).

Dr. Manfred Schmidt ist Präsident des Bundesamtes für Migration und Flüchtlinge (BAMF), Nürnberg.

Prof. Dr. David Stadelmann ist Lehrstuhlinhaber für Volkswirtschaftslehre, Schwerpunkt Entwicklungsökonomik, an der Universität Bayreuth.

Barbara Steffens ist Ministerin für Gesundheit, Emanzipation, Pflege und Alter des Landes Nordrhein-Westfalen.

DIE IIK-ABENDAKADEMIE

Die IIK-Abendakademie wird als Vortrags- und Diskussionsreihe gemeinsam vom Institut für Internationale Kommunikation e.V. (IIK) und der Philosophischen Fakultät der Heinrich-Heine-Universität Düsseldorf organisiert. Aufgegriffen werden relevante Themen, die in den Fokus der öffentlichen und politischen Diskussion gerückt sind. Ausgewiesene Expertinnen und Experten beleuchten bildungs- und migrationsspezifische sowie gesellschaftspolitische Fragestellungen.

Band 1: „Migration und Bildung. Sozialwissenschaftliche und integrationspolitische Perspektiven" (Hrsg. von Heiner Barz, 2011)

Band 2: „Gehört der Islam zu Deutschland? Fakten und Analysen zu einem Meinungsstreit" (Hrsg. von Klaus Spenlen, 2013)

Band 3: „Ausländische Fachkräfte gesucht. Voreilig? Notwendig? Willkommen?" (Hrsg. von Heiner Barz und Matthias Jung, 2015)

Band 4: „Jubiläen und Hochzeiten in transkultureller Perspektive" (Hrsg. von Heiner Barz und Helmut Brall-Tuchel, 2015, in Vorbereitung)

DAS INSTITUT FÜR INTERNATIONALE KOMMUNIKATION E.V.

Das gemeinnützige Institut für Internationale Kommunikation e.V. in Düsseldorf und Berlin ist eine Non-Profit-Organisation und verbindet unter dem Leitsatz „Die Welt verstehen" Internationalität und Weiterbildung. Als Ausgründung der Philosophischen Fakultät an der Heinrich-Heine-Universität Düsseldorf 1989 entstanden, ist das IIK heute eine der deutschlandweit erfolgreichsten hochschulnahen Weiterbildungsinstitutionen an der Schnittstelle zwischen Hochschule und Wirtschaft. Mit seinen Dienstleistungen und Fördermitteln unterstützt es die Internationalisierung. Das IIK bietet Fremdsprachen- und Kommunikationstrainings für Studium und Beruf, Fortbildungen für Lehrkräfte sowie maßgeschneiderte studienvorbereitende und berufsbezogene Programme an und führt als lizenziertes Testzentrum zahlreiche Prüfungen durch. Darüber hinaus ist das Institut für Internationale Kommunikation regelmäßig als Partner an EU-Projekten beteiligt.

www.ingramcontent.com/pod-product-compliance
Lightning Source LLC
Chambersburg PA
CBHW071641280326
41928CB00068B/2109